KB091231

중국의 부상과 국내정치적 취약성

세계정치 27
중국의 부상과 국내정치적 취약성

발행인 서울대학교 국제문제연구소
주소 서울시 관악구 관악로 1(220동 504호)
전화 02-880-6311
팩스 02-872-4115
전자우편 ciscis@snu.ac.kr

2017년 11월 1일 초판 1쇄 찍음
2017년 11월 8일 초판 1쇄 펴냄

지은이 정주연, 김진용, 박선령, 백우열, 왕윤종, 이영학, 증명
기획 서울대학교 국제문제연구소
책임편집 정주연

편집 김지산
디자인 김진운
마케팅 강상희
펴낸곳 (주)사회평론아카데미
펴낸이 윤철호, 김천희
등록번호 2013-000247(2013년 8월 23일)
전화 02-2191-1182(영업) 02-2191-1133(편집) 팩스 02-326-1626
주소 서울시 마포구 월드컵북로 12길 17
이메일 academy@sapyoung.com 홈페이지 www.sapyoung.com

ISBN 979-11-88108-37-4 94340

세계정치 27

중국의 부상과 국내정치적 취약성

서울대학교 국제문제연구소 편
정주연 책임편집

사회평론아카데미

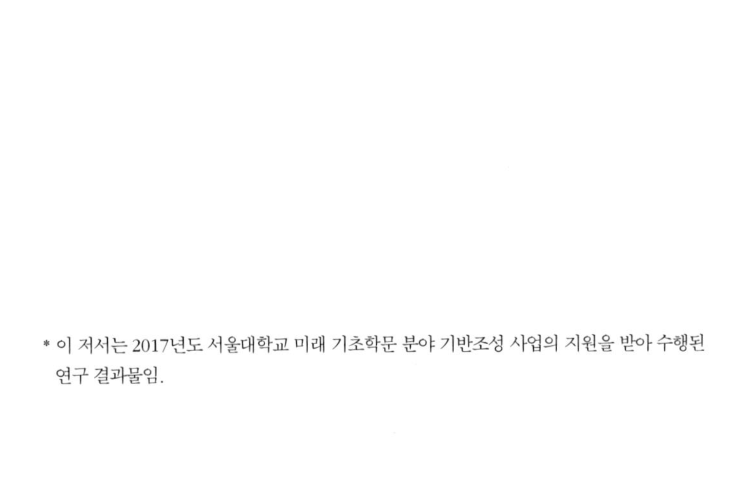

* 이 저서는 2017년도 서울대학교 미래 기초학문 분야 기반조성 사업의 지원을 받아 수행된 연구 결과물임.

서문

『세계정치』 이번 호는 부상하는 강대국, 중국을 다룬다. 최근 20여 년간 이룩한 경제적 급성장과 그에 따른 정치적 부상의 결과, 중국은 지대한 학문적, 정책적 관심의 대상이 되었다. 이제 미국과 나란히 기존 세계질서를 좌우할 국가로 거론되는 것이 전혀 어색하지 않을 만큼 중국의 입지와 영향력이 강화되면서, '중국의 부상'이 가지는 국제정치적 함의에 대해서는 많은 논의들이 축적되었다. 그러나 화려한 조명을 받는 성공의 이면에는 어떤 한계나 단서가 존재하는지, 잠재적인 문제들을 종합적으로 밝히고 그 국내정치적 근원을 분석함으로써, '부상'의 다면성을 보여주는 작업은 상대적으로 부족하다. 본서는 몇 가지 핵심 이슈영역들을 중심으로 중국이 직면하고 있는 국내정치 및 경제적인 도전들을 분석하고, 이들이 중국의 부상에 어떤 함의를 가지는지 조명하는 것을 목적으로 한다.

이를 위해 본서는 중국이 해결해야 할 중요한 정치, 경제, 군사적 문제들을 6개의 핵심 이슈영역으로 나누어 살펴보고 있다. 경제체제와 경제개혁(금융시스템), 대외경제정책과 경제협력(일대일로), 군사력과 군사안보(군개혁), 대중시위와 정치변동(환경문제), 정보통제와 정치안정성(인터넷), 그리고 자원안보와 무기화(희토류)의 이슈가 그것이다. 각 장은 개별 이슈영역에 있어 중국이 직면한 직접적이거나 잠재적인 도전들을 분석하기 위해 구체적인 부문이나 정책사례에 집중하며, 현재의 문제상황과 그 근원을 밝히고, 공산당 정권의 대응 또는 대안을 살펴보며, 예측되는 성과의 함의를 논한다. 특히 다양한 영역과 사례들을 통해 독자들이 중국의 국내정치경제적 상황에 대한 종합적 이해를 제고할 수 있도록, 좁고 깊은 학문적 분석에 집중하기보다는 각 이슈영역에 대한 개괄적 설명을 제공하고 공통의 질문에 대한 거시적 함의로 연결하는 데 힘을 쏟았다.

각 장의 결론은 상이하며, 낙관론과 비관론 사이의 넓은 스펙트럼에 위치해 있다. 군사안보와 정보통제 영역을 다루는 저자들은 비교적 낙관적이다. 일반적으로 지적되는 바와 같이 중국의 군사력이 미국에 비해 열세에 있음을 인정하면서도 군개혁이 장래에 의미 있는 변화를 가져올 것이라고 보거나(3장), 흔히 권위주의 정권에 도전하는 대중동원을 촉발하는 변수로 거론되는 정보통신혁명의 정치적 함의에 대해서도, 오히려 공산당의 효과적인 통제와 활용이 이루어지고 있음을 강조하는 결론을 내린다(5장). 다만, 환경문제와 같은 비정치적 영역에서 대중시위가 정책집행에 영향을 미치고 있으며, 그 과정에서 새로운 정보통신기술이 동원과 확산의 중요한 수단이 되고 있다(4장)는 분석은 이와 상반되는 결론도 가능함을 시사한다. 하지만 4장 또한 시민참여의 확산이 정치변동을 가져올 가능성은 아직 제한적이라고 보고 있어, 3, 4, 5장은 모두 중국 정치체제의 취약성, 특히 물리적 통제력의 약화나 민주화 등 정치변동의 가능성에 대해서는 일단 명시적으로든 묵시적으로든 회의적인 관점을 공유하고 있다.

가장 비관적인 예측은 경제영역에서 등장한다. 특히 후진적인 관치금융시스템이야말로 중국경제가 가지는 구조적인 약점이 될 것으로 보이며, 위기를 방지하기 위해 필요한 개혁의 수준에 비해 현실의 변화는 아직 미비하다는 점에서 더욱 우려를 자아낸다(1장). '일대일로'로 대변되는 중국의 야심찬 대외경제투자 및 협력 정책도, 공격적인 경제력 확산책이기 이전에, 실은 국내산업의 생산과잉과 자원부족 등의 문제들을 극복하기 위한 방안이며 그 효과가 제한적일 것이라는 점에서 오히려 중국경제의 취약성을 드러낸다(2장). 실제로 희토류와 같은 중요한 전략자원에 대한 통제력 부족을 보여주는 분석은, 중국이 주요 경제정책을 효과적으로 집행하고 의도한 결과를 내는 능력이 미비할 수 있다는 점을 시사한다(6장). 즉 1, 2, 6장의 저자들은 경제영역에 있어 중국 공산당 정권의 정책결과에 대한 통제력이 일반적인 기대보다 약하며, 예측 가능한 위기에 대응하기 위한 개혁성과 또한 미비하고, 국내정치경제적인 원인으로 인해 근본적인 해결이 쉽지 않다는 점에서, 공통적으로 취약성과 불안정성을 부각하고 있다.

본서의 구성과 각 장의 논점을 보다 구체적으로 소개하자면 다음과 같다. 본서의 전반부는 전통적인 관점에서의 경제 및 군사안보 영역에 집중한다. 첫 세 장은 각각 국내경제(1장), 국제경제(2장), 군사안보(3장)와 관련한 핵심적인 정책이슈들을 다루고 있다. 후반부 세 개의 장은 새롭게 조명받고 있는 이슈영역, 즉 환경문제와 대중시위(4장), 정보혁명과 인터넷 통제(5장), 그리고 자원안보(6장)의 문제들을 다루고 있다.

먼저 1장 '중국의 경제체제: 관치금융시스템의 후진성과 취약성'은 경제개혁이 시작된 이래 시진핑 정권에 이르기까지 중국 경제정책의 변화를 설명하면서, 산업정책을 보조하기 위해 금융억압을 추진한 관치금융의 결과로 만들어진 비효율적이고 후진적인 금융시스템이 중국 경제체제의 결정적인 취약점임을 보여준다. 특히 글로벌 금융위기 이후 경기활성화를 위해 추진한 신용공급 확대는 국유기업의 부채누적과 같은 구조적인 문제들을 심화시켰다. 저자는 중국 경제가 안고 있는 구조적 취약성을 해결하기 위해서는 국유기업개혁과 금융자유화 등의 민감한 과제를 추진해야 한다는 점에서, 시진핑 정권의 경제개혁은 정치적 딜레마에 처해 있으며 개혁의 결과도 미온적일 수 있다고 본다.

2장 '중국의 대외협력: 일대일로 정책의 국내 정치경제적 근원과 취약성'은 시진핑 정권의 대표적인 대외경제협력 전략인 일대일로 정책의 근원에 집중한다. 저자는 일대일로 정책이 지역 간 불균형 성장, 산업의 공급과잉, 에너지 자원의 부족, 신기술산업 육성의 필요성 등 중국의 국내정치경제적인 문제들을 해결하기 위한 목적을 가지고 있다고 주장한다. 그러나 에너지 확보를 제외한 다른 목적들은 일대일로 정책을 통해 달성이 어렵다는 점에서, 중국이 가진 정치경제적 취약성을 보완하는 데에는 한계가 있다. 따라서 저자는 일대일로라는 국가대전략을 통해 중국의 국가역량이 향상될 수 있을지 여부에 대해 유보적이지만 회의적인 평가를 내린다.

3장 '중국의 군사안보: 시진핑 시기 중국군 개혁의 평가와 함의'는 시진핑 정권이 "중국몽"의 기치 아래 적극적으로 추진하고 있는 국방 및 군 개혁을 다룬다. 이 장은 당영도 확립 및 지휘체계 효율화를 목표로 추진되고 있는 다양한 국방 및 군 개혁정책들을 리뷰하며, 그 성과와 과제를 분석한다. 저자는 여러 가지 한계와 제약에도 불구하고, 개혁과정에서 발생하는 문제들은 극복 가능한 것들이며 군개혁은 비교적 성공적으로 이루어지고 있다고 평가한다. 더불어 중국군의 현대화와 영향력 확대가 향후 더욱 진전될 것이라고 전망하면서, 이는 미중관계 및 동아시아 안보 환경에 큰 영향을 미칠 변수가 될 것이라 주장한다.

4장 '중국의 정책과정: 환경이슈와 시민참여의 확산'은 중국의 성공적 발전이 가져온 심각한 부작용인 환경오염 문제에 주목한다. 환경문제를 야기할 수 있는 산업정책의 집행에 반대하며 확산되고 있는 대중시위에 대한 분석을 통해, 중국 권위주의 정권하에서 시민참여가 가지는 정치적 함의를 밝히고자 하는 것이다. 저자들은 2007년 이후 10여 년간 중국 전역에서 일어난 파라자일렌 프로젝트 반대시위들을 살펴보고, 샤먼과 닝보의 성공사례들을 분석하면서, 중국의 산업정책 집행과정에서 시민들의 참여와 집단행동이 가지는 영향력이 확대되고 있음을 보여준다. 다만 이러한 변화가 중국 공산당 정권의 정책통제력 약화나 시민사회의 성장 등을 암시하는지에 대해서는 유보적인 결론을 내린다.

5장 '중국의 정보혁명: 모바일 인터넷 통제와 정치 안정성'은 최근의 정보통신혁명이 과연 중국 공산당 정권의 사회 통제력을 약화시키고 대중 참여에 의한 정치변화를 촉진할 수 있을지 묻는다. 이 장은 시진핑 정권하에서 폭발적으로 성장한 모바일 인터넷에 집중하여, 인터넷 통제의 다양한 방식과 전략을 소개하고 통제 패러다임의 변화를 분석한다. 저자는 모바일 인터넷의 발전이 플랫폼을 이용한 통제의 용이성을 높였을 뿐만 아니라, 중국 정부에게 대중소통과 여론조작의 통로를 제공함으로써, 새로운 인터넷 통제 패러다임 구축이 가능해졌다고 주장한다. 이 주장에 따르면, 중국 공산당 정권은 인터넷을 효과적으로 통제하는 동시에 이용하고 있기에, 정보혁명은 정치적 약점이 되기보다는 강점으로 작용하고 있다고 해석할 수 있다.

본서의 마지막 장인 '중국의 자원무기화: 희토류 패권의 취약성'은 중국의 경제발전과 함께 중요한 전략적 과제로 부상하고 있는 자원안보를 다룬다. 일반적으로 자원안보는 중국이 지속가능한 발전을 위해 충분한 자원을 적절한 가격에 안정적으로 확보하는 문제이지만, 이 장은 중국이 독점적 지위를 누리고 있는 희토류를 주요 분석대상으로 삼아, 중국이 전략자원의 해외 유출을 막아 고갈을 방지하는 동시에 대외정책적 무기로 활용할 수 있을 것인지 논한다. 저자는 높은 상호무역의존도와 파편화된 중국 희토류 산업의 내부모순으로 인해, 중국의 자원정책이 '위협'이 되기보다는 주요 전략자원에 대한 통제력 미비를 드러내고 있으며, 이는 궁극적으로 중국 자원안보의 취약성을 시사한다고 주장한다.

이상에서 살펴본 바와 같이 본 편집본의 저자들은 분석영역에 따라 다양한 의견과 관측들을 제시하고 있지만, 몇 가지 중요한 합의는 존재한다. 첫째, 부상하는 강대국인 중국의 '파워(power)'를 분석함에 있어서, 단순히 하나의 측면이나 영역에만 집중해서는 종합적인 이해가 어렵다는 점이다. 중요한 이슈영역들을 분할하고, 각 영역에서 핵심적인 문제가 야기된 국내정치경제적 근원을 파악하며, 근복적인 원인의 해결 가능성을 분석해볼 때, 파워의 다면성과 영역 간 비대칭성을 이해할 수 있다. 둘째, 이러한 다면적 접근을 시도한다면, 중국의 국제정치경제적 영향력의 지속가능성을 단순히 낙관할 수는 없다. 중국이 이룩한 정치적, 경제적 부상의 이면에는 강화되고 있는 통제력과 의외의 취약성이 공존하기 때문이다. 셋째, 부상하는 중국의 '약한 고리'는 국내경제구조에 있다. 급속한 경제 성장에 기반해 확장된 중국의 파워는, 역설적이게도 국내경제의 구조적 문제들로 인해 정치 및 군사적 통제력의 건재에도 불구하고 불안정성을 내재하고 있다. 경제적인 위기나 충격은 곧 정치적 위기로 연결될 가능성이 농후하다는 점에서 그 파장과 함의가 크다.

본서의 작업은 한국연구재단의 한국사회과학연구지원사업(SSK)의 지원하에 이루어졌다(이 저서는 2015년 대한민국 교육부와 한국연구재단의 지원을 받아 수행된 연구임, NRF-2015S1A3A-2046903). 긴 준비기간에도 불구하고 다수의 집필회의에 기꺼이 참여해주시고 옥고를 만들어주신 필진에 깊이 감사드린다. 완성도 높은 편집본의 출간을 위해 애써주신 사회평론아카데미 편집팀과 국제문제연구소 간사들, 그리고 본서의 구상부터 완성에 이르기까지 조언과 도움을 아끼지 않으신 신욱희 교수님께도 감사의 말씀을 전한다.

정주연

차례

세부 차례

제1장

중국의 경제체제

— 관치금융시스템의 후진성과 취약성

China's Economic System
— Backwardness and Fragility of Financial System

왕윤종 | 가톨릭대학교 국제학부 겸임교수

1978년 개혁개방 정책의 실시 이후 중국은 경이적인 속도로 제조업 강국의 대열에 진입했지만 금융부문에서는 여전히 후진성을 벗어나지 못하고 있다. 이는 중국의 경제발전 과정에서 금융이 산업을 선도하기보다는 항상 보조적 역할에 머물렀기 때문이다. 이러한 현상은 물론 중국에만 한정된 것은 아니다. 실제로 우리나라를 포함해서 개발도상국이 성장을 하는 과정에서 만성적인 자금 부족에 직면하였고, 정부는 소위 관치금융이라는 형태로 금융억압정책을 실시해 왔다. 즉 산업자본의 효율적 배분을 위한 경쟁적 금융시장이 형성되지 못하였고, 막대한 자금은 비효율적으로 배분되어 과잉부채와 부실채무의 문제가 누적되어 왔다. 중국의 경우 경제체제의 취약성은 바로 금융시스템의 후진성에서 찾아볼 수 있다. 특히 글로벌 금융위기 이후 세계경제의 침체 속에 선진국의 양적 완화정책에 편승해서 중국도 경기 활성화 정책을 취했다. 국유 상업은행을 통한 신용공급이 급속히 증가하면서 국유기업의 부채가 급증하였다. 그 결과 과잉생산능력, 부동산 재고, 막대한 규모의 기업 부채와 같은 구조적 장애에 직면하게 되었다. 시진핑 정부는 이러한 구조적 문제를 해결하기 위해 공급측 구조개혁을 핵심적 정책과제로 설정하였다. 그러나 구조적 문제를 해결하려면 경기둔화를 감수해야 한다. 특히 국유기업의 개혁과 금융개혁이 동시에 추진되어야 한다. 과연 시진핑 정부가 성장 둔화를 용인하면서 과감하고 단호한 구조개혁에 성공할 것인지 귀추가 주목된다.

Since the reform and market opening policy in 1978, China has become the world's largest manufacturing powerhouse. However, China's financial system has long been regarded as backward and fragile. That is mainly attributed to the fact that the China's financial system has been only subsidiary to the manufacturing sector and still possesses typical characteristics of financial repression. Despite many efforts for financial sector reform and modernization policies, financial market has been heavily regulated by the state. The government has strong influence in the domestic credit allocation and strictly maintained capital account restrictions. As a result, the state-owned enterprises crowded out the private enterprises in the credit allocation and investment in China's major industries. This phenomenon has become more prominent since the global financial crisis in 2008. Thus, corporate credit growth in China has been highly excessive in recent years. Investment efficiency has severely deteriorated, affecting asset quality in China's financial institutions. Facing these structuring problems, Xi Jinping government today pursues 'supply-side reform.' In particular, reform on state-owned enterprises and financial sector should be simultaneously undertaken to address the main causes of China's financial backwardness and fragility. By evaluating the current status of China's financial system, this chapter deals with the issues related to the reform dilemma — trade-off between short-term economic growth slowdown and long-term structural soundness.

KEYWORDS 중국 금융시스템의 후진성과 취약성 Backwardness and fragility of China's financial system, 공급 측 개혁 supply-side reform, 국유기업 개혁 reform of state-owned enterprises, 금융억압정책 financial repression policy

I 서론

글로벌 금융위기 이후 지속적으로 제기되어 왔던 중국경제의 경착륙 가능성 여부를 논의할 때 흔히 세 가지 리스크(위험)가 단골 종합세트 메뉴로 지적되어 왔다. 부동산 시장의 거품, 지방정부의 재정악화, 그리고 그림자 금융(shadow banking)의 확대이다. 이들 세 가지 위험 요인들은 서로 긴밀히 연계되어 있다. 또한 이들 중 어느 위험도 그리 간단히 해결될 성질의 것들이 아니다. 만약에 이들 위험이 적절히 해소되지 못하고 중국 정부가 늑장 대응을 하게 될 경우 중국경제의 지속적이고 안정적인 성장은 어려울 것이다. 그 중 어느 하나만이라도 감당할 수 없는 임계 수준을 넘게 되면 중국경제는 이른바 '완전 폭풍(perfect storm)'에 휩싸이게 될 가능성도 있다. 이와 같은 중국의 운명의 날(Doomsday)을 예언하는 저주 섞인 극단적 비관론자들도 있어 왔다. 이에 가세하여 권위 있는 국제금융기구들조차 중국 정부의 눈치를 보느라 표현은 점잖게 하면서도 중국경제에 잠복해 있는 문제점들을 아프게 꼬집어 왔다. 그럼에도 불구하고 아직까지 중국이 국제금융시장 위기의 진원지가 되지는 않고 있다. 왜 중국이 그렇게 위험하다고 말하는 사람은 많은데 문제가 터지지 않고 있을까? 중국 정부가 은폐하고 있는 것일까? 아니면 위험하기는 하지만 중국이 아직은 감당할 수준이라고 보아야 할 것인가?

최근 들어 이 세 가지 위험 요인이 당장 중국경제를 경착륙에 빠뜨릴 것이라는 주장은 찾아보기 어렵다. 대신에 중국 기업들의 과도한 부채에 대해 우려하는 목소리가 높아지고 있다. 중국경제가 여전히 취약성을 지니고 있지만, 취약성의 원인에 대한 분석이 달라졌다고 볼 수 있다. 그러나 문제의 본질은 사실상 크게 다르지 않다. 숨 가쁘게 달려온 고도성장의 적폐가 실물부문과 금융부문의 부조화라는 형태로 나타나고 있을 뿐이다. 눈에 보이는 현상의 초점이 달라졌을 뿐이다.

사실 글로벌 금융위기 이후 세계경제는 엄청난 돈을 찍어냈고, 그 돈은 결국 부채증가로 남았다. 급기야 국제통화기금(IMF)은 2016년 10월 『부채, 현명하게 사용하자(*Debt, Use It Wisely*)』라는 보고서를 발간했다. 이 보고서에 따르면 전 세계 비금융부문의 명목부채는 2015년 말 기준 152조 달러에 달하고 있다. 이는 전 세계 GDP의 225%에 해당하며, 이는 역사상 최대의 수치이다. 이 중 민간 부문의 부채는 3분의 2에 해당하는 100조 달러에 이른다. 이 보고서는 개별 국가의 부채에 대해서는 상세한 내용을 소개하고 있지 않지만, 유독 중국에 대해서는 과도한 기업 부채를 축소해 나가는 과정이 결코 순탄치 않을 것으로 전망하고 있다. 나라 곳간이나 기업이나 가계 모두 빚 없이 살 수는 없다. 빚을 만들어내는 것이 금융이고 빚을 져서라도 수익을 만들어낼 수 있다면 그 빚은 지속 가능하다.

국제통화기금의 또 다른 연구 보고서는 중국기업의 부채에 초점을 맞추고 있다. 국제통화기금의 이코노미스트 총 13명이 참여한 이 보고서의 제목은 『*Resolving China's Corporate Debt Problem*』이다.[1] 이 보고서에 따르면 지방정부투자기관(LGFVs:

1 International Monetary Fund, Working Paper 16/203.

Local Government Financing Vehicles)이 포함된 중국의 비금융기관 부채가 2015년 말 GDP 대비 200%를 넘는 것으로 추정하고 있다. 이 수치는 금융위기 이전의 150%에서 크게 증가한 것이다. 이미 추세적인 증가속도를 벗어나 20 – 25% 정도 기업 부채가 적정 수준보다 과도한 것으로 평가되고 있다. 자본주의의 역사적 경험에 따르면 과도한 기업 부채는 항상 기업부실로 이어졌고, 결국 기업이 도산하게 되면 기업에 돈을 빌려준 은행을 비롯한 금융기관들이 곤경에 처하곤 했다. 따라서 기업 부채가 지속 가능한 수준을 벗어나게 되면 은행위기, 금융위기, 경제위기로 이어지고, 외환이 부족하게 되면 환율 불안까지 가세되는 외환위기에 처할 위험이 높아지게 된다. 국제통화기금(IMF)과 같이 권위 있는 기관이 중국 기업의 부채에 대해 우려를 하고 있는 것은 그만큼 중국경제가 위기에 처할 경우 세계경제에 미치는 영향이 상당할 것이기 때문이다. 글로벌 금융위기의 후유증이 아직도 말끔히 해소되지 못한 상황에서 아직은 잠재되어 있는 수준이기는 하지만 중국발 부채위기는 세계경제의 위험 요소라는 점에는 이의를 달 사람이 없어 보인다.

중국은 2010년 일본을 제치고 미국에 이어 세계 2위의 경제대국으로 발돋움했다. 특히 세계의 공장으로 제조업 강국의 대열에 진입했고, 점차 고부가가치 제품의 생산능력도 향상되고 있다. 그러나 유독 금융부문에서는 여전히 후진성을 벗어나지 못하고 있다. 이는 중국의 경제발전 과정에서 금융이 산업을 선도하기보다는 금융이 산업을 지원하는 보조적인 역할에 머물렀기 때문이다. 즉 산업자금의 효율적 배분을 위한 경쟁적 금융시장이 형성되지 못한 결과 막대한 자금이 비효율적으로 배분되어 과잉부채와 부실채무의 문제가 중국경제의 지속적 성장을 가로막는 장애요인으로 지적되어 왔다. 물론 중국 정부도 금융의 선진화를 위해 안간힘을 쓰고 있다. 그러나 금융의 자율성을 무시하고 금융이 실물경제에 종속적인 지위로 인식되는 한 금융발전을 기대하기는 어려운 실정이다. 금융의 과잉이 초래하는 버블의 위험성을 잘 관리하는 것이 필요하지만 금융이 실물부문을 지원하는 데 국한되어야 한다는 인식은 금융부문을 억압하는 위계적 질서를 만들 수밖에 없다.

2011년에 발간된 칼 월터(Carl E. Walter)와 프레이저 하위(Fraser J.T. Howie)의 『홍색자본주의(*Red Capitalism*)』의 부제는 중국의 부상 뒤에 숨겨진 취약한 금융기반(The fragile financial foundation of China's extraordinary rise)으로 붙여져 있다. 이 책이 출간된 지 이미 6년이 넘었지만 중국의 금융시스템이 선진화되었다는 증거를 찾기는 여전히 어려운 실정이다. 중국 국유기업의 과잉부채 문제가 국제통화기금(IMF)을 비롯한 국제금융기구들의 주 관심사로 등장하고 있으며, 중국경제를 짓누르는 위험요인으로 지적되고 있다. 즉 과도한 신용팽창이 은행권 전반의 체계적 위험으로 전이될 가능성에 대해 우려의 목소리가 높아지고 있다.

본고는 현재 중국 경제체의 안보를 위협하는 금융 취약성을 분석하고자 한다. 금융은 대단히 광범위한 분야이다. 금융시장은 주식, 채권과 같은 직접금융시장과 은행을 통한 간접금융시장으로 구성되어 있다. 또한 금융 서비스의 관점에서 보면 금융은 은행, 증권, 보험 등으로 업종이 매우 다양하다. 여기에 더해 자본시장의 개방도, 환율 제도 등도 아울러 금융시장의 발전 정도를 판단하는 중요한 요소이다. 따라서 이 모든 분야를 상세히 살펴보는 일은 본고의 범위를 벗어난다. 한 권의 책으로도 모자란다. 따라서 본고는 개혁개방 이후 국가 주도로 추진되어 왔던 국가자본주의(state capitalism) 체제하에서 중국 금융시스템의 후진성과 취약성을 가져온 정치경제학적 배경을 고찰함으로써 경제학 이론 및 실증분석의 설명력을 보완하고자 하였다. 아울러 현 시진핑 정부가 금융부문의 취약성을 해소하기 위해 추진하고 있는 공급 측 구조개혁이 과연 성공할 수 있을 것인지 조망하고자 하였다.

본고의 구성은 다음과 같다. II장에서는 개혁개방 이후 초기 금융개혁과 금융억압정책을 살펴본다. III장에서는 1992년 덩샤오핑의 남순 강화 이후 강력하게 추진되었던 주룽지의 금융개혁의 주요 내용을 살펴본다. 특히 주룽지의 탁월한 지도력으로 1997-98년 아시아 금융위기 상황하에서도 중국의 금융개혁은 흔들리지 않았고 오히려 강화되었다는 점을 강조하고자 한다. IV장에서는 주룽지 이후 금융개혁의 후퇴와 금융부실의 누적 과정을 추적한다. 특히 글로벌 금융위기 이후 저성장 국면에 처한 세계경제체제하에서 투자주도형 성장정책의 결과 중국 국유기업의 부채는 급증하였다. 2013년 집권한 시진핑 정부는 고속성장에서 중속성장으로 성장속도를 조절하고 있지만, 과도한 기업 부채를 해소해야 하는 과제에 직면하게 되었다. 이에 V장에서는 국유기업의 과잉부채와 부실을 해소하기 위해 추진 중인 공급 측 개혁의 주요 내용을 살펴보고자 한다. 특히 개혁 딜레마에 빠져 있는 시진핑 정부의 고민을 짚어 보고자 한다. VI장에서는 향후 중국의 금융시스템의 선진화를 위한 과제를 짚어 봄으로써 결론을 대신하고자 한다.

II 초기 금융개혁과 금융억압정책

금융은 인체의 두뇌 또는 혈관에 비유되곤 한다. 금융이 경제의 두뇌 역할을 한다는 의미는 경제활동에 필요한 자본을 적재적소에 배분하는 역할을 금융이 제대로 할 경우 자본이 효율적으로 사용될 수 있어 경제가 발전하게 된다는 것이다. 즉 머리가 좋으면 자본은 효율적으로 배분될 것이고 머리가 나쁘면 자본이 비효율적으로 배분되어 그만큼 경제발전이 뒤처지게 된다는 의미이다. 또한 금융이 혈관이라는 의미는 인체가 살과 피 그리고 각종 장기로 구성되어 있고, 피가 혈관을 통해 인체의 각 부문에 제대로 공급되고 순환되지 못하면 병이 나고 아프게 된다는 점에 착안한 것이다. 돈이 제대로 돌지 않는 경우 인체의 '동맥경화' 증상에 비유해서 '돈맥경화'라는 말이 종종 사용되고 있다. 금융이 순환 장애를 일으키게 되면 경제는 원활하게 돌아가지 못하고 고장이 날 수밖에 없다. 따라서 정부는 경기가 나쁠 때 돈을 풀거나 금리를 낮추는 처방을 내리고, 경기가 너무 좋아 물가 상승 압력에 시달리게 되면 돈을 회수하거나 금리를 높여 경기를 안정화시킨다. 금융이 자본주의 시장경제에서 두뇌이건 혈관이건 가장 핵심적인 역할을 한다는 점에서는 이론의 여지가 없다.

금융은 5,000년 전에 태동한 고대 메소포타미아의 점토 물표(clay tokens)에 보리, 양모 등 농산물과 은과 같은 금속의 거래 기록을 통해 확인할 수 있듯이 상업적 거래가 태동하면서부터 시작되었다. 그리고 화폐가 만들어지면서 화폐가 물물교환을 대신하게 되었고, 은행, 어음 교환소와 같은 금융기관이 생겨나면서 보다 정교한 금융중개 기능이 자리를 잡게 되었다. 시장과 함께 금융은 오랜 역사를 지니고 진화되어 왔다. 특히 자본주의 체제하에서 금융은 단순히 산업자본의 성장과 발전을 지원하는 수동적 역할에 그치는 것이 끊임없이 혁신의 과정을 거쳐 왔다. 니얼 퍼거슨(Niall Ferguson)은 『금융의 지배(*The Ascent of Money: A Financial History of the World*)』(2008)에서 금융의 진화 과정은 생태계에서 발견되는 무작위적 변화에 따른 자연선택의 과정과는 달리 일정한 규제 환경하에서 '지적 설계'가 개입되면서 진화되는 것으로 설명하고 있다. 즉 금융제도는 때로는 많은 결함을 갖고 있으며 아무리 우수한 규제 체제를 갖고 있다고 할지라도 태생적으로 불안정하기 때문에 어느 국가든 금융위기로부터 자유롭지 못하게 된다. 특히 2008년 글로벌 금융위기는 자본주의의 중심부인 미국에서 발생했으며, 글로벌 금융위기의 여파는 아직도 진행 중이다. 그렇다면 자본주의와 다른 경제체제를 표방하였던 공산주의자들에게 금융은 어떻게 인식되었을까?

니얼 퍼거슨(2008)은 카를 마르크스가 『자본론(*Capital*)』에서 입증했듯이 공산주의자에게 화폐는 자본주의적 착취 수단에 불과하며, 화폐는 노동력을 상품화하고 정당한 노동에서 생긴 잉여는 자본축적을 향한 자본가 계급의 탐욕스러운 욕망을 위해 전유되고 물화(物化)되는 것으로 인식되었다고 압축적으로 말하고 있다. 따라서 공산주의자들에게 화폐는 공동체적 인간관계를 파괴하는 주범이며 지구상에서 사라져야 할 유물이었던 것이다. 이러한 관점에서 볼 때 1949년 신중국을 건설한 중국 공산당은 마르크스의 전통을 이어받아 화폐가 없는 이상사회를 꿈꿨고, 기존의 금융기관을 모두 통합하여 중국 인민은행을 중심으로 단일은행 시스템(mono banking system)을 구축했다. 금융시장과 금융수단에 대한 국가의 완전한 통제하에서 중국 인민은행은 유일한 금융기관으로 중앙은행이라기보다는 단지 재정부 산하 기관으로 국가의 출납과 금고의 역할만을 담당했다. 화폐가 완전히 사라지지 않았지만 개혁개방 이전까지 중국에서는 현대적 금융시장은 존재하지 않았다.

1978년 개혁개방 정책의 실시와 함께 중국의 금융시스템도 새로운 체제로 정립되기 시작했다. 중국 인민은행을 중심으로 한 단일금융시스템은 자금의 조달과 운용 성격에 따라 분화되기 시작했다. 1979년 2월 중국 농업은행이 설립되었고, 3월 중국은행, 10월 건설은행이 설립되었다.[2] 1983년에는 중국 인민은행의 상업은행 기능을 중국 공상은행으로 넘겨주면서 중국 인민은행은 중앙은행으로서 자리를 잡게 되었다. 1986년에는 공산화 시기에 사라졌던 교통은행이 전국 단위의 주식제 상업은행으로 다시 부활했다. 상업은행 이외에 비은행금융기관도 설립되었다. 1979년 10월 중국국제신탁투자공사(CITIC), 1980년 중국 투자은행이 설립되었고, 1983년 중국 인민보험 공사가 복원되면서 보험회사도 생겨났다. 국가 소유의 국유 상업은행 이외에 10개의 주식제 상업은행이 설립되었고, 천안문 사건 직후인 1990년과 1991년 상하이와 선전

2 농업은행은 농촌신용대출과 농촌신용합작사의 지도를 담당했고, 중국은행은 외환 전문은행으로, 건설은행은 고정자산 투자관리 전문은행으로 출범하였다. 일반 상업은행의 업무와는 달리 전문화된 영역을 담당하는 국책은행이었다. 이후 1993년 주룽지가 인민은행 총재를 겸임하면서 금융개혁을 주도하여 공상은행을 포함하여 4대 국유 상업은행 체제가 정착되었다. 중국 은행산업의 발전 과정에 대해서는 강동수 편, 『중국 금융시스템의 발전과 도전』, 제3장, "중국 은행산업의 발전과 과제"(쩡지엔밍 저)를 참조하기 바란다.

에 각각 증권거래소가 설립되었다. 개혁개방 초기였던 1980년대는 중국 인민은행을 중심으로 한 단일은행제도가 분화되기 시작하면서 다양한 상업은행이 설립되었지만 모두 정부 소유의 은행이었다. 1980년대 후반부터 설립되기 시작한 주식제 상업은행 역시 국유기업 간의 또는 국유기업과 지방정부에 의한 합자은행이었기 때문에 실질적으로 정부 소유였다. 4대 국유 상업은행(중국, 농업, 건설, 공상은행)은 2001년 WTO 가입 이후 주식시장에 상장되지만 여전히 정부 지분이 절대적으로 많은 국유은행의 지위를 유지하고 있다.

개혁개방 이후 상업은행의 역할은 기업의 자금을 지원하는 것이었다. 1984년부터 국영기업의 투자자금은 대출로 전환되었다. 아직 국영기업의 주식제는 큰 진전을 보지 못하였고, 국영기업은 국유 상업은행으로부터 대출을 받아 필요한 자금을 조달하였다. 한편 개혁개방 초기 농촌에서 활발하게 성장한 향진기업의 경우 은행 문턱이 높아 쉽게 대출을 받지 못하였다. 대신에 이들 향진기업은 내부자금(초기 출자와 사내 유보이익)과 주식발행을 통해 자금을 조달하였다. 농촌에서 시작된 주식제 기업은 향진기업의 고도성장과 도시 진출을 계기로 점차 도시로 확산되었으며, 도시의 일부 소형 국유기업도 주식제를 도입하기 시작했고, 점차 중대형 국유기업들로 주식제가 확산되었다.[3] 그러나 아직 증권거래소도 설립되기 이전 무분별한 국유기업의 주식제 확산은 국유자산의 저평가, 과도한 이익배당과 같은 부작용을 초래하였다. 1992년 덩샤오

3 국영기업의 주식제는 국가보유 지분을 축소하되 비유통주로 유지함으로써 민영화를 방지하는 장치를 마련하였다.

핑의 남순강화 이후 중국은 '사회주의 시장경제'를 공식적으로 채택하면서 국유기업의 소유제 개혁과 주식제를 새롭게 정비해 나가게 되었다(구기보, 2012).

자본주의 체제하의 주식회사 제도는 기업 경영에 위험이 따르는 사업에 대규모의 자금을 동원하기 위해 도입된 대단히 유용한 제도이다. 개인이 혼자 또는 가족 몇 명의 자금으로 사업을 하게 되면 막대한 자금을 동원하기 어려울 뿐만 아니라 위험을 효과적으로 분산시킬 수 없다. 개혁개방과 함께 중국에서 주식제가 향진기업을 중심으로 인기를 끌었지만, 국유기업의 주식제 도입에 대해서는 반대도 심했다. 특히 생산수단의 공유제를 원칙으로 하는 사회주의 국가에서 주식제는 생산수단의 사유화를 의미하는 것으로 해석되었다. 이러한 이념적 제약으로 말미암아 주식제 도입에 대한 논쟁은 끊이지 않았다. 그러나 남순강화 이후 중국 정부는 '소유제와 주식제는 별개'라는 입장을 통해 이 논쟁을 마무리 지었다. 즉 1993년에는 회사법이 제정되어 주식제에 대한 법적 정비도 일단락되었다.

남순강화 이후 '사회주의 시장경제'의 목표하에서 증권시장의 육성, 금융감독체제의 정비 등의 개혁이 추진되었다. 특히 덩샤오핑에 의해 1991년 상하이 당서기에서 국무원 부총리로 전격 발탁된 주룽지(朱鎔基)는 장쩌민과 같은 상하이방 출신으로 호흡을 맞추면서 중국의 금융시스템을 한 단계 발전시키는 데 결정적 역할을 하였다. 1993년 중국 인민은행 총재를 겸직하면서 그는 4대 국유 상업은행을 정책금융기관에서 분리하여 전적으로 상업은행으로서의 역할을 담당하도록 하였다. 대신에 정책금융은 별도의 특수은행이 전담하도록 기능적으로 분리시켰다. 즉 1994년 국가개발은행, 중국 농업발전은행, 중국 수출입은행 등 3대 정책은행이 설립되었다. 이에 따라 본격적으로 국가 주도의 금융시스템이 가동되면서 경제발전을 지원하는 체제가 마련되었다. 그러나 이러한 기능적 분리에도 불구하고 4대 국유 상업은행이 독자적으로 상업적 논리에 의해 움직였던 것은 결코 아니다. 특히 중국의 금융시장은 은행이 증권시장에 비해 자본조달 규모에서 절대적 우위를 차지하여 왔다. 따라서 국가 주도의 경제발전 과정에서 막대한 투자수요에 비해 만성적인 자본부족 상태를 경험하게 되면서 국유 상업은행을 통해 신용이 할당되는 구조는 금융억압(financial repression)의 전형이라고 볼 수 있다.[4]

개혁개방 이후 노후에 대한 사회적 안전망(social safety net)이 부족한 상황에서 높은 저축성향을 보이는 중국 국민들은 1980년 중국 인민 건설은행이 처음으로 개인으로부터 예금을 수취하기 시작하면서 강제저축에 동원되는 양상을 보였다. 특히 1996년 이전까지만 해도 예금을 늘리기 위해 이자율이 대단히 높았다. 보통예금에 대해서 연리 3%, 1년 만기 정기예금의 경우 9%대의 높은 이자율이 적용되었다. 점차 여유자금을 갖게 된 국민들이 예금 이외에는 별다른 저축수단을 찾기 어려웠기 때문에 예금은 급속히 증가했다. 1990년대 중반 이후 외국자본 유입이 가속화되면서 점차 값싼 저리의 자금을 동원하게 되자 비로소 예금 금리는 떨어지기

4 중국의 금융억압 현상에 대한 실증분석으로는 Aziz and Duenwald(2002), Huang and Wang(2010), Li(2001), Maswana(2008), Song and Wang(2006) 등을 참조하기 바란다.

시작했다. 1998년 예금금리는 각각 1.5%, 4.6%로 떨어졌고, 2002년에는 0.7%, 1.98%로 현저히 낮아졌다. 예금금리가 떨어지는 상황에서도 중국의 총 저축률은 1992년 37%에서 1996년 42%로 상승했고, 글로벌 금융위기 직전인 2006–2007년에는 48%까지 치솟았다. 2009년에는 51%를 기록하면서 50%를 넘어서게 되었다(조종화, 박영준, 이형근, 양다영 2011).

중국의 은행중심 금융시스템하에서 출현한 금융억압 현상은 중국 말고도 후발 산업국가들에게서 일반적으로 발견되고 있다. 개혁개방 이후 비로소 자본주의적 금융제도를 제한적 범위에서 도입한 중국으로서 금융억압정책을 취하게 된 것은 불가피한 측면이 없지 않다. 금융제도와 금융기관들이 자생적으로 생겨난 것이라기보다는 국가 주도로 설립되었던 것이고, 국가 주도의 전략산업을 육성하기 위해 장기저리의 자금을 지원해야 했기에 신용 배분에 국가가 직접적으로 개입하였다. 금융억압은 중국에서 자생적이고 자율적인 금융시스템의 발전을 저해한 측면이 없지 않다.[5] 그러나 다른 한편으로는 독일을 비롯한 유럽 대륙 국가들, 메이지 유신 이후의 일본을 포함하여 제2차 세계대전 이후 수많은 개발도상국들이 경제개발 초기에 공통적으로 금융억압적 은행중심 금융시스템을 구축했다고 볼 수 있다. 문제는 이런 금융억압적 은행중심의 금

5 개혁개방 직후인 1979년 인민은행은 재정부 소속으로부터 독립하여 국무원의 감독을 받게 되었다. 1993년 주룽지 부총리가 경제 사령탑으로 자리를 잡기까지 인민은행과 국유 상업은행의 지점장에 대한 임명권은 지방 공산당이 갖고 있었다. 인사권의 독립성을 갖춤으로써 비로소 지방정부의 눈치를 보지 않고 자율성을 확보할 수 있었다. 그러나 중앙정부 차원에서 인민은행과 4대 국유 상업은행이 자율성을 확보하기는 여전히 어려웠다.

융시스템이 일정 기간 유효하게 작동한다고 할지라도 경제발전이 어느 정도 성과를 거둔 이후에도 고착화된다는 데 있다.

박찬일(2003)은 중국에서 금융억압정책이 세 가지 요인으로 인해 지속되어 왔다고 설명하고 있다. 첫째, 국가 기간산업을 중심으로 국유기업은 중공업 부문을 일정 수준 유지하여 왔다. 중공업의 특성상 자본집약도가 높았고, 시장금리 수준보다 낮은 정책금리의 혜택을 받으면서 국가발전전략이라는 명분하에 신용 배분에서 우대를 받았다. 둘째, 국유기업들 대다수가 과잉 고용, 사회복지적 차원의 부담 및 생산품에 대한 가격통제 등으로 인해 자본주의적 경영과는 달리 정책성 부담(policy burden)을 안고 있었다. 적자경영을 벗어나지 못하는 상황하에서도 실업을 우려해서 노동자를 해고하지 못했고, 이들 노동자들에게 과도한 복지를 제공했다. 아울러 물가안정이라는 정책목표로 인해 가격통제를 받게 되어 자율적인 책임 경영이 불가능했다. 셋째, 국유기업의 개혁을 통해 과잉 고용을 해소하게 되면 실업이 발생하고 이는 사회적 불안을 야기하는 위험을 안고 있었다. 개혁개방의 추진에도 불구하고 정치적 민주화를 허용하지 않은 중국 공산당 지도부로서는 경제발전과 정치적 안정의 두 마리 토끼를 잡기 위해서는 국유기업의 개혁에 소극적일 수밖에 없었다.

일반적으로 금융억압 현상은 금리 규제와 차별적 신용 배분을 통해 발현된다. 중국의 경우 이러한 국가 주도의 금융억압정책은 특히 국유 상업은행을 통해 이루어졌다. La Porta et al.(2002)은 1995년 시점에서 국가별 은행의 국가소유 비중을 조사한 결과를 발표하였다. 이 조사에 따르면 중국은 은행의 국가소유 비중이 무려 99.45%에 달한다. 구사회주의 국가였던 러시아의 경우 32.98%에 불과한 데 비해 지나칠 정도로 높은 비중이다. 미국, 영국, 일본 등은 0%이고 독일, 프랑스, 이탈리아 등은 각각 33.36%, 17.26%, 35.95%를 기록하고 있다. 한국과 대만은 각각 25.41%, 76.51%로 나타났다. 중국의 경우 이렇게 국가소유가 높은 비중을 보이는 것은 비국유기업의 출자에 의해 설립된 민간은행의 출현이 늦어졌기 때문이다. 최초의 민간은행인 중국 민생은행은 1995년 중국 국무원과 인민은행의 인가를 받고 1996년부터 영업을 개시했다.

한편 국유기업들과는 달리 민영기업들은 1990년대 후반까지 주로 내부자금에 의존했다. 국제금융공사(IFC: International Finance Corporation 2000)의 설문조사에 따르면 628개 중국 민영기업의 약 80%가 외부자금조달에 큰 어려움을 느끼고 있고, 특히 규모가 작은 민영기업일수록 외부자금조달은 더욱 어려웠다. 초기 출자와 사내 유보이익을 통해 조달한 내부자금 비중이 62%에 달했고, 은행대출은 9.7%에 불과했다. 이와 같은 조사 내용이 시사하는 바는 중국의 민영기업은 주로 내부자금을 통해 필요한 기업자금을 조달한 반면에 중국 국유은행을 통해 공급되는 대출은 국영기업에 편중되었다는 것이다(박찬일, 2003). 한편 이들 민영기업들은 제도권 금융이 아닌 비공식적 사금융시장을 통해 자금조달을 받기도 하였다. 그 비중은 IFC(2000)의 설문조사에 따르면 은행대출과 비슷한 수준인 9%에 달하고 있다.

III 주룽지의 금융개혁(1993－2003)

1992년 덩샤오핑의 남순강화 이후 제14차 중국공산당 당대회에서 중국공산당은 공식적으로는 처음으로 '사회주의 시장경제체제'를 선포한다. 이후 덩샤오핑에 이어 개혁개방의 실무적 추진은 63세의 나이에 부총리에 전격 발탁된 주룽지에 의해 주도되었다. 그가 직면한 가장 큰 위협은 천안문 사태 이후 침체한 경제성장세를 회복하는 일이었다. 1989년 중국의 GDP 성장률은 4%에 머물렀고, 1990년에도 5%를 넘지 못했다. 성장이 둔화되는 가운데 물가는 오히려 치솟아 민생문제를 해결하는 것이 급선무였다. 그는 1993년 물가 상승을 억제하는 정책을 펴는 가운데, 하이난(海南) 섬에서 벌어진 부동산 투기를 근절하는 조치를 내놓았다.

하이난 경제특구에서 발생했던 부동산 광풍은 아직 부동산 거래의 자유화가 본격화되기도 이전에 신탁회사를 중심으로 발생한 일종의 투기였다. 자본주의 시장경제체제가 미처 정착되기도 전에 일확천금을 노리는 투기가 성행하였던 것이다. 은행을 대신해 신탁회사들이 우후죽순으로 생겨난 2만 개의 부동산 회사에 대해 투기자본을 공급하였고, 부동산 개발 붐이 일면서 부동산 가격은 폭등하였다. 그러나 주룽지의 부동산 투기억제 정책으로 결국 하이난의 부동산 투기 붐은 제대로 짓지도 못하고 흉물로 남은 600여 개의 건물과 300억 위안에 달하는 부실채권만 남겨놓았다. 하이난 경제특구에서 벌어졌던 부동산 투기는 이후에도 유사한 형태로 중국 각지에서 반복되고 있다. 은행과는 달리 예금수탁기관이 아닌 신탁회사들은 부동산 회사들이 개발 중인 부동산 프로젝트에 투자

할 수 있도록 투자 상품을 만들어 투자자를 모집하는 방식으로 자금을 조달했다. 부동산 가격 상승을 예상하는 투자자들이 몰리면서 일정 기간 부동산 시장이 활황을 보이게 되었다. 신탁회사에 투자한 투기꾼들이 이익을 보았지만 결국에는 부동산 거품이 꺼지면서 실패한 부동산 프로젝트에 투자한 투기꾼들은 손해를 보게 되었다. 하이난 부동산 거품 사태는 많은 교훈을 줄 수도 있었다. 그러나 실제로 그 이후에도 전국 각지에서 진행되었던 부동산 투기 열풍을 보면 경제성장이라는 명분하에 부동산 투기를 조성하여 각종 이권을 챙기려는 지방 공산당 간부들의 부패 고리를 끊어 버리는 것이 얼마나 어려운 일인지 알 수 있다.

1993년 이전의 초기 개혁개방 정책이 뚜렷한 청사진 없이 전개되었다면 1993년 11월에 개최된 중국공산당 제14기 중앙위원회 제3차 전체회의(14기 3중전회)는 '사회주의 시장경제체제'의 건설을 구체화하고 있다. 주룽지 자신이 사회과학원 출신으로 경제학자들로 구성된 다수의 연구팀을 동원하여 주먹구구식 정책이 아니라 마치 한국의 박정희 시대 한국개발연구원(KDI)의 역할처럼 종합적인 연구를 수행하도록 했고, 그 연구결과를 검토하여 정책에 반영하도록 했다. 중국경제의 현대화를 위한 부총리(1991－1998)와 총리(1998－2003)로서의 주룽지의 업적은 탁월했다. 무엇보다도 중국경제의 고도성장 기반을 구축하였고, 강력한 반부패 캠페인, 국유기업 개혁, 미국과의 WTO 가입 협상 등 2003년 원자바오(溫家寶) 총리에게 자리를 물려주고 퇴진할 때까지 중국경제의 사령탑 역할을 담당했다. 청렴하고 강직한 인상을 주어 북송 때 인물인 '포청천(包靑天)'이라고 불렸던 주룽지는 무엇보다도 개혁에 저항하는 관료제를 극복하고 부패 척결에 앞장섰다. 그는 관료의 부패는 민심을 공산당으로부터 이반시키고 체제의 안정을 해칠 수 있는 심각한 위험으로 인식하였다.

그는 덩샤오핑의 개혁개방의 철학을 이어받아 중국경제의 현대화를 위해 선진화된 제도를 받아들이는 데 주저하지 않았다. 물론 그가 진행하였던 각종 경제개혁조치는 어디까지나 체제 내 개혁이었다. 즉 정치체제 측면에서 공산당 일당 독재의 틀을 계속 유지하고, 개혁의 성과는 공산당 일당 독재체제를 강화하기 위한 것이었다. 실제로 주룽지 이후 중국은 사회주의 시장경제체제의 안정적인 정착이 이루어지는 가운데 정치적 소요와 갈등은 크게 줄어들었다. 중국 공산당 주도의 경제발전은 체제의 안정을 담보하는 가장 큰 동력이 되었던 것이다. 그가 추진한 개혁정책은 '1개의 확보,' '3개의 실천,' '5개의 개혁'으로 요약될 수 있다. '1개의 확보'란 주룽지 이후 후진타오 시대까지 거의 불문율로 받아들여졌던 경제성장률 8%를 확보한다는 것이다. 물가는 3% 이내로 억제하며, 위안화의 안정을 도모하는 것이다. '3개의 실천'은 첫째, 적자로 운영되는 중대형 국영기업의 경영합리화, 둘째, 금융부문의 철저한 개혁, 셋째, 행정부 조직의 간소화이다. 비대하고 방만하게 운영되어 왔던 국유부문(기업, 금융, 행정)의 효율화, 합리화를 통해 작지만 강한 정부를 만들겠다는 것으로 볼 수 있다. 마지막으로 '5개의 개혁'은 식량유통체계, 투융자체계, 주택, 의료, 재정/세제 등의 개혁을 말한다.

이 중에서 국유기업 개혁은 금융개혁과 맞물려 있다. 국유은행의 대출을 대부분 빨아들이는 국유기업이 제대로 성과를 내지 못하면 대출은 고스란히 부실로 남게 된다. 따라서 국유기업의 적자를 방치하지 않기 위해서는 대대적인 구조조정이 불가피했다. 1994년 제14기 5중전회에서 채택된 '큰 것은 틀어쥐고 작은 것은 풀어준다(조대방소: 抓大放小)'라는 방침에 따라 중앙정부는 중소형 국유기업에 대한 민영화를 적극적으로 권장하였다. 반면에 전략적인 기간산업(군수, 전력, 석유, 화학, 석탄, 항공, 조선, 해운)에 대해서는 대형화를 추구했다. 당시 중국의 국유기업은 그저 고만고만한 중소규모의 기업이 별다른 경쟁압력을 받지 않고 국가의 지원으로 살아남을 수 있었다. 1995년부터 본격적으로 실시된 중소형 국유기업의 민영화 조치로 1996년 말까지 거의 절반에 해당하는 중소형 국유기업이 민영화되었다. 그 결과 국유기업과 도시집체기업의 노동자가 2,000만 명 이상 해고되었다(박찬일 2003). 국유기업에 취업해 안정적으로 살던 삶이 졸지에 바뀌어 버리는 끔찍한 사건이 벌어진 것이다. 그러나 당시는 고도성장기였다. 또한 외자기업이 물밀듯이 진입하면서 국유기업에서 퇴출된 실업자들을 어느 정도 흡수할 수 있었다.

주룽지는 국유기업 개혁과 함께 중국의 금융시스템을 현대화하기 위해 금융개혁에 본격적으로 착수하였다. 무엇보다도 금융감독체제를 정비하는 것이 가장 시급한 과제였다. 1994년 이전까지만 해도 4대 국유 상업은행은 제대로 된 부실채권 기준도 마련하지 못한 상황이었다. 이는 국유 상업은행이 국유기업에 대한 대출에 대해서 적절한 감시체제를 갖추지 못하였다는 것을 의미한다. 1996년 국유 상업은행의 회계보고에 대한 감사가 도입되었다. 물론 초기부터 모든 시스템이 제대로 작동할 리가 없었다. 감사는 여전히 형식에 불과했다. 그럼에도 불구하고 주룽지 부총리 주도하에 중국 금융시스템은 빈약하지만 제도적 틀을 갖추어 나가기 시작했다.

주룽지 시대의 금융개혁의 방향을 다음과 같이 정리될 수 있다. 첫째, 자본시장, 화폐시장 등 자율적으로 작동하는 금융시장을 육성하기로 했다. 둘째, 비록 국무원의 지도를 받지만 중앙은행의 독립성을 강화했다. 셋째, 통화공급관리 방식에서 과거의 직접적인 신용통제 대신에 지급준비율, 재할인율, 공개시장조작과 같은 간접적인 수단을 활용하기로 했다. 넷째, 중앙정부의 재정적자 보전은 국채발행을 통하고, 인민은행으로부터의 차입은 금지되었다. 즉 정부부채의 화폐화(monetization of government debt)가 금지되었다. 다섯째, 국유은행의 건전성을 담보하기 위해 4대 국유 상업은행은 정책금융을 하지 않고 오로지 상업적 원칙에 따라 대출을 하도록 하였다. 대신에 특수 목적의 정책은행을 설립했다. 여섯째, 은행업과 증권업의 분리로 이후 중국에서는 겸업주의 대신에 분업주의 전통이 이어져 오고 있다. 마지막으로 금융시스템의 법적 근거를 마련했다(박찬일 2003). 주룽지의 탁월한 지도력에 따라 전방위적으로 금융개혁은 추진되었다. 그러나 금리자유화, 은행부문의 신용 배분 자율성 제고, 자본자유화, 외환자유화 및 금융산업의 해외개방 확대 등은 여전히 미완의 과제로 남았다. 금융이 산업의 시녀 역할에 머무는 금융억압 현상이 완전히 해소된 것은 아니었다. 국유 상업은행의 비상업적 대출은 여전히 지속되었다.

1997년 아시아 금융위기로 아시아 지역의 주요국들이 심각한 경기침체를 경험하는 와중에 1998년 중국 최대의 금융위기를 불러온 광둥국제투자신탁회사(GITIC)의 파산 사태가 발생했다. 광둥은 개혁개방 이후 해외자금을 끌어 모으는 창구였다. 홍콩과 인접한 지리적 이점을 활용하여 화교자본을 비롯해 해외로부터 많은 투자자금이 몰렸다. 1993년 GITIC은 1억 5,000만 달러의 채권을 발행하여 막대한 투자자금을 확보할 수 있었다. 이 당시 국제적인 신용평가회사인 무디스(Moody's)와 S&P는 GITIC에 대해 중국 재정부와 같은 투자등급을 부여했다. 즉 GITIC이 지급불능의 사태에 직면할 때 중국 재정부가 자금 지원을 할 것으로 본 것이다. 그러나 1998년 GITIC이 해외 채권에 대해 실제로 지급불능 사태에 빠졌을 때 막 총리로 임명된 주룽지는 의외의 조치를 취했다. 그는 그해 10월 당시 광둥성 부성장이었던 왕치산(王岐山)에게 전격적으로 파산을 명령했다. 1999년 1월 GITIC의 파산이 선언되었고, 이 조치는 당연히 중국은 물론이고 해외투자자들에게 엄청난 충격을 주었다. 중국에 대한 국제 투자업계의 신뢰가 크게 흔들렸고, 국제금융시장은 중국의 대형은행들도 연쇄적으로 파산할 것으로 전망했다. 주룽지는 당시 중국의 외환보유고가 1,470억 달러에 달한다는 점을 강조하면서도 단호하게 이러한 부실채권에 대해 중국 정부가 대신 상환할 의무는 없다는 점을 분명히 하였다. 사실 중국 정부는 마음만 먹었다면 GITIC의 채권에 대해 대신 갚을 수도 있었다.

이 일을 계기로 주룽지 총리의 금융개혁은 더욱 강력하게 추진되었다. 우선 GITIC과 같은 신탁회사가 아닌 중국의 4대 국유 상업은행의 부실을 파악하는 것이 긴급한 상황이었다. 주룽지 총리는 국유 상업은행이라고 형편이 다를 것이라고 생각하지 않았다.

또한 아시아 금융위기로 중국보다 한 발 앞서 경제발전을 이룩한 동아시아 국가들이 금융위기로 무력하게 무너지는 것을 본 주룽지 총리는 이를 타산지석으로 삼아 금융개혁에 박차를 가했던 것이다. 무엇보다도 GITIC 사태로 중국 금융시스템에 대해 국제금융시장은 강한 불신을 갖고 있었다. 감출 것을 감추기만 한다고 문제를 회피할 수 없는 일이었다. 당시 중국 인민은행 총재를 겸임하고 있던 주룽지는 아시아 외환위기 직후부터 개혁 성향이 강한 저우샤오촨(周小川) 중국 건설은행 총재로 하여금 해외에서 검증된 기법을 채택하여 부실은행의 재무구조를 철저히 조사하도록 했다. 중국 금융기관의 생사 여부를 판단하려면 부실의 심각성을 정확히 진단할 필요가 있었기 때문이다. 중국 인민은행은 1997년 말 기준으로 중국의 부실채권 규모를 공식적으로 밝혔다. 당국의 공식적인 발표 이외에는 부실채권 규모를 파악하는 것이 사실상 불가능한 상황에서 중국 인민은행이 밝힌 부실채권 규모는 금융기관 총 대출액의 약 25% 수준에 달했다. 이는 GDP 대비 25.7%에 해당하는 것으로 부실대출 규모가 대단히 심각한 수준으로 상승했음을 의미했다.

우선 중국의 금융실세인 4대 국유 상업은행의 부실을 해소하는 것이 중요했다. 1998년 1차 조치로 재정부가 은행권에 2,700억 위안에 달하는 긴급자본을 수혈했지만 그것만으로는 턱없이 부족한 상황이었다. 주룽지의 지시에 따라 저우샤오촨이 이끄는 팀은 1980년대 말 미국의 정리신탁공사(Resolution Trust Corporation)가 저축대부조합의 부실을 성공적으로 정리하였던 경험을 참고로 하여, 배드 뱅크(Bad Bank)를 설립하는 방안을 구상하였다. 마침내 1999년 국유 상업은행의 부실채권 문제를 해결하기 위해 4대

국유은행의 부실채권 처리를 전담하는 4개의 자산관리공사(신달, 동방, 장성, 화융)를 설립하기에 이르렀다. 각 4대 국유은행마다 자산관리공사를 하나씩 설립하여 10년에 걸쳐 부실채권을 인수하기로 한 것이다.[6] 자산관리공사의 부실채권 인수에 힘입어 2000년 6월말 기준으로 국유 상업은행의 부실채권은 20% 수준으로 낮아졌다. 이후 총 4,000억 달러가 넘는 부실채권을 대차대조표에서 상각하여 자산관리공사로 이전시켰다. 또한 각 국유 상업은행은 자본을 수혈하고 세계 최고의 금융기관을 전략적 파트너로 끌어들였다. 이처럼 기반을 탄탄히 닦은 4대 국유 상업은행은 2005년 저우샤오촨 총재가 이끌었던 중국 건설은행을 필두로 하여, 2006년 중국은행과 공상은행이 홍콩과 상하이 증시에 상장되었다. 그리고 2010년에는 중국 농업은행도 상하이와 홍콩 두 곳에 모두 상장되었다. 2008년 글로벌 금융위기 사태가 발생하였을 당시 중국은 비교적 큰 어려움 없이 지나갔다. 물론 중국 금융시스템이 여전히 폐쇄적이었고, 해외의 위험자산을 상대적으로 적게 보유하고 있었기 때문에 손실 규모가 미미했다. 그러나 무엇보다도 아시아 외환위기 이후 지속적으로 금융개혁을 통해 중국 금융시스템 전반의 건전성 제고를 위해 노력해 왔던 점을 인정해야 할 것이다. 그리고 그러한 중국의 금융개혁을 이끌었던 주룽지 총리의 역할은 대단히

6 각 자산관리공사의 법적 지위는 2000년 11월부터 시행된 「자산관리공사 조례」에 의거하여 10년의 한시적인 운영기간 동안 각 국유 상업은행의 부실채권의 인수 및 처분을 담당하는 것이다. 인수도 중요하지만 적절한 가격에 처분하여 자금을 회수하여 손실을 최소화하는 것 역시 중요하다. 미국의 정리신탁공사의 인수된 부실채권의 자금회수율이 60%에 달하였던 반면에 4대 자산관리공사가 10년 동안 부실채권을 정리한 후 집계된 회수율은 20%대로 알려지고 있다. 칼 월터, 프레이저 하위(2011) 참조.

중요했다. 또한 주룽지 총리의 전폭적인 신임을 받았던 저우샤오촨은 2002년 중국 인민은행의 사령탑을 인수받은 이후 아직도 중국 금융의 선진화를 진두지휘하고 있다.

IV 국진민퇴(國進民退) 현상과 새로운 금융부실의 누적[7]

주룽지 시대에 국유기업에 대한 구조조정은 많은 성과를 거두기도 했지만 민영화 과정에서 막대한 이권을 챙기는 경우도 비일비재했다. 파산한 국유기업을 헐값에 인수하는 과정에서 부정부패가 발생하기도 했다. 국유자산의 유실에 대한 비판의 목소리가 드높아지면서 2003년 국유자산 관리체제를 정비하기 시작했다. 2003년 제16기 3중전회에서 「사회주의 시장경제체제 정비 문제에 대한 결정」을 통해 국무원 산하에 국유자산감독관리위원회(국자위)가 설립되었다. 이 위원회는 중앙정부가 직접 관리하는 국유기업과 지방정부가 관리하는 국유기업에 대한 책임소재를 분명히 하였을 뿐만 아니라 적어도 형식적으로는 이사회, 감사회 조직을 통해 국유기업에 대한 지배구조를 분명히 하였다. 그러나 2004년 이후 국유기업의 민영화는 사실상 중단되면서 국진민퇴(國進民退) 현상이 나타나기 시작했다.

주룽지는 2003년 제10기 전국인민대표대회를 통해 원자바오에게 총리 자리를 물려주고 은퇴했다. 후진타오–원자바오의 제4

7 이 장의 내용 중 상당 부분은 왕윤종·이치훈(2017)에서 인용하였다.

세대 공산당 지도부는 장쩌민–주룽지의 개혁개방 정책을 그대로 견지하지 않았다. 후임 원자바오는 지역 격차와 3농 문제로 대두된 농촌의 정체, 그리고 국유기업의 민영화 과정에서 불가피하게 야기된 실업 문제를 해결해야 할 당면 과제로 제시했다. 특히 고도성장 과정에서 나타난 소득불평등의 문제를 주룽지 총리 시절 추진되었던 개혁의 후유증으로 인식했다. 이들은 조화로운 사회를 건설하자는 구호로 '화평사회(和平社會)'를 주창했다. 원자바오 총리는 국유기업의 민영화를 사실상 중단시키고 국유기업이 다시 중심에 서는 국가자본주의를 전면에 내세웠다. 주룽지의 개혁으로 대폭 줄었던 공무원과 국유기업의 직원이 다시 늘어나기 시작했다. 이는 개혁의 후퇴였다.

중국의 국유기업들은 본격적으로 몸집 불리기에 나섰다. 국유기업의 약진 속에 민영기업들은 시장에서 퇴출되는 현상이 야기되었다. 4대 국유 상업은행을 중심으로 한 자금대출도 국유기업에 집중되었다. 대다수의 민영 중소기업들은 자금난에 직면했다. 급기야 2008년 글로벌 금융위기가 닥치자 이러한 국진민퇴 현상은 더욱 두드러졌다. 국유기업들은 업종 전문화보다는 비관련 사업으로 다각화를 추진하면서 경기부양책으로 자금을 쉽게 구할 수 있게 되자 부동산 사업에 뛰어들었다. 국유기업이 민영기업들보다 경영성과 면에서 결코 양호한 것은 아니었다. 그럼에도 불구하고 국유기업들은 금융시장 접근에 있어서 우위를 점할 수 있었기 때문에 글로벌 금융위기 이후 저성장 국면에서 경기부양조치의 혜택을 받으면서 거의 공짜나 다름없는 자금을 활용하여 부동산을 중심으로 투자주도의 성장을 이어갔다(중국삼성경제연구소 2010).

단순히 통계적으로 접근하게 되면 전체 경제에서 국유 부문이 차지하는 비중이 줄어들고 있기 때문에 오히려 국진민퇴 현상이 잘 보이지 않을 수 있다. 실제로 공업 총생산에서 국유기업이 차지하는 비중은 1998년 50% 수준에서 2003년 37.5%, 2008년 28.3%로 지속적으로 하락하였다. 그러나 글로벌 금융위기 이후 국유기업의 도시고정자산 투자 비중이 증가하기 시작하였고, 중국사회과학원이 발간한 공업발전 보고서(2011)에서도 신규투자에서 국유기업의 비중이 증가하고 있다는 점에 주목하여 국진민퇴 현상이 나타나고 있다고 지적하였다. 물론 글로벌 금융위기로 인한 경제성장률 둔화를 방지하기 위해 그나마 투자 여력이 있는 국유기업을 중심으로 내수확대정책을 실시한 것으로 볼 수 있다. 즉 국진민퇴 현상을 일시적인 경기방어적 정책의 결과로 해석할 수도 있다. 그러나 철강, 조선, 석유화학, 비철금속 등 주요 산업에서 부실 민영기업을 퇴출시키기 위해 국유기업에 민영기업 인수 자금을 지원함으로써 산업합리화를 도모하였다는 점은 민영기업의 재국유화라는 측면에서 개혁개방 이후 지속되어 온 시장화 개혁이 크게 역주행(逆走行)한 것으로 볼 수 있다.

국진민퇴 현상은 중앙정부와 각급 지방정부의 지원하에 적자투성이의 국유기업이 수익성이 좋은 민영기업을 손쉽게 인수하는 결과를 초래하였다. 국유기업이 부실한 적자 민영기업을 인수하는 것이 아니라 오히려 부실한 국유기업이 흑자 민영기업을 인수하는 엉뚱한 현상이 나타나기 시작했다. 그 결과 국가의 정치적 기득권 유지와 자원 통제력의 강화 속에 국유부문은 점차 비대해졌고, 자원배치에 있어 국유부문의 영향력이 강화되었다. 특히 글로벌 금융위기 직후인 2009년에 발표된 『10대 산업진흥계획』은 국유기업 중심의 인수합병을 통해 산업정책적 측면에서 국유기업의 독점이 심화되는 결과를 낳았다. 일부 초대형 국유기업들은 국내에서 독점적 지위를 십분 활용하여 독점의 외연을 확대하면서 적어도 규모 면에서 글로벌 기업으로 성장하였다. 그러나 이는 민영기업이 활동할 수 있는 영역이 지속적으로 축소되는 결과를 야기함으로써 어떤 경제적 논거로도 정당성을 찾기가 어렵다. 더욱이 글로벌 금융위기 이후 더욱 가속화된 국진민퇴 현상은 결과적으로 금융부실을 가져왔다.

국진민퇴 현상은 통화정책 측면에서 풍부한 유동성 공급을 통해 지원되었다. 주지하다시피 금융위기 이후 주요 선진국을 포함해 각국은 재정지출을 늘리고 통화팽창을 시도했다. 미국, 유럽중앙은행(ECB), 일본 모두 시점은 조금씩 다르지만 양적완화정책(QE: Quantitative Easing)을 실시했다. 중국 2009년 GDP 대비 12%에 달하는 과감한 재정지출 패키지를 수립하여 실시하였고, 이어서 통화량을 늘리고 은행신용을 대대적으로 확대하는 정책을 시행했다. 2009년부터 2015년 말까지 신용공급은 매년 20% 정도 증가하였다. 그 결과 비금융기업의 부채는 GDP 대비 큰 폭으로 증가하였다(IMF 2016b). 각 기관마다 차이가 있지만 국제통화기금(IMF)은 지방정부투자기관(LGFVs: local government financing vehicles)을 포함한 비금융기업의 부채가 2015년 말 GDP 대비 200%를 넘는 것으로 추정하고 있다. 이 수치는 금융위기 이전의 150% 수준에서 크게 증가한 것이다. 이는 추세선을 기준으로 볼 때 20-25% 상회하는 것으로 신용갭(credit gap)이 과도한 수준인

것으로 나타나고 있다(Maliszewski et al. 2016).[8]

GDP 대비 국내신용은 흔히 금융발전의 지표로 사용되는 금융심화(financial deepening)의 정도를 보여준다. 기존 연구결과들을 보면 과도한 국내 신용팽창은 금융위기의 주범이거나 심각한 경기후퇴를 가져오는 것으로 분석되고 있다. 대체로 5년 동안 GDP 대비 국내신용이 30% 이상 증가하거나 추세선을 4% 이상 초과할 경우가 이에 해당한다. 따라서 과거의 경험에 비추어 볼 때 중국의 국내신용은 과도한 수준을 넘어섰고, 금융위기의 가능성이 대단히 높다는 점에서 국제통화기금을 비롯한 국제금융기관들이 촉각을 곤두세우고 지켜보고 있는 것이다.

2008년 글로벌 금융위기 이후 중국의 비금융기업 부채가 급격히 증가하게 된 요인 중의 하나로 은행권을 통한 대출 못지않게 중요한 자금조달의 경로가 바로 회사채이다. 이는 중국 정부가 은행 중심의 간접금융시장의 문제점을 해결하기 위해 2007년부터 추진하였던 주식 및 채권과 같은 직접금융시장을 육성하고자 하는 발전 전략과 맞물려 있다. 2008–2012년 중 회사채 발행 잔액은 연평균 57.6% 증가하여 2015년까지 조달된 총 자금 규모가 15.5조 위안으로 주식을 통한 자금조달 규모인 3.7조 위안을 크게 상회한다. 특히 2015년 이후 중국 증시가 위축되면서 회사채 발행 규모는 꾸준히 증가하였다. 2014년 중국 정부가 과잉생산 억제책을

8 중국사회과학원에 따르면 2015년 말 기준으로 비금융기업 부문의 채무는 GDP 대비 156%에 이르고 있다. 국제결제은행(BIS)에서도 2015년 말까지 중국기업의 부채비율이 170.8%로 미국(71.2%), EU(102.8%), 일본(101.3%)보다 훨씬 높은 수준을 유지하고 있다는 분석 결과를 내놓았다. 양평섭(2016) 참조.

발표하면서 제일 먼저 문제가 된 것이 회사채 부도 사태의 현실화였다. 특히 2020년까지 만기가 도래되는 회사채의 업종 분포를 보면 무려 35.6%가 부동산 업종에 집중되어 있다는 점에서 은행대출이건 회사채이건 기업이 조달한 자금이 부동산에 집중되었다는 점을 알 수 있다(이치훈 2016).

총량적인 측면에서 중국의 비금융기업의 부채가 과도한 수준일 뿐 아니라, 최근 들어 기업의 재무적 수익성도 악화되는 것으로 나타나고 있다. 국제통화기금(IMF)의 추정치에 따르면 2015년 말 현재 공표된 부실채권 규모는 전체 대출 대비 5.5% 수준이고, 미시적 자료를 근거로 한 잠재적 위험대출은 전체 기업대출의 15.5% 수준으로 추정되고 있다. 60% 정도의 손실을 감안할 때 은행권이 부담해야 할 잠재 손실은 GDP 대비 7% 수준으로 추정된다(IMF 2016a). 한편 중국측 자료에 따르면 업종별로 상장회사를 기준으로 철강기업의 51.4%, 부동산기업의 44.5%, 자동차기업의 15.3%가 영업이익으로 이자를 갚지 못하는 좀비기업으로 추정되고 있다. 이에 중국 국무원은 2016년 2월 초 철강과 석탄 산업의 과잉생산능력을 3－5년에 걸쳐 10－15% 수준 감축하는 방안을 발표하였다. 철강, 자동차, 석탄, 시멘트와 같은 중화학공업의 과잉설비는 50－60%대의 낮은 가동률로 확인되고 있다(양평섭 2016).

좀 더 미시적으로 중국기업의 부채 문제를 살펴보면 중앙정부보다 지방정부의 책임이 크다고 볼 수 있다. 중앙정부의 국유기업은 국가 전체적으로 볼 때 독점기업으로 상당한 이익을 향유하고 있다. 에너지, 통신, 전력, 항공, 해운, 철도 등 국가 기간산업을 책임지고 있는 것이 중앙 국유기업이다. 반면에 지방의 국유기업은 지방에서 어느 정도 독점적 지위를 확보하고 있지만 전국적인 규모로 성장한 기업들은 아니다. 후진타오－원자바오 지도부하에서 지방정부의 성과지표는 GDP 성장률이었다. 지방정부를 책임지고 있는 공산당 간부들은 성장률에 집착했고, 이는 글로벌 금융위기 이후에 지속되었을 뿐만 아니라 오히려 강화되었다. 그 결과 지방정부는 지방 국유기업을 통해 경제성장을 도모했고, 지방정부투자기관(LGFVs)을 통해 대출을 받아 이를 지방정부 국유기업 또는 권력과 유착된 지방 민영기업에 자금을 지원하는 방식을 채택했다. 이를 소위 그림자 금융(Shadow Banking)이라고 부르는 것이고 제도권 금융을 우회하는 신탁, 증권, 자산운용사가 금융중개 기능을 담당하는 유사금융이라고 할 수 있다. 이러한 그림자 금융의 규모에 대해서는 정확한 통계가 잡히지 않지만 국제통화기금(IMF)은 40조 위안, GDP 대비 58%, 은행 기업 대출의 48% 수준으로 추정하고 있다.

지방정부투자기관을 통한 대출은 산업 및 인프라에 투자되었을 뿐 아니라, 상당 부분 부동산에 투자되었다. 특히 지방정부는 중앙정부에 비해 세수가 부족하여 토지 매각을 통해 부동산경기를 활성화시키는 것이 세입 확보에서 결정적으로 중요하였다. 지방 국유기업이 수익을 내서 법인세를 많이 내고 고용창출을 통해 소득세를 많이 낼수록 재정자립도가 높아질 수 있지만 이는 일부 지방에서만 가능한 일이었고, 대다수의 지방정부는 여전히 열악한 재정상황을 극복해야 했다. 이와 같이 후진타오 시대에 중국경제의 3대 위험이라고 흔히 얘기되었던 부동산 거품, 지방정부 재정 악화, 그림자 금융은 서로 긴밀히 얽혀 있다. 그리고 지방정부-지방금융기관-부동산업자 등으로 연계된 네트워크에 지방의 공산당 간부들이 직간접적으로 관련되어 있었다. 중국의 국유기업 개혁에 있어서 관건은 이러한 부정부패의 고리를 끊고 지방정부의 재정을 건전화하면서 부동산 시장의 연착륙을 도모하는 일이다. 그러나 이러한 일은 결코 쉬운 일이 아니다. 시진핑 정부 들어서 주룽지 총리 시절에 못지않은 부패와의 전쟁을 시작했다.[9] 고질적인 병폐에 칼을 들었고, 지방정부투자기관을 통한 대출을 지방정부의 채무로 전환 중이다. 특히 지방정부투자기관의 차입 중에서 직접적으로 지방정부의 채무에 해당하는 14조 위안 중 3.2조 위안에 대해 2015년 말까지 지방정부 채권으로 전환을 완료하였다. 아울러 중앙정부는 지방정부의 재정악화를 감안하여 2015년 재정지원규모를 크게 늘렸다. 이러한 조치는 대단히 바람직한 조치라고 볼 수 있다. 그리고 무엇보다도 지방정부의 성과지표로 성장률이 고려되지 않음에 따라 왜곡된 인센티브로 인한 과도한 부동산 투자와 과잉설비투자가 줄어들 수 있을 것으로 기대된다(왕윤종 2016a).

9 시진핑 주석은 중앙기율검사위원회를 통해 정풍운동과 반부패 투쟁을 벌이면서 당 대내외적으로 명분을 쌓고 대중들의 절대적 지지를 받으면서 당내 권력 장악에 나섰다. 시진핑 집권 이후 2015년 말까지 3차례에 걸쳐 실시된 정풍운동을 통해 총 33,532명의 간부급 인사들이 처벌을 받았다. 이들 대부분이 반부패 사범이라기보다는 정치기율, 조직기율 위반으로 처벌되었다는 점에서 황태연(2016)은 반부패는 명분에 그치고 있고, 실제로는 권력 기반 강화를 위한 정치적 목적이 강한 것으로 분석하고 있다.

V 공급 측 구조개혁과 개혁 딜레마

중국 금융시스템의 취약성은 고도성장기에 누적되어 왔던 구조적 문제점에 기인한다. 무엇보다도 공룡처럼 비대해진 국유기업을 효율화하지 않고서는 금융시스템의 개혁도 전혀 효과를 거둘 수 없다. 특히 글로벌 금융위기 이후 전 세계적인 장기 불황이 진행되면서 기업구조조정은 반드시 필요한 과제로 인식되었음에도 불구하고 지연되었다. 기업구조조정이 가져올 수밖에 없는 경기하방 압력을 회피하고자 했던 것이다. 이는 후진타오 정부만의 문제는 아니다. 시장경제체제를 유지하고 있는 국가들의 경우에도 말이 쉽지 시장의 힘에 의해 상시적으로 구조조정이 이루어질 것으로 기대하기 어렵다. 우리나라의 경우 어려움을 겪고 있는 조선, 해운 업종을 보면 알 수 있듯이 과잉생산능력이 몇 해 전부터 문제점으로 지적되어 왔으나, 구조조정은 지지부진하였다. 금융기관은 구조조정의 칼을 빼 들기가 만만치 않았고, 타이밍을 놓치는 경우가 비일비재하였다. 이는 채권자, 주주, 노조 등 다양한 이해관계자의 이익이 침해되지 않도록 하는 조정이 쉽지 않기 때문이다. 이를 흔히 시장경제의 조정실패(coordination failure)라고 부른다. 중국의 경우 국유기업에 대한 대출은 사실상 정부의 암묵적 보증(implicit guarantee)이 존재하는 것으로 볼 수 있기 때문에 더더욱 상시적 구조조정은 쉽지 않다고 볼 수 있다. 결국 정부의 의지가 어떻게 작동하느냐가 관건이라고 볼 수 있다.

중국 정부는 아시아 금융위기 이후 주룽지 총리 주도하에 강력하게 국유기업의 개혁을 시도한 바 있다. 그러나 후진타오 정부

들어와서 국유기업의 개혁은 뒷걸음쳤고, 국진민퇴 현상이 두드러졌다. 시진핑 정부 들어서 2015년 11월 국무원 상무회의에서 한계기업의 구조조정을 공급 측 구조개혁의 주요 과제로 언급한 이후 2016년 3월 전인대(全人代)에서 적극적으로 한계기업(강시기업)을 정리해 나가기로 천명하였다. 다시 공급 측 개혁이라는 이름으로 국유기업 개혁이 핵심적 정책과제로 제시된 것이다. 국무원은 한계기업을 "에너지소모, 환경보호, 품질, 안전기준 등의 지표에 부합하지 않으며, 연속 3년 이상 적자가 발생하고, 구조개혁 방향에 부합하지 않는 기업"으로 정의하고 있다. 여기서 단지 재무적 기준만 고려되는 것이 아니라 중국 정부가 골머리를 썩고 있는 환경 및 위생안전 등의 기준도 고려하고 있다는 점에서 공급 측 개혁은 좀 더 포괄적이라고 볼 수 있다. 이를 위해 2016년 5월 중앙정부가 직접 관리하는 106개 중앙 국유기업의 4만 개가 넘는 자회사들 중에서 345개의 한계기업을 3년 내에 퇴출시키기로 결정하였다.[10] 또한 중국은행 감독관리위원회를 중심으로 과도한 기업 부채의 원인 제공자로서 은행에 대해 건전성을 제고시키기 위해 부실채권의 출자전환 등의 조치를 강구하였다. 2016년 10월에는 국무원이 은행 대출채권의 출자전환을 위한 원칙으로 시장화, 법치화, 질서와 조화 등을 강조하였으며, 구체적으로 7개 대책을 발표하였다. 여기서 우리가 주목해야 하는 것은 시장화 원칙이 과연 제대로 적용될 수 있을 것인가의 문제이다.

앞서 지적했듯이 시장경제체제를 채택하고 있는 국가들조차

10 2017년 7월 현재 중앙 국유기업의 수는 101개로 향후 중국 정부는 지속적으로 중앙정부 산하 국유기업의 수를 80여 개로 축소할 것으로 전망되고 있다.

도 기업구조조정이 상시적으로 시장의 힘에 의해 작동하지 않는 선례를 발견할 수 있다. 특히 대출의 출자전환이 원활히 이루어지기 위해서는 출자전환의 가격 및 조건에 대한 자율적인 협상이 가능해야 한다. 그러나 이러한 상시적 기업구조조정은 항상 조정실패의 위험성이 상존한다. 아직 덜 춥기 때문에 어떻게든 버텨 보려고 하다가 결국 파산까지 이르는 안타까운 사례가 얼마나 많은가? 1999년 주룽지 시대에 국유 상업은행의 부실채권 정리를 위해 4대 자산관리공사를 설립하여 부실채권을 인수하는 방식을 채택하였으나, 이는 이미 부실화된 경우에 적용된 것이다. 앞으로 중국의 국유은행들이 시장화 원칙에 입각해서 국유기업에 대해 부실채권의 출자전환을 제대로 처리할 수 있을 것인지에 대해 의구심이 들지 않을 수 없다. 자칫 이해당사자 간의 합의 도출에 실패할 경우 기업구조조정의 타이밍을 놓치고 부채축소(디레버리징)의 속도가 늦어져 국유기업 개혁이 물 건너갈 공산도 크다. 이제 시험대에 올라선 중국의 기업구조개혁이 제대로 성공하기 위해서는 금융의 자율성이 제고되는 일이 무엇보다도 중요할 것이다. 금융이 산업의 시녀 역할에서 벗어나 자원의 효율적 배분을 위한 역할을 제대로 할 수 있어야 중국이 금융선진국으로 가는 첫걸음을 내디딜 수 있을 것이다.

또한 공급 측 개혁이 단지 정치적 구호(political rhetoric)로 그칠 가능성도 있다. 무엇보다도 국유기업 구조개혁이 가져올 경제적, 사회적 파장을 충분히 견뎌낼 수 있는 충분한 체력을 중국이 갖추었다고 보기 어렵기 때문이다. 국유기업 개혁은 시진핑 주석이 가장 중시하고 있는 고용불안을 초래할 수밖에 없다. 2009년 이후 국유기업의 고용자 수는 정체되고 있으나, 비민영기업의 고용이 45.3% 증가하여 국유기업 자회사 등 관련 기업이 전체 고용에 미치는 영향이 여전히 상당하다. 또한 인건비 상승에 대응해서 중국기업들은 설비 자동화를 도입하고 있는 추세이다. 이에 따라 고용 안정성이 취약한 농민공 등 비정규·단순 인력이 우선 해고되어 노동자 간에도 계층 간 격차가 점차 심화되고 있다. 이는 미국을 포함한 전 세계적인 현상이고, 제4차 산업혁명이 진전될수록 이러한 노동절약형 기술진보에 힘입어 고용 안정성은 더욱 떨어질 수밖에 없는 실정이다. 현재 중국의 노동시장을 보면 농민공이 전체 취업자에서 차지하는 비중이 2008년 29.8%에서 2015년 35.8%로 상승하였다. 고용의 질이 악화되고 있다는 증거이다. 제조업 부문의 고용이 감소하고 서비스 부문의 고용이 증가하고 있는 것 역시 산업구조 변화에 기인하지만 서비스 부문은 아직 좋은 일자리를 많이 창출해 내지 못하고 있다.

VI 결론

전통적으로 경제학 이론과 실증분석 결과를 놓고 보면 초기 경제발전 과정에서 자본이 부족한 국가들의 경우 정부가 일정 부분 자본배분 과정에 개입하고 있음은 주지의 사실이다. 그러나 일정 단계를 거쳐 경제발전을 이룩한 이후에는 금융이 정부의 개입 없이 자율적으로 자본의 효율적 배분에 참여하도록 하는 것이 바람직하다는 견해가 지배적이다. 작금에 세계 금융시장을 좌지우지하는 영미계 금융기관들은 금융자유화(financial liberalization)의 풍토 하에서 성장할 수 있었다. 금융은 실물부문에 대해 막강한 영향력을 행사하기 때문에 최소한의 규제가 필요한 것이 사실이다. 2008년 글로벌 금융위기도 금융감독 기능이 제대로 작동하지 못하였기 때문에 엄청난 부실이 짧은 기간 동안에 폭발적으로 증가하여 결국 터지게 된 것이다. 즉 금융부문의 건전성을 확보하기 위해 금융감독 기능을 강화하는 것은 반드시 필요한 조치이다. 그럼에도 불구하고 금융자유화 없이 금융이 성장하고 발전할 것으로 기대하기는 어렵다.

중국의 금융시스템은 여전히 정부의 입김이 크게 작용하고 있어 금융감독 기능이 제대로 작동하지 못하고 있다. 이 말은 정부가 금융의 건전성보다는 성장우선의 정책을 펼치게 되면 금융감독 기능이 제대로 발휘될 수 없다는 말이다. 2008년 글로벌 금융위기 직후만 해도 중국의 성장둔화는 피부에 와 닿지 않았다. 중국은 신속하게 4조 위안에 달하는 경기부양조치를 취했다. 그 결과 2010년 중국의 성장률이 10.4%를 기록했다. 후진타오 시대에는 8% 성장을 지켜야 한다는 것이 불문율처럼 받아들여졌다. 글로벌 금융위기로 미국을 비롯해 선진국이 휘청거릴 때 중국의 약진은 두드러졌다. 이제 본격적으로 미국과 자웅을 겨루는 G2 시대가 시작되는 것이 아닌지 새로운 담론이 학계를 뜨겁게 달구었다. 그러나 2012년 4분기부터 7%대에 진입한 경제성장률은 이후 8%대로 다시 진입하지 못하였다. 2015년 3분기 6.9%를 기록하였고, 2016년에는 6.7%로 떨어졌다. 2017년 중국은 상반기 6.9%의 성장세를 보이면서 약간의 경기가 회복되는 기미를 보이고 있지만 이는 세계경제의 기술적 반등에 기인하는 것일 뿐이다. 세계경제는 저성장의 늪에서 여전히 헤어나지 못하고 있다. 또한 세계경제의 저성장은 무역자유화를 후퇴시키고 보호주의 경향을 강화하고 있다. 수출과 투자 주도의 성장방식이 더 이상 유효하지 않다는 것이 증명되고 있는 실정이다. 따라서 중국 역시 더 이상 고속성장이 가능하지 않다는 것은 자명한 일이다. 고속성장이 가능하지 않다는 사실보다 더 중요한 것은 고속성장이 지속가능하지 않을 뿐만 아니라 바람직하지 않다는 점이다(왕윤종 2016a). 중국 정부가 계속해서 성장에 집착한다면, 그리고 그 성장을 뒷받침하기 위해 금융을 정책적으로 이용한다면 금융산업의 발전은 결코 기대할 수 없다.

시진핑 정부 들어서서 분명히 달라진 점은 경제성장률 자체에 연연하지 않는다는 점이다. 불과 몇 년 전 후진타오 시대만 하더라도 지방정부들의 성과를 평가하는 데 있어서 경제성장률이 제일로 중요한 항목이었다. 심지어 지방정부의 성장률을 모두 합계하면 중국 전역의 성장률을 훨씬 웃도는 현상이 나타나기도 했다. 그만큼 지방정부는 성장률 목표(GDP maximization mania)에 집착했고, 그 결과 지방마다 지방 국유기업을 중심으로 과잉투자 현상이 나타났다. 시진핑 정부 들어서 적어도 이러한 현상은 더 이상 용인되지 않고 있다. 지방정부의 성과지표로서 경제성장률이 절대적으로 중요한 목표지표로 설정되지도 않고 있다. 이런 변화와 공감대 형성에 기반을 둬서 성장목표치도 하향 조정되었다. 제13차 5개년 규획(2016–2020) 기간 동안 최저 평균성장률을 6.5%로 제시하였다. 물론 이 수치 역시 대단히 의욕적인 목표치라고 할 수 있다. 성장의 원천도 투자에서 소비로, 제조업에서 서비스업으로 이동 중이다. 또한 인구구조도 빠른 속도로 고령화되면서 높은 저축률 역시 떨어질 것으로 전망되고 있다(Zhang 2016).

신창타이 시대에 고속성장에서 중속성장으로 성장속도가 느려지고 있지만 중국경제의 구조전환이 제대로 가능하려면 공급 측 과잉해소와 더불어 금융부문의 개혁이 속도를 내야 한다. 공급 측 개혁은 국유기업의 과잉 생산능력 해소와 과잉부채 축소에 초점이 맞추어져 있다. 그러나 보다 중요한 것은 금융의 자율적 신용 배분 기능이 작동할 수 있도록 금융자유화의 속도를 중국 정부가 얼마나 빠르게 진행시킬 것인가 여부이다. 여건은 이제 충분히 무르익었다고 볼 수 있다. 금융기관과 금융시장의 규모 면에서 중국은 더 이상 후진국이라고 볼 수 없다. 중국의 4대 국유 상업은행은 자산규모 면에서 이미 세계적인 수준으로 앞서가고 있다. 중국 공상은행은 규모에서 세계 1위이다. 세계 100대 은행에 중국이 14개, 미국이 10개, 일본이 9개, 독일이 8개로 중국의 은행산업은 비약적 성장을 거두었다. 그러나 이러한 성장은 국내 예대금리 차익을 일정 수준 보장하여 은행의 수익성이 안정적으로 확보되었기 때문이다. 2015년 10월 이후 금리자유화가 실시되었지만 인민은행은 금융기관이 참고할 수 있도록 예대기준금리를 계속 발표하고 있다. 예대금리의 상하한이 폐지되어 은행의 예대금리가 일률적으로 결정되지 않고 있지만 인민은행이 예대기준금리를 발표하는 한 그 영향력은 여전히 유효하다고 볼 수 있다. 즉 중국 인민은행의 통화정책이 총통화량(M2)을 중간목표로 하는 현행 통화정책을 단기기준금리를 중심으로 하는 통화정책 운영체계로 이행해 나가는 것이 바람직할 것이다. 예대금리 차익에 의존해서 은행이 수익을 보는 경쟁제한적 환경하에서 은행 중심의 중국의 금융시스템은 발전을 기대할 수 없다. 보다 시장친화적인 금리체계로의 변화가 시급히 요구된다고 볼 수 있다.

중국이 국내적으로 금융부문이 낙후된 원인은 국가 차원에서 중앙은행인 인민은행의 위상을 보면 알 수 있다. 인민은행은 중앙은행으로서의 독립성이 거의 없다고 해도 과언이 아니다. 저우샤오촨 총재가 국무원 35인 중 한 명에 불과하고 2주마다 국무원 회의에 출석해서 중국의 경제상황과 금리 수준에 대해 간단히 브리핑을 할 뿐 실질적인 통화정책의 권한은 국무원의 최고 의사결정자 또는 상무위원에 의해 결정된다(Irwin 2013). 인민은행은 단지 통화정책의 실무를 담당하는 행정조직에 불과하며 통화 및 외환과 관련된 모든 중요한 정책결정이 국무원에서 이루어진다는 점은 중국 금융의 정점에 있는 인민은행의 위상이 얼마나 초라한지를 알 수 있게 하는 결정적인 증거라고 볼 수 있다. 이러한 중국 금융시스템의 후진성에 대해 He(2015)는 후진국 일반에서 발견되는 금융억압을 통해 아직도 이익을 얻는 기득권층이 광범위하게 포진되어 있기 때문이라고 지적한다. 즉 국유 상업은행, 중앙 국유기업, 지방 국유기업, 수출산업, 부동산개발업자, 건설산업 등 경제성장의 달콤한 열매를 따먹었던 기득권층이 전면적 금융개혁에 대해 반대하는 진영을 형성해 견고한 철옹성을 구축하고 있다.

국내적으로 통화정책 운영체계를 선진화함과 동시에 중국은 금융후진국의 위상을 떨쳐 버리기 위해서 자본자유화, 외환자유화 등의 조치를 취해야 할 것이다. 우선 중국 정부는 여전히 제한적이긴 하지만 지속적으로 자본자유화를 추진해왔다. 그럼에도 불구하고 여전히 자본이동은 다양한 규제에 의해 제한되고 있다. 가장 대표적인 자본시장 규제가 바로 중국 주식시장에 대한 외국인투자 규제이다. 2000년부터 허용된 적격외국인기관투자자(Qualified foreign Institutional Investors : QFII) 제도는 도입 이후 이미 10년 이상의 시간이 흘렀지만 상해 A 주식 시가총액에서 외국인 투자자가 차지하는 비중은 아직도 2%에 불과하다. 중국 정부는 QFII 한도 확대, 2014년 상하이와 홍콩을 연결하는 후강통, 2016년 선전과 홍콩을 연결하는 선강통 등을 통해 지속적으로 자본시장 개방을 촉진하고 있다. 그러나 전면적인 개방에 대해서는 여전히 미온적인 입장을 견지하고 있다. 중국 정부는 채권시장에 대해서도 엄격한 제한조치를 유지하고 있다. 2015년 일부 중앙은행과 국부펀드에 대해 역내 은행 간 채권시장 참여를 허용했다. 하지만 여타 기관투자자들은 엄격한 자격요건을 갖추어야 비로소 일정량을 할당받아 인민폐 표시 채권을 살 수 있다. 중국 인민은행에 따르면 2015년 말 현재 외국인투자자의 중국 채권 보유 비중은 약 2%에 달하고 있다. 주식시장과 채권시장 개방의 폭이 좀 더 확대되어야 중국 금융시장의 저변이 확대될 수 있을 것이다(왕윤종 2016b).

중국 정부가 자본자유화에 미온적 태도를 보이는 이유는 무엇보다도 자본자유화가 '양날의 칼(double-edged sword)'이기 때문이다. 자본이 국경을 넘어 자유롭게 이동하게 되면 금융시장에서 거래되는 주식 및 채권 등 다양한 자산 가격이 시장의 수급에 따라 결정되는 가격발견(price discovery) 기능을 발휘할 수 있다. 자본자유화를 통해 보다 많은 시장참여자가 늘어나게 될 뿐만 아니라 국내 금융시장이 자연스럽게 해외시장과 연계됨으로써 인위적인 규제장벽으로 인한 규제차익(arbitrage gains)이 제거될 수 있다. 또한 자본자유화는 기업과 같이 항시적인 자본의 수요자들에게 해외로부터 더 저렴한 비용으로 자본을 조달할 수 있게 한다. 다른 한편 금융자산을 소유하고 싶어하는 국내 투자자들에게 해외투자를 통해 포트폴리오의 다변화를 추구할 수 있도록 기회의 창을 열어주게 된다. 즉 수익률을 높이고 위험을 분산할 수 있게 된다. 그러나 자본자유화가 이점만 많은 것은 아니다. 자국의 금융시스템이 선진화되지 못한 상황에서 자본자유화를 성급하게 추진하게 되면 항상 부작용이 따랐다. 1997-98년 아시아 금융위기 당시에 우리나라도 성급한 자본자유화의 매운 맛을 톡톡히 봤다. 이 점을 누구보다도 잘 알고 있고, 거대 중국을 안정적으로 관리해야 할 사명의식을 지닌 중국 정부는 자본자유화의 속도를 내고 싶어도 이런 속사정 때문에 답답할 정도로 매우 천천히 자본자유화를 진행할 수밖에 없는 것이다. 그러나 자본자유화의 속도를 더디게 할수록 금융시스템의 안정은 어느 정도 확보할 수 있지만, 금융은 어차피 리스크(위험)로 먹고 사는 사업이다. 따라서 금융시스템의 선진화를 위해 치러야 할 비용을 줄이는 만큼 선진화의 속도도 늦어질 수밖에 없다. 중국이 세계의 공장이라는 명성을 차지했지만 동시에 금융 강국으로 등극하기 위해서는 자본자유화의 허들을 넘어야 한다.

중국의 자본자유화가 상당 부분 진행되면 외환관리는 사실상 힘들어진다. 외환수급이 경상수지뿐만 아니라 자본수지에 따라 결정된다. 또한 환율결정도 실수요보다는 투기적 수요에 의해 크게 영향을 받게 된다. 현재 중국은 관리변동환율 제도를 채택하고 있다. 국제통화기금(IMF)의 분류 기준에 따를 경우 엄격한 의미에서 시장에서 환율이 결정되는 변동환율 제도라기보다는 정부의 영향력이 큰 제도를 운용 중이고, 애매모호한 정책으로 인해 기타 환율 제도로 분류되고 있다. 2015년 8월부터 '복수통화 바스켓을 참고한 변동환율 제도'라는 긴 명칭을 갖고 명목상 변동환율 제도라고 주장하지만 이는 환율 수준을 정부의 의지대로 관리하겠다는 것과 크게 다르지 않다. 다만 인민은행이 환율 수준의 결정에 있어서 참고로 하는 복수통화 바스켓은 13개 주요국 통화로 구성된 중국외환시장지수(CEFTS지수)이다. 통화 바스켓에 담기는 13개 통화는 물론 중국과 교역 관계를 갖고 있는 주요국 통화이며, 바스켓의 가중치는 이러한 교역 관계를 어느 정도 반영하고 있다. 따라서 우리나라 원화의 바스켓 내 가중치는 10.8%로 달러(22.4%), 유로(16.3%), 엔(11.5%)에 이어 네 번째로 크다. 그러나 바스켓 통화의 가중치는 시시각각으로 변하는 내생적 특성을 지닌다. 실질실효환율의 개념처럼 복수통화 바스켓 제도를 통해 환율을 관리하겠다는 것은 예를 들어 달러와 같은 특정 통화의 변동보다는 환율을 상대적으로 안정적으로 관리하겠다는 의미이기도 하다.

자본자유화가 진전되면 더 이상 복수통화 바스켓 제도를 운영하는 것은 외환에 대한 시장 수급 상황을 잘 반영하기 힘들 뿐만 아니라 정부가 인위적으로 외환시장에 개입해서 환율을 관리하는 것이 사실상 불가능하게 된다. 완전한 자유 변동환율 제도를 채택하지 않더라도 개별 국가는 외환보유고의 증감을 통해 어느 정도 외환시장의 수급에 영향을 미칠 수 있고, 환율을 관리할 수 있다. 비록 미국이 전 세계에서 유일하게 환율조작국 여부를 발표하면서 통상압력을 행사하고 있기는 하지만 환율 제도의 선택은 국가주권의 문제이다. 그러나 어떤 제도가 바람직하느냐는 각국의 경제적 상황에 따라 다르다. 현재 중국이 자본통제의 고삐를 늦추지 않는 상황하에서는 얼마든지 복수통화 바스켓 제도가 잘 운용될 수 있다. 그러나 자본자유화로 인해 자본이동이 키보드 하나 클릭하는 것만으로 엄청나게 빠른 속도로 가능하게 되면 외환시장을 관리하겠다는 발상 자체가 불가능해진다. 트럼프 행정부는 환율조작국에 대해 강한 통상압력을 가할 가능성이 높다. 특히 반중 인사들로 포진된 미 트럼프 행정부의 통상팀은 중국 길들이기를 위해 중국에 대해 환율조작국 지정을 불사할 가능성도 있다. 아직은 중국과 직접적으로 통상마찰의 분쟁에 휘말리지 않고 있으나, 럭비공처럼 어느 방향으로 튈지 모르는 예측 불가능의 트럼프 정부의 행보에 주의를 기울이지 않을 수 없다. 중국은 아직 변동환율 제도로 이행할 충분한 준비가 되어 있지 못한 상황이다. 자본자유화와 변동환율 제도로의 이행은 중국이 금융 선진국으로 가는 과정에서 반드시 통과해야 할 이정표이지만, 아직은 중국이 이러한 선진 제도를 수용할 만큼 실력을 갖추지 못했다고 보아야 한다.

중국의 금융안보가 흔들리고 있다는 증거로 지난 5월 23일 국제신용평가사인 무디스(Moody's)의 중국 국가신용등급 하향조정(Aa3 → A1)을 들 수 있다. 동 조치는 앞서 논의했던 바와 같이 글로벌 금융위기 이후 과도하게 증가한 중국의 비금융기업 부채가 주원인이다. 중국은 아직 대외부채의 비중이 낮기 때문에 중국의 금융위기 가능성은 어디까지나 정부의 대응 여하에 달려 있다. 중국 정부가 단지 위기를 관리하는 데 그칠 것인지 아니면 근본적으로 국유기업 구조개혁과 금융시스템의 선진화를 위한 좀 더 과감한 개혁조치를 취할 것인지 여하에 따라 중국경제의 향배가 달라질 것이다.

5년마다 개최되는 전국금융공작회의가 지난 7월 14－15일 양일간 개최되었다. 동 회의는 시진핑 총서기를 포함하여 25명의 정치국 위원과 인민은행, 은감회, 증감회 등 중국을 대표하는 금융감독기구가 참석하는 회의이다. 1997년 아시아 금융위기 직후 시작되어 벌써 5차 회의째이다. 이 회의는 중국의 금융시스템의 개혁방향을 파악하는 데 있어 시사하는 바가 크다. 2012년에 개최된 4차 회의에서 지방정부의 부채 리스크가 제기되었고, 2015년 10월 금리자유화가 실시되기까지 큰 방향이 제시되었던 바가 있다. 금번 회의에서도 금융리스크 예방 및 구조조정을 위한 4대 원칙과 6개 주요사항이 제시되었다.

시진핑 주석은 금융이 국가의 핵심경쟁력이며 금융안정이 국가안정에 중요한 역할을 한다는 점을 강조하였다. 이에 ① 금융의 기본역할 강조, ② 구조개선, ③ 감독강화, ④ 시장지향의 4대 원칙이 제시되었다. 또한 금융발전을 위한 6대 주안점이 제시되었다. 첫째, 금융은 실물경제의 발전을 지원한다는 것이다. 이를 위해 과도한 은행중심의 간접금융 체제에서 증시 육성과 같은 직접금융 체제의 발전을 주요 과제로 삼고 있다. 즉 자본공급의 원천을 은행을 통한 대출에서 주식, 회사채와 같은 직접금융 방식에 더 많이 의존하겠다는 것이다. 다원화된 자본조달 방식의 채택은 대단히 바람직한 방향이라고 볼 수 있다. 그러나 금융을 실물경제 발전의 지원에 기본 역할을 두고 있다는 점에서 금융을 하나의 독자적인 산업으로 보는 관점은 여전히 부족하다고 볼 수 있다. 금융리스크의 방지와 금융개혁의 심화를 추진하고, 국무원 산하에 금융안정발전위원회를 설립하는 등 제도개혁에 심혈을 기울이겠다는 것도 알 수 있다. 아울러 위안화 국제화 및 자본계정의 태환을 점진적으로 추진하여 금융의 개방도를 높이겠다는 의지도 천명했다. 이러한 개혁의지는 금융에 대한 당의 지도를 강화함으로써 금융개혁의 강도가 높아질 것이 분명하다. 그러나 금번 금융공작회의는 금융리스크를 방지하는 데 주안점이 두어졌으며, 여전히 실물부문의 발전을 지원하는 데 금융의 역할이 있다는 인식 자체에는 큰 변화가 없어 보인다. 금융리스크가 발생하는 원인은 결국 금융이 자율성을 잃어버리고 실물부문을 지원하는 하위 개념으로 인식하기 때문에 발생하는 것이다. 다만 대외적으로 중국 금융시스템에 대한 우려를 불식시키기 위해 금융감독 통합감독기구가 인민은행이 아닌 국무원 직속으로 설치됨으로써 적어도 소극적 의미에서 금융안보의 중요성을 중국 정부가 잘 인식하고 있다고 생각된다. 그러나 급격한 수준의 디레버리징이나 유동성 축소와 같은 현상은 나타나지 않고 실물부문의 안정을 관리하는 수준에서 미온적인 개혁이 추진될 가능성이 높다고 볼 수 있다.

참고문헌

강동수. 2011. 『중국 금융시스템의 발전과 도전: 한국경제에 대한 정책적 함의』. 한국개발연구원 연구보고서 2011-06.

구기보. 2012. 『중국금융론』 제2판. 삼영사.

니얼 퍼거슨. 2008. 『금융의 지배(*The Ascent of Money: A Financial History of the World*)』. 민음사.

박찬일. 2003. 『중국 금융제도의 발전』. 한국금융연구원 금융조사보고서 2003-03.

양평섭. 2016. "중국경제의 고민: 유동성 함정과 자산황." 『성균차이나브리프』 통권 41호, 성균관대학교 동아시아학술원 성균중국연구소.

왕윤종. 2016a. "신창타이 시대 홍색자본주의의 진화에 대한 고찰." 『현대중국연구』 제18집 3호, 99-154.

______. 2016b. 『달러패권』. 프리이코노미북스.

왕윤종·이치훈. 2017. "중국 금융시스템의 취약성과 개혁 딜레마." 『한중사회과학연구』 제15권 제3호, 25-55.

앵거스 디턴. 2014. 『위대한 탈출(*The Great Escape*)』. 한국경제신문사.

이치훈. 2016. "중국의 기업부실과 개혁 딜레마." 성균중국연구소, 현대중국학회 2017년 중국전망 세미나 발표자료.

조종화·박영준·이형근·양다영. 2011. 『동아시아 발전모델의 평가와 향후 과제: 영미 모델과의 비교를 중심으로』. 대외경제정책연구원 연구보고서 11-08.

中國社會科學院. 2011. 『2011工業發展報告』.

중국삼성경제연구소. 2010. 『국진민퇴의 발전과 전망』. 이슈 리포트 10-3호.

칼 E. 월터·프레이저 J. T. 하위. 2011. 『레드 캐피탈리즘(*Red Capitalism*)』. 시그마 북스.

황태연. 2016. "2017년 중국정치 전망." 『2017년 중국 대전망』. 성균중국연구소, 현대중국학회 2016년 동계학술대회.

Azia, Jahangir and Christoph Duenwald. 2002. "Growth-Financial Intermediation Nexus in China." *IMF Working Paper* 02/194. Washington D.C.: International Monetary Fund.

Cai, Fang, and Yang Du. 2011. "Wage Increases, Wage Convergence, and the Lewis Turning Point in China." *China Economic Review* 22(4): 601-610.

Fogel, Robert. 2010. "$123,000,000,000,000." *Foreign Policy*. January/February.

He, Alex. 2015. "Domestic Sources and RMB Internationalization: A Unique Journey to a Major Global Currency." CIGI Papers, No. 67.

Huang, Yiping, and Xun Wang. 2010. "Financial Repression and Economic Growth in China." CGC Discussion Paper No. 5, China Growth Center at Edmund Hall, University of Oxford.

International Finance Corporation. 2000. *China's Emerging Private Enterprises: Prospects for the New Century*. Washington D.C.

International Monetary Fund. 2015. *Global Financial Stability Report*.

____. 2016a. "Debt-Equity Conversions and NPL Securitization in China – Some Initial Considerations." Technical Notes and Manuals 16/05. Washington D.C.: International Monetary Fund.

____. 2016b. *Debt: Use It Wisely*. Fiscal Monitor, October. Washington D.C.: International Monetary Fund.

Irwin, Neil. 2013. *The Alchemist: Three Central Bankers and a World on Fire*. Penguin Books.

La Porta, R., F. Lopez-de-Silanes, and A. Schleifer. 2002. "Government Ownership of Banks." *Journal of Finance* 57(1): 265-301.

Li, D. 2001. "Beating the Trap of Financial Repression in China." *Cato Journal* 21(1): 77-90.

Maliszewski, Wojciech, Serkan Arslanalp, John Caparusso, Jose Garrido, Si Guo, Joong Shik Kang, W. Raphael Lam, Daniel Law, Wei Liao, Nadia Rendak, Philippe Wingender, Jianyan Yu, and Longmei Zhang. 2016. "Resolving China's Corporate Debt Problem." *IMF Working Paper* 16/203. Washington D.C.: International Monetary Fund.

Maswana, J. 2008. "China's Financial Development and Economic Growth: Exploring the Contradictions." *International Research Journal of Finance and Economics* 19: 89-101.

Song, Wonho and Yunjong Wang. 2006. "Finance and Economic Growth in China." *Journal of International Economic Studies*. Vol. 10, No. 1, 161-186.

Wang, Xiaobing, Jikun Huang, Linxiu Zhang, and Scott Rozelle. 2011. "The Rise of Migration and Fall of Self-employment in Rural China's Labor Market." *China Economic Review* 22(4): 573-584.

____. 2017. "RMB Internationalization and Its Implications to Asian Monetary Cooperation." *Seoul Journal of Economics*. Vol. 30, No. 1, 19-49.

Wei, Shang-Jin, Zhang Xie, and Xiaobo Zhang. 2016. "From "Made in China" to "Innovation in China": Necessity, Prospect, and Challenges." NBER Working Paper No. 22854. National Bureau of Economic Research: Cambridge, MA.

Zhang, Longmei. 2016. "Rebalancing in China." *IMF Working Paper* 16/183, Washington D.C.: International Monetary Fund.

필자 소개

왕윤종 Wang, Yunjong

가톨릭대학교 국제학부(Department of International Studies, The Catholic University of Korea) 겸임교수
서울대학교 경제학과 졸업, 미국 예일대학교 경제학 박사

논저 "RMB Internationalization and Its Implications for Asian Monetary Cooperation", "중국금융시스템의 취약성과 개혁 딜레마", "신창타이 시대 홍색자본주의의 진화에 대한 고찰", 『달러패권』

이메일 yjwang00@hotmail.com

제2장

중국의 대외협력

— 일대일로 정책의 국내 정치경제적 근원과 취약성

China's Foreign Cooperation
— "One-Belt, One-Road" Policy's Domestic Political Economic Rationales and Weaknesses

백우열 | 연세대학교 정치외교학과 조교수

* 이 챕터는 『東西硏究』 제29권 3호(2017) pp. 185-208에 게재된 논문인 "중국 일대일로(一帶一路) 정책의 국내 정치경제적 추동 요인 분석"을 『東西硏究』의 동의하에 이 편집서의 목적에 맞게 부분적으로 수정, 보완하여 작성한 것임을 밝힌다.

중국 시진핑 정권의 가장 중요한 국내와 국제의 정치경제적-정치안보적 상호작용을 기반으로 한 '일대일로' 정책은 중앙아시아와 서아시아(중동), 러시아를 거쳐 중국과 동-서유럽을 연결하는 '실크로드 경제벨트(一帶)'와 동남아시아, 남아시아, 서아시아(중동)를 거쳐 중국과 동-서유럽을 연결하는 '21세기 해상 실크로드(一路)'를 일컫는다. 이미 이 일대일로 정책은 중국 국내적, 국제적으로 심대한 경제적, 정치적, 사회적 영향을 미치고 있으며 이에 대한 연구가 활발히 진행되고 있다. 이 챕터는 이러한 중국의 국가 대전략인 '일대일로' 정책 연구의 가장 기초적인 국내 정치경제적 근원과 그 취약성을 국가 전체와 각 해당 지역 및 산업의 상황을 중심으로 분석한다.

China's Xi Jinping leadership has initiated and enforced "One-Belt, One-Road" policy since 2013. This grand strategy aims at recreating the infrastructure and trade routes to connect China, Southeast Asia, South Asia, Russia the Middle East, and Europe via land and sea. This grand strategy of China has already made some significant impacts on economy, politics, and society from both domestic and international perspectives. This paper analyzes one of the most important subjects to understand this strategy, its rationale, goals and weaknesses in the China's contemporary political economic conditions across regions and industries.

KEYWORDS 일대일로 One Belt One Road, 중국 China, 아시아 Asia, 정치경제 Political Economy, 인프라 Infrastructure, 리스크 Risk, 국가역량 State Capacity

I 일대일로 정책의 발전과 국내 정치경제적 근원

중국 시진핑 정권의 가장 중요한 국내와 국제의 정치경제적-정치안보적 상호작용을 기반으로 한 '일대일로' 정책은 중앙아시아와 서아시아(중동), 러시아를 거쳐 중국과 동-서유럽을 연결하는 '실크로드 경제벨트(一帶)'와 동남아시아, 남아시아, 서아시아(중동)를 거쳐 중국과 동-서유럽을 연결하는 '21세기 해상 실크로드(一路)'를 일컫는다(國家發展改革委·外交部·商務部 2015; 『新華網』 2017.2.7).[1] 아래 〈그림 1〉에서 확인할 수 있듯이 중국의 동남부를 기점으로 도로, 철도, 통신의 인프라 건설을 통하여 육상의 선상에 있는 국가들을, 항만, 항로, 통신의 인프라 건설을 활용하여 해로의 선상에 있는 국가들을 연결하고 북미와 남미를 제외한 전 세계의 경제를 중국 중심으로 묶어내는 지경학적, 지정학적 국가 대전략이다(김흥규 2016; 박홍서 2016; 서정경 2015; 원동욱 2016a; 정성삼 2015; 정환우, 조민경 2017; Godement 2015; Swine 2015; 杜德斌, 馬亞華 2015; 『光明日報』 2014.10.20; 『新華社』 2016.8.17).

'실크로드'라는 명칭에서도 알 수 있듯이 일대일로 정책은 역사 속의 유라시아 대륙을 연결하는 교통로를 현대적 의미와 수준으로 재해석해서 각종 인프라 건설을 통해 비교적 저개발된 지역 및 국가들을 중국과 유럽의 두 중심축에 연결함으로써 경제성장을 유도하면서 장기적으로 지역협력 및 통합 추구를 목적으로 하는 소위 '공진(共進)'전략이다(『文彙報』 2015.7.23). 또한 일대일로 정

1 중국 정부는 공식적으로 이 정책을 "전략"에서 "의제('創意', Initiative)"로 정정하여 지칭하고 있다.

책은 시진핑 정권이 새롭게 시작한 정책이라기보다 기존의 국내경제와 국제경제의 결합의 맥락에서 중국의 국경지역들과 연결해오던 하위 인프라 산업 정책들을 통합하여 하나의 정책으로 개념화, 구체화한 것이다.

시진핑은 이 일대일로 정책의 육상 및 해상 지역적 핵심인 중앙아시아의 카자흐스탄에서 '실크로드 경제벨트(일대, 2013년 9월)'를, 동남아시아의 인도네시아에서 '21세기 해상 실크로드(일로, 2013년 10월, 동시에 AIIB설립 발표)'를 발표하였다. 이는 일대일로 정책의 핵심 지역이 국제적으로 중앙아시아와 동남아시아, 그리고 국내적으로 이와 연결된 중국의 서북부 및 서남부 지역임을 보여준다. 이러한 일대일로 정책은 선언적 수준에서 구체적 정책 수립 수준으로 발전하여 2015년 2월 정치국 상무위원 장가오리를 조장으로 당국가(party-state)의 최고위 지도자들이 참여하는 '일대일로건설공작영도소조'가 수립되었고 이를 중심으로 관영 싱크탱크, 대학연구기관, 그리고 국가급 국영기업들의 정책네트워크 그룹들이 출범했다.

더욱 구체화된 지역적 구상은 소위 '6대경제회랑'이라 지칭되는 육상 및 해상 실크로드 연결 네트워크로 나타났다. 위에서 간단히 언급하였듯이 이 경제회랑은 기존의 중국 국경지역들과 그 접경지역들을 연결하는 다양한 그리고 여러 수준의 인프라 건설 프로젝트들을 통합하고 정리한 것으로 위의 〈그림 1〉에 잘 나타나 있다. 지역적으로 분류해보면 중앙아시아 방향으로 (1) 중국-중앙아시아-중동(서아시아) 회랑, (2) 중국대륙횡단 회랑, (3) 중국-몽골-러시아 회랑이 설정되었으며 동남아시아 방향으로 (4) 중

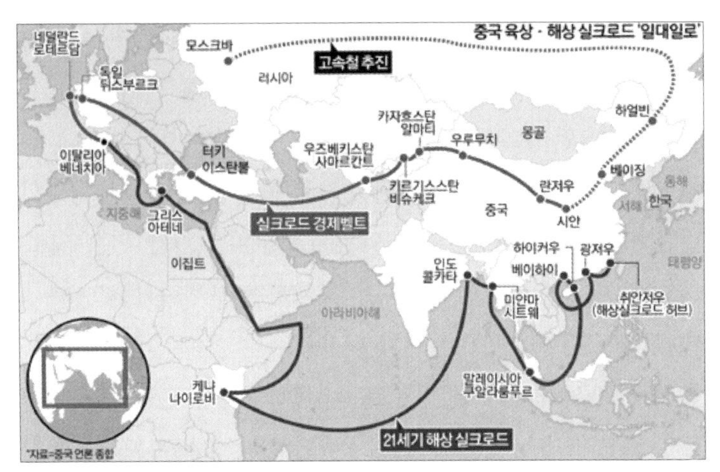

그림 1. 일대일로 지리적 개념도

출처: 연합뉴스 2016년 1월 21일.

국-인도차이나 회랑, (5) 중국-파키스탄 회랑, (6) 방글라데시-인도-미얀마-중국 회랑을 지정하였다(國家發展改革委·外交部·商務部 2015).[2] 첫 번째 중앙아시아 방향으로는 각각 중국의 서북지역 성들과 부분적으로 동북지역 성들이 연결점이 되며 두 번째 동남아시아 방향으로는 각각 서남지역 성들과 부분적으로 동남지역 성들이 연결점이 된다. 물론 그 각각에 필요한 경제자원 공급의 시발점은 가장 발전한 중국의 연안동남지역이다.

이 논문은 이러한 중국의 국가 대전략인 '일대일로' 정책의 국내 정치경제적 추동 원인을 국가 전체와 각 해당 지역 및 산업의

2 중국 정부의 공식 일대일로 웹사이트 "中國一帶一路網"(https://www.yidaiyilu.gov.cn/) 참조. 이 웹사이트는 일대일로와 관련된 방대한 자료들을 제공하고 있다. 물론 이 자료들은 다분히 중국 중심적인 내용으로 그 객관성에 대해서는 비판적으로 접근하여야 한다.

상황을 중심으로 분석하여 이를 명확히 인지하고자 한다. 물론 중국의 당국가(party-state) 지도부는 이 '일대일로'를 국내의 정치경제적 위험요인(risk)의 해결만을 위해서 추진하는 것이 아니다. 국제 정치적, 경제적 목표를 상정하고 국내 정치적, 경제적 목표와 결합하는 국제정치와 국내정치의 상호보완적인 전략이 '일대일로'라고 할 수 있다(杜德斌, 馬亞華 2015; 國家發展改革委·外交部·商務部 2015;『新華網』2017.2.7).

그럼에도 불구하고 '일대일로'의 국제적 추동 원인, 전략적 목표 그리고 그 대상국들과의 상호작용은 아직 명확히 드러나지 않고 있으며 대체로 추론적 수준에 머물고 있다. 이는 이 '일대일로' 정책이 2013년 후반에 불완전한 형태로 발표되어 급속하게 형성되고는 있으나 약 3년 정도가 지난 이 시점에서는 그 국제적인 맥락에서의 분석이 어렵다는 데 기인한다. 이러한 이유로 '일대일로'의 국제적 측면을 다루기보다 가장 기초적이고 이미 상대적으로 명확한 국내적 측면에 대한 연구가 가능하지만 이에 대한 연구가 부족하다. 이러한 측면에서 이 연구는 조금 더 객관적이고 실증적인 자료를 기반으로 일대일로 정책의 국내적 요인들을 분석하고 추후의 국제적 요인과 국제-국내 요인들의 상호작용 연구의 기반을 구축하는 것을 목표로 한다.[3]

동시에 이 논문은 일대일로의 국내 정치경제적인 추동 원인 분석을 통해 중국 당국가가 주목하는 국내 정치경제적인 취약성(weakness)의 파악도 동시에 추구한다. 이러한 연구 주제, 배경과

3 대부분의 국문, 중문, 영문 문헌은 이에 대한 기본적인 사항만을 피상적으로 언급하고 있으며 이에 대한 심도 있는 분석을 찾기 어렵다.

주요 질문들을 기본으로 2장에서는 시진핑 지도부 집권하의 정치경제적 상황과 일대일로 정책의 관계를 살펴보고, 3장에서는 일대일로 정책의 국내 정치경제적 추동 원인들을 4가지로 분류하여 분석한다. 4장에서는 이러한 분석들을 중국 집권당국가의 국내적 취약성의 맥락에서 기초적으로 평가하며 중국의 국력(state capacity) 평가의 맥락에서 그 정책적 함의를 제시한다.

II 시진핑 지도부 집권하의 정치경제적 상황과 일대일로 정책

시진핑이 주도하는 제5세대 지도부가 2012년 후반 집권 이후 1년 만에 발표한 일대일로 정책은 중국 국내외의 큰 주목을 받았다. 그 정책의 구체적인 내용이 모호함에도 불구하고 그 국내적, 국제적 규모와 함의가 매우 크기 때문에 이에 대한 즉각적인 긍정적, 부정적 반응들이 학계, 정책계, 언론을 중심으로 쏟아져 나왔다(김태식 2015; 김흥규 2016; 박홍서 2016; 서정경 2015; 이선진 2014; 『주간조선』 2015.4.27; 정환후, 조민경 2017; Das 2017; Godement 2015; Kennedy and Parker 2015; Swine 2015; 盧鋒 외 2015; 『新華網』 2015.3.8).[4] 그러나 즉자적이고 피상적인 분석들이 주를 이루었는데 이는 실제로 이 정책의 구체적이고 실질적인 내용이 명확히 발표되지 않았던 이유도 컸다. 2015년 3월 국가발전개혁위원회, 외교부, 상무부가

4 각국의 중국전문가들의 다양한 견해를 정리한 것으로 중국사회과학원 발간 國際中國研究動態 2015년 4월호의 〔重點關注:"一帶一路"專題〕 참고할 것.

공동으로 발표한 '실크로드 경제벨트 및 21세기 해상 실크로드 건설 비전과 행동계획'(國家發展改革委·外交部·商務部 2015)이 가장 구체적으로 그 내용을 밝혔지만 그 내용이 '시대적 배경', '공동건설 원칙', '구성 방향', '협력의 중점', '협력 메커니즘', '중국 가 지역의 개방추세', '중국의 적극적 행동', '아름다운 미래의 공동창조' 등의 8가지로 여전히 정확한 내용을 파악하기 어렵다.

이러한 일대일로 정책의 모호한 특성은 물론 국가 대전략 정도의 위치를 점하는 정책을 미시적으로 구체화하지 않는다는 점에 기인하고 무엇보다 이 정책이 중국 중앙정부와 각 지방정부들이 수립하고 추진해오던 기존의 여러 정책들을 큰 틀로 묶어낸 사실에 기인한다(國家發展改革委·外交部·商務部 2015). 특히 중국과 같은 거대한 규모의 국가에서 중앙정부가 정치경제적인 조건들과 결과들을 모두 통제하기는 불가능하며 특히 개혁개방 이후 시장경제를 도입하여 급속한 경제발전을 추구하는 과정에서 지방정부의 경제성장 전략과 집행에 큰 자율성을 부여하였기 때문에 각 지역의 지역 내, 지역 간, 그리고 인접 국가와의 정치경제적 정책 방향은 상이하다(Chung 2016; Naughton 2007). 물론 중국의 권위주의적 당국가 체제하에서 중앙정부의 경제발전 계획, 즉 현재 13차(2016-2020)가 진행 중인 경제발전 5개년 계획은 각 지방의 경제발전 계획 수립, 집행에 큰 틀을 부여하는 것이 사실이며 국가 전체의 관점에서 실행되어 왔다는 점도 간과할 수 없다. 따라서 이러한 복합적인 정치경제의 맥락에서 경제성장 전략과 집행의 조건에서 일대일로 전략 수립과 실행의 국내적 원인, 목표 그리고 위험요인을 이해할 수 있다.

1978년 개혁개방 이후 지난 39년간 중국의 경제적 성장과 발전은 실로 엄청난 성과임과 동시에 이 국가의 전체적인 경제 수준을 급속도로 향상시켜 왔다. 그러나 중국공산당 지도부는 이로 인한 수많은 부정적 외부효과(negative externality)를 해결해야 하는 과제의 산적과 동시에 기존의 고속 성장 모델의 한계를 인정하고 새로운 모델 수립의 필요성에 직면했다(Dickson 2016; Paik 2012; Paik and Baum 2014). 현 시진핑 지도부가 선언한 소위 중국 경제의 '뉴노멀(신창타이, 新常態)'은 이 필요성에 대응한 하나의 상징적 개념이라고 할 수 있다(김수한, 유다형 2015). 이에 따라 시진핑 지도부는 기존의 덩샤오핑 개혁개방의 모델인 제조업 중심, 특정 지역 중심, 수출 주도 중심의 고속성장의 한계에서 발생한 (1) 발전 지역과 저발전 지역(소수민족 변경 지역 포함) 간 경제발전 정도의 불균형, (2) 공급과잉산업(인프라 및 부동산 포함)의 국내외적 해소, (3) 지속 성장을 위한 에너지 자원의 확보, (4) 신기술 산업에서의 중국 기업 국제 경쟁력 육성 및 국외 진출을 경제의 가장 중요한 과제로 선정하고 해결을 시도하고 있다. 다시 말해 2010년대 초반 이후 제조업과 서비스업의 균형, 지역적 균형, 수출과 내수의 균형, 장기적 경제성장 기반 구축 등을 위한 경제 구조 개편이 현 중국 지도부의 핵심적인 국내 정치경제적 과제이다.

이러한 현 시진핑 지도부의 4가지 정치경제 분야의 과제는 대체로 일대일로 정책의 국내 정치경제적 추진 동기와 일치한다. 물론 이외에도 다양한 국내 정치경제 및 사회적인 요구가 추진 동기로 작용하고 있다. 그럼에도 불구하고 이 핵심 이슈들의 해결이 현 중국의 향후 국내 경제의 지속적 성장과 안정, 그리고 이를 통한 중국 전역의 정치적, 사회적 안정, 나아가 중국 공산당국가 중심의 권위주의 체제의 연속성과 생존에 필수적이라는 측면에서 중국의 '위험요인(리스크)' 관리의 측면에서도 이해될 수 있다(Dickson 2016). 다시 말해 이러한 일대일로 정책에 대한 중국 정치경제의 취약성 관리와 극복 측면에서의 접근은 정치경제적 분야뿐만 아니라 중국의 권위주의 체제(authoritarian regime) 연구 분야에서 핵심 질문 중 하나인 "중국의 공산당 체제가 생존할 것인가?"의 인과관계(causal relation) 분석에도 핵심적이다(Dickson 2016; Nathan et al. 2013; Paik 2012).

III 일대일로 정책의 국내 정치경제적 추진 원인 분석

1. 발전 지역과 저발전 지역의 균형

일대일로 정책에서 가장 중요한 지역은 서북 지역과 서남 지역이다. 동북 지역은 부분적으로 포함되었지만 핵심 지역이라 할 수 없으며 동남부 지역은 핵심 지역으로 지정되지 않았음에도 육상(一帶) 및 해상(一路) 실크로드의 시작점이자 정책 실현에 필요한 경제적 자원의 공급지이다. 이러한 지역적 중심은 일대일로 정책이 2000년대 들어 동부와 남부 지역에 비해 저발전 문제가 심각한 서부, 중부, 동북부 지역을 발전시키고자 하는 국가 전체적인 균형발전이 목표임을 적시하며 동전의 양면처럼 이러한 지역 간 불균형이 가장 큰 국내 정치경제적 리스크임을 의미한다. 특히 서북부 및 서남부 지역에서는 비교적 소수민족(위구르신장자치주, 티베트시짱자치주, 칭하이성, 스촨성)의 정치적, 경제적, 사회적 영향력이 크지만 한족 중앙정부의 통제력은 상대적으로 약하여 소수민족과 한족의 갈등과 충돌로 인한 정치사회적 불안정이 지속되고 있다. 더구나 동부와 남부 지역에 비하여 풍부한 자연자원 보유량에 비해 중국 성장의 핵심 동력인 제조업이 발전할 수 있는 인프라 및 이와 연관된 입지 조건이 열악하여 서북부와 서남부 지역에는 외자기업 및 내자기업들의 투자가 제한적이다.

이러한 지역 경제성장의 불균형 문제 해결을 위해 제4세대 후진타오 지도부가 2000년대 들어 실시한 '서부대개발(西部大開發)' 정책은 부분적인 성공을 거두었으나 그 효과는 충칭직할시와 스촨성의 청두시와 같은 대도시 지역들에 국한되었고 위에서 언급한 변경지역들의 경제발전은 여전히 더디다(趙天睿 외 2015; 孫久文 외 2017; 雷德雨 2016). 더구나 이 서부대개발은 상당히 높은 성별 경제성장률에도 불구하고 서부 지역 내에서의 지역 간 격차를 급격히 확대하는 부작용을 야기하기도 했다. 특히 서북 지역의 위구르족이 집중적으로 거주하는 지역과 서남 지역의 티베트족이 다수를 차지하는 지역에서조차 대규모로 이주한 한족 중심 지역과 비교할 때 경제성장과 분배의 수준이 매우 낮으며 이러한 민족 간의 불균형은 정치사회적 불안정을 야기하고 있다(邱俊翔 2016). 이 '서부대개발'과 같은 저발전 지역의 경제발전 전략 달성의 어려움이 이 '일대일로' 정책의 국내 정치경제적 핵심 동인이라는 맥락에서 국가발전개혁위원회 장옌성 비서장은 "일대일로는 어떻게든 중국의 서부대개발로 귀결될 것이다"고 주장하였다(『中國經濟時報』

2017.5.5).

이 소수민족들은 국경을 맞대고 있는 국가와 직간접적으로 종교적·민족적·지역적 공통성을 분모로 정치적 연계를 형성하고 있어 국가의 정치안보에도 큰 변수로 작용하고 있다.[5] 전반적으로 서부 지역의 특정 도시 및 지역을 중심으로 경제성장을 달성하여 타 저발전 지역에로의 '낙수효과(trickle-down effect)'를 유도하는 기본 모델은 유지할 수밖에 없지만 그 수혜 영역을 급속히 확장하는 것이 서부지역 경제의 균형발전을 위한 근본적인 해결책이다(趙天睿 외 2015; 孫久文 외 2017). 그러므로 일대일로 정책이 이러한 서북부 및 서남부의 경제 저발전 문제를 근본적으로 해결하고자 하는 정책이며 위의 장옌성 비서장의 주장은 이 일대일로 정책의 국내적 정치경제적 해당 지역은 서북 지역과 서남 지역임을 확인해 준다.

이에 비해 동북 지역은 상대적으로 일대일로 정책에서 소외되었다. 이것은 일대일로 정책의 전략적 목표가 중국의 '서진정책'이라고 가정할 때 자연스러운 정책적 결정이라고 할 수도 있다. 중국 정부의 공식적인 육상 및 해상 교역로의 출발점은 중국 동남부에 위치하며 동북3성(랴오닝성, 지린성, 헤이룽장성)을 비롯하여 그 접경국가인 한국, 북한, 일본으로 구성되는 소위 동북아시아는 제외되었다.[6] 이러한 동북 지역의 일대일로 정책에서의 제외는 대표적

5 구체적으로 신장의 위구르족과 중앙아시아, 중동의 이슬람 투르크 계통 국가 및 민족과의 연결, 티베트의 티베트족은 남아시아 및 동남아시아 불교 및 힌두권 국가들과 연결되어 있다.

6 일대일로 정책 대상국에서 미국, 일본, 북한은 공식적으로 제외되어 있고 한국도 제외되어 있지만 일대일로 68개 대상국에는 포함되어 있다. 즉, 일대일로 연

저발전 지역이라 할지라도 국내에서의 정치경제적, 정치안보적인 중요성에 따라서 일대일로 정책이 지역별로 다르게 적용될 수 있음을 보여준다. 즉, 동북 지역의 경우 조선족, 몽고족, 만주족 등의 소수민족 문제가 서북 및 서남 지역에 비해 사회불안정을 야기할 수준에 다다르지 않고 있으며 동시에 국제정치적으로 이들이 민족적 공통성을 분모로 한국 또는 북한 그리고 몽골과 연결하여 중국의 국제정치적 안보를 위협할 가능성은 적다. 오히려 북한이라는 주변국의 국제정치안보적 효용성을 유지하기 위하여 동북 지역의 경제 저발전 문제를 상대적으로 무시하고 있는 상황으로도 분석이 가능하다.

현재까지도 각 지역별로 아래와 같이 대략적인 정책 방향이 제시되었을 뿐 그 구체적인 실행 계획이 모호함에도 불구하고 일대일로 정책의 지역적 목표가 가장 명확하게 언급된 정부 문서는 위에서 언급한 2015년 3월 28일 하이난성 보아오 포럼에서 중국 국무원의 통제하에 국가발전개혁위원회, 외교부, 상무부가 공동으로 작성하여 발표한 〈실크로드 경제 벨트와 21세기 해상 실크로드의 비전 및 행동〉이라고 할 수 있다(國家發展改革委·外交部·商務部, 2015).[7] 위에서 언급한 중국의 33개 성시 중 18개가 일대일로 계획의 추진 대상 지역으로 선정되었으며 그 역할은 〈표 1〉과 같이 정

선(沿線)국가는 65개국이며 한국 포함 3개국은 일대일로 정책에서 중국과 긴밀한 협력관계국가로서 지정되었다(國家發展改革委·外交部·商務部 2015; 『新華網』 2017.2.7).

7 일대일로 참여 지역으로 지정된 18개 성정부는 각기 일대일로와 연관된 전략과 정책들을 구체화하고 있다. 그러나 2017년 현재까지도 확실한 계획이 수립되었다고 보기 어렵다. 가장 최근의 중국 중앙정부의 공식적인 발표는 2017년 5월 14-15일 북경에서 개최된 〈일대일로 국제협력 고위급 포럼〉("一帶一路"國際合作

표 1. 일대일로 정책 참여 지방과 역할

지역	지방	역할
서북 지역	신장(新疆), 산시(陝西), 깐수(甘肅), 닝샤(寧夏), 칭하이(青海), 네이멍구(內蒙古)	중앙아시아, 남아시아, 서아시아 국가와 연결되어 진출하는 육상 실크로드 통로 지역
서남 지역	광시(廣西), 윈난(雲南), 시짱(西藏·티베트)	남아시아와 연결되어 진출하는 육상 실크로드와 해상 실크로드의 복합적 통로 지역
동남연해 지역	상하이(上海), 푸젠(福建), 광둥(廣東), 저장(浙江), 하이난(海南)	동남아시아를 통하여 남아시아를 포괄하는 해상 실크로드 통로 지역으로 서북 지역으로 동남부를 연결하는 중국 국내의 육상 실크로드 통로 지역
동북 지역	헤이룽장(黑龍江), 랴오닝(遼寧), 지린(吉林)	러시아, 몽골(한국, 북한, 일본 등은 실질적으로 제외)과의 우회적 육상 실크로드 통로 지역

리된다.[8]

이러한 지방 균형발전 추진은 2016년 8월 17일 〈일대일로 건설사업 좌담회〉 중 시진핑 국가주석의 "일대일로 건설의 강화는 징진지 합동 발전계획, 장강 경제지역 발전계획 등의 국가전략과 연계하여 서부대개발, 동북진흥, 중부굴기, 동부 효율 선진화발전, 국경지역들의 개발과 개방 등으로 동부, 중부, 서부의 공동발전을 이끌어나가야 한다"라는 지시에서도 일대일로 정책의 첫 번째 추

高峰論壇)'에서 시진핑의 개막식 연설 "攜手推進"一帶一路"建設: 在"一帶一路"國際合作高峰論壇開幕式上的演講"로서 국가급 계획 수준에서 조금 더 구체화되었음을 확인할 수 있다. 또한 이 중국 중앙정부가 포럼의 성과로 제시한 사항들을 분석하면 이 일대일로 사업이 기존 국내적, 국제적 정치경제 전 분야의 계획들의 연장선상에 있음을 다시 확인할 수 있다.

8 대부분의 중부 지역 성들은 제외되었다. 특히 중국 정부가 2005년부터 중부 6개 성에 대한 발전전략인 중부굴기(中部崛起) 정책을 시행하였는데 이 정책 또한 실패로 평가되는 상황에서 일대일로 전략에서 제외된 것은 의문이다. 이들 성은 소위 2010년대 중반부터 본격적으로 추진되고 있는 '징진지'지역 정책에 일부 편입된 것으로 볼 수도 있다.

동 원인이자 정치경제적 위험요인으로 나타난다. 결국 중국 정부가 저발전 지역의 신속한 경제성장에 주목하고 있음을 보여준다.[9]

2. 공급과잉 산업의 국내외적 해소와 산업구조 개편

일대일로 정책은 1978년 개혁개방이 시작된 이래 지난 39년간 수출주도 제조업 중심의 경제성장 정책의 결과로 발생한 국내 경제의 가장 큰 문제 중 하나인 국내 각종 인프라 및 관련 제조-서비스 산업의 공급과잉을 타개하려는 목적을 갖고 있다(劉瑞, 高峰 2016). 제4세대 지도부 후진타오-원자바오 집권기(2003-2012), 2008년 미국발 서브프라임 모기지 금융 위기에 대응하여 4조 위안(6,000억 달러) 규모의 대규모 중앙정부 재정 지출을 통해 실시한 경기부양책은 그 단기적 효과에도 불구하고 철강(제철/제강), 시멘트, 유리 그리고 조선 등과 같은 인프라 관련 산업의 설비 과잉 현상을 악화시켰다(이철용 2016; 趙明亮, 楊蕙馨 2015; 於燕玲 외 2017).

이 후-원 지도부 시기 시작하여 2010년대 중반 들어 강도 높은 관련 산업의 구조조정이 수립되고 실행되었으나 성과는 제한적이었다(劉金賀 외 2010). 더구나 현 중국의 산업정책이 '국진민퇴(國進民退)'로 상징되듯 국영기업 개혁정책, 즉 구조조정과 민영화는 이에 부정적인 시진핑 정권 들어 더욱 요원해졌다(왕윤종 2016). 이러한 당국가의 국영기업 보호 정책의 이유는 다양하지만 중앙

9 원문은 다음과 같다. "加強一帶一路"建設同京津冀協同發展, 長江經濟帶發展等國家戰略的對接, 同西部開發, 東北振興, 中部崛起, 東部率先發展, 沿邊開發開放的結合, 帶動形成全方位開放, 東中西部聯動發展的局面."(『新華社』 2016.8.17)

표 2. 중국의 6대 생산능력 과잉 산업

	철강	석탄	시멘트	평판유리	조선	전해 알루미늄
2015년 생산능력 이용률	70%	65%	60%	69%	70% 미만	80%
2016년 상반기 생산 증가율	-1.1%	-9.7%	3.2%	1%	-7.4%	-1.9%
2016년 상반기 적자기업 비율	28%	70% 이상	40% 이상	30%	-	-
생산능력 과잉 산업 목록에 포함된 최초 연도	2003년	1998년	2003년	2007년	2009년	2003년

*출처: 이철용 2016, 7.

과 상급지방 정부의 국영기업이 공산당 집권의 경제적 기반이라는 사실이 중요하다. 시장 자본주의를 받아들였지만 집권당의 사상적 기조는 사회주의를 궁극적 목표로 하고 있다는 이데올로기적 기조와 당국가의 직접적 통제를 받는 국영기업들의 시장 주도력 및 장악력은 그 경제적 비효율성을 감수해야 함에도 집권당의 경제적 역량을 보장한다. 전체 기업 수의 1.2%를 차지하는 이러한 국영기업이 전체 국가 GDP의 60-67%를 차지한다. 그렇다면 이는 공급과잉 문제의 핵심인 인프라, 건설, 부동산 산업과 관련된 제조 산업들이 국영기업의 영역으로 유지됨을 의미하고 낮은 수준의 국영기업 구조조정의 한계를 극복할 다른 정책적 대안을 요구한다.

이러한 맥락에서 중국은 일대일로 정책에 따른 도로, 철도 및 고속철도, 항만, 통신, 신도시 건설 등의 대규모 인프라 사업들에 대한 수요를 국내적(서북 및 서남 지역), 국제적(접경 지역인 중앙아시아, 동남아시아, 남아시아 지역)으로 창출하여 국내의 심각한 인프라, 건설 및 부동산 관련 산업들의 과잉공급 문제를 근본적으로 해결하려 한다(『中國建設報』 2017.1.3). 이 정책적 대안을 통해 공급과잉 상태인 인프라 및 건설 산업들이 점진적으로 구조조정을 할 수 있는 시간적 여유를 확보하고, 국영기업들이 시장에서의 경쟁력을 유지할 수 있는 환경을 조성하며, 당국가의 통제하에 있는 국영기업을 중심으로 안정적인 산업구조의 고도화도 추구하고 있다.

이와 연관된 핵심 공급과잉 산업이 바로 부동산 분야이다(백우열 2014). 많은 중국 전문가들의 분석대로 개혁개방 시기 중국 부동산의 과도한 가격 상승과 이에 따른 투기 및 지방정부의 과도한 토지개발 의존을 중심으로 한 과잉공급 문제, 즉 부동산 버블 현상은 중국경제에 대한 부정적인 전망을 가능하게 하는 '위험요인'이며 당국가의 중요한 정책적 대응 대상이다(백우열 2014). 위의 인프라 산업 중 상당수의 과잉공급 문제는 부동산의 과잉공급 문제와도 직결되어 있으며 부동산 산업에서 더 이상 이윤 창출이 어려운 잉여 국내 자본들의 불안정한 움직임은 국내 증시에 대한 과도한 투자 또는 투기를 유발하여 상당히 심각한 충격을 야기하기도 하였고, 2010년대 중반에 국내 정치경제 체제의 안정성에 대한 위기론까지 야기했다.

또한 이러한 부동산 산업의 국내 경제적 한계 상황은 일대일로 정책과 결합하여 현 지도부가 강력히 추진하고 있는 해외투자 장려 정책으로의 '저우추취(走出去)' 전략의 일부로서 해외 부동산 투자의 급속한 확대 허용을 가져왔다. 물론 이러한 부동산 산업의 상대적 침체와 위기는 서부대개발, 중부굴기 사업의 실패 요소 중 하나로 지목되는 서북 및 서남 지역에의 과도한 부동산 개발과 공급을 통한 수많은 미분양 아파트와 상가들이 상징적으로 보여준다. 현재 중국의 부동산 시장은 소위 '부익부 빈익빈' 현상, 즉 베이징, 상하이, 선전 등의1선 도시의 중심 지역은 포화 상태로서 가격의 지속적 상승을 경험하고 있지만 그 외의 2선, 3선 도시 및 교외 지역 등의 수요가 부족한 지역은 과잉공급이 계속되고 있다. 이러한 맥락에서 중국의 인프라 및 부동산 건설 산업은 새로운 국내외의 시장 개척이 절실한 상황이다.

이 일대일로의 추동 원인은 중앙정부의 일대일로 관련 주요 회의와 발표에서 반드시 지적되며 동전의 양면처럼 근본적인 극복 대상으로의 위험 요소임도 반복적으로 명시하고 있다. 예를 들어 2016년 8월 17일 〈일대일로 건설사업 좌담회〉 중 시진핑의 평가와 지시는 이를 잘 보여준다(『新華社』 2016.8.17). 그는 일대일로의 경제협력 조치를 통한 유효공급 제고를 주요 과제로 분명히 제시하면서 국제적 산업연계, 무역 및 투자협력 활성화, 국제생산력 및 장비제조 협력 확대, 인프라 관련 생산 및 건설 산업의 해외진출이 연선국가의 공업화 및 현대화 추진과 인프라 수준 제고와 결합할 때 세계경제에 기여할 수 있다고 주장하였다.

특히 시진핑은 일대일로 건설 관련 산업의 최우선 분야로 인프라 건설 계획, 기술표준 시스템 연계 강화를 지정했다. 그 주요 정책적 목표로 (1) 아시아 내 각 지역 연계, 아시아-유럽-아프리카 지역 간 인프라 네트워크 형성, (2) 인프라 시설의 녹색 저탄소화 건설, (3) 교통 인프라 분야 대폭 확대 공급, (4) 국제 통합노선 운송 협조체제로 물류 원활화, (5) 항구 인프라 건설, 육상-수상운송 연계 통로, 해상항로 및 노선 증가, 해상 물류정보화 협력, (6) 민간항공의 전면적 협력 플랫폼 및 기제 확대, 항공 인프라 수준 제고를 지정했다. 또한 에너지 인프라 상호연계 협력 사업으로서 가스관 및 송유관, 그리고 국가 간 송전 전력망 구축 및 개선, 통신 인프라 사업으로 정보통신망 구축으로서 다양한 양자 간 광섬유망 건설 협력 등도 제시되었다. 이 모든 사업들은 인프라, 건설, 부동산 부문의 공급과잉 이슈를 해결하는 데 매우 유용한 정책적 대상이다.

3. 에너지 자원의 확보와 에너지 산업의 균형 발전

위에서 제시한 두 가지 일대일로 정책의 국내 정치경제적 추동 원인은 과거에 발생한 구조적 문제를 해소하려는 성격을 지니고 있다(원동욱 2016b; 張玉英, 王國樑 2017; 潜旭明 2017; 王鬱 2015). 그러나 세 번째 원인으로 분석하는 '에너지 자원의 확보와 에너지 산업의 지역균형발전'의 경우는 이와 동시에 미래 지향적인 성격도 지닌다. 생산과 소비 양 측면에서 중국의 폭발적인 경제성장은 지속적인 에너지 자원의 안정적 확보는 정치경제적 정책 목표의 최우선 순위에 위치시킬 만큼 중요하다. 일대일로 정책의 성공적 수행은 1993년 이후 석유자원의 순수입국이 된 중국이 석유와 천연가스 자원의 수급을 해외 수입에 대부분 의존하고 있는 상황에서 필수적이다. 또한 중국은 현재 원유 수입량의 80%와 천연가스 수입량의 50% 이상을 동남아시아의 전략적 요충지인 말라카 해협을 통하여 운송하고 있다(王鬱 2015; 张生玲 외 2015). 특히 동남아시아 및 남아시아 해로에 대한 안전 확보 및 중앙아시아, 동남아시아, 남아시아를 관통하는 육로를 통한 중동과 러시아 지역 석유 및 천연가스 자원의 운송로 확보가 가능하다면 중국의 에너지 안보와 국내로의 안정적 에너지 공급 전략의 성공을 담보할 수 있다. 이와 동시에 중앙아시아와 동남아시아 그리고 러시아의 원유와 천연가스 자원 개발과 운송산업에 중국 인프라 기업들의 직간접 참여가 가능하게 된다.

이러한 일대일로 정책의 국내 정치경제적 추동 원인은 2015년 3월 발표된 '실크로드 경제벨트 및 21세기 해상 실크로드 건설 비전과 행동계획'에서 명시한 에너지 자원 관련 5개 분야의 세부 협력 사항을 통해 잘 알 수 있다. 다시 말해 이 정책의 핵심 목표 중 하나는 에너지의 확보와 수송의 위험요인 제거임을 확인할 수 있다. 이 에너지 자원 확보를 위한 다섯 가지 정책적 목표는 다음과 같다. (1) 에너지 인프라의 상호 연계 협력 강화, 송유관·가스관 등 파이프라인의 안전 공동 보장, (2) 국가 간 전력 및 송전 라인, 지역 내 전력망의 개량·개선 협력, (3) 석탄, 석유, 가스, 금속 광물 등 전통적인 에너지 자원의 탐사 및 개발 협력과 동시에 각종 청정 및 재생 에너지(수력, 풍력, 원자력, 태양력) 분야 협력, (4) 에너지 자원의 현지, 근거리 가공 전환 협력 및 수자원 통합으로 지역 간의 산업망 형성, (5) 에너지 자원의 정밀가공기술, 장비 및 공정 서비스 분야 협력(國家發展改革委·外交部·商務部 2015). 이러한 일대일로 정책을 통한 에너지 자원의 확보, 특히 중앙아시아와 동남아시아 지역을 통한 육상 송유관 및 가스관의 대규모 건설은 기존의 서북 및 서남 지역의 뒤처진 에너지 산업을 급속도로 성장시키는 긍정적인 효과를 창출하는 국제정치경제와 국내정치경제의 상호작용을 증폭시킬 수 있다(劉建國 외 2017).

이 에너지 자원 확보를 중심으로 하는 일대일로 정책의 추진은 위에서 언급했던 기존의 중앙정부 및 지방정부의 다양한 정책들을 하나의 틀(frame)로 묶어 국가 대전략으로 전환시킨 특징을 잘 보여준다. 자세한 분석은 지면의 제한으로 어렵지만 아래의 2가지 사례(미얀마-윈난 송유관-가스관, 중앙아시아-우루무치-내륙 송유관-가스관)는 그 선제적인 예이다. 첫째, 서남 지역의 경우 현재 중국의 에너지 수입원 및 도입 경로 다양화의 대표적 성과로 평가받는 미얀마 서부 인도양 지역의 짜욱퓨와 중국 윈난성의 쿤밍을 연결하는 총 길이 771km의 가스관 및 송유관은 중국의 일대일로 정책 시작 전부터 추진되어 정책이 본격화되는 상황에서 완공되었다. 중국 국영에너지기업(CNPC)은 2009년 미얀마 정부와 수송관 건설을 합의, 천연가스 및 원유 수송관 건설 비용 25억 4천만 달러를 투자하며 중국 측이 50.9%, 미얀마 측이 49.1%를 출자하는 조건으로 이를 건설했다. 일대일로 정책의 본격화 이전에 이미 가동을 시작한 가스관과 더불어 2017년 4월 송유관이 공식적으로 가동되었다. 또한 이 가스관-송유관과 더불어 건설되는 짜욱퓨 항구는 중국이 전적으로 건설하며 향후 20년간의 사용권을 보유하게 된다. 이 에너지 자원의 안정적 확보라는 국내 정치경제적 위험요인의 제거는 위의 3.1에서 분석한 지역 간 산업발전의 불균형에도 크게 기여한다. 이 가스관-송유관을 통해 도입된 천연가스와 원유는 상대적 저발전 변경 지역인 윈난성의 성도 쿤밍 등의 지역에 석유화학 산업이 본격적으로 성장할 수 있는 중요한 계기가 되었다.

둘째로 이와 유사하게 서북 지역의 경우 카자흐스탄과 투르크메니스탄의 천연가스와 석유를 우즈베키스탄과 키르기스스탄을 통과하여 신장위구르자치주의 우루무치로 운송하는 가스관-송유관의 건설도 첫 번째 사례와 유사한 효과를 보이면서 기존에 추진한 정책이 연결, 확장된 일대일로 정책의 성공 사례로 분석된다. 투르크메니스탄 아무다리야 지역에서 시작해 우즈베키스탄을 거쳐, 카자흐스탄의 아타수 지역에서 중국의 신장위구르자치구의 우루무치(烏魯木齊)시 구간의 7,000km 길이의 가스관은 2009년 이미 연결되었으며 연간 400억m^3의 천연가스를 중국에 공급해왔다. 이 가스관을 통해 도입된 천연가스는 우루무치 지역의 석유화학 산업에서 상당부분을 소비하고 동부지역으로 운송된다. 이러한 국가급 에너지 운송 사업은 '서기동수(西氣東輸)' 정책으로 불리며 2004년 신장자치구, 간쑤, 산시, 허난, 안후이, 장쑤의 5개 성을 거쳐 동부의 상하이에 도달하는 4,000km의 1기 공사가 완료되었고, 2010년 신장자치구에서 중국 남부의 홍콩까지 8,094km 길이의 서기동수 2기 구간이, 추가적으로 광둥성의 샤오관까지의 3기 구간이 2014년에 완공되어 일대일로 정책의 에너지 부문의 대표적 모델이 되었다. 또한 위의 쿤밍 지역과 유사하게 중국의 서북부 가스관-송유관의 건설은 에너지 자원 도입의 다각화와 동시에 저발전 변경 지역인 신장위구르자치구의 석유화학 및 관련 산업 발전에도 긍정적인 영향을 미치고 있다. 특히 자치구의 성도인 우루무치 지역은 기존의 주변 유전 및 석탄 지대의 에너지 자원과 더불어 중앙아시아에서 자치구 지역으로 연결되는 가스관-송유관의 에너지 자원을 결합하여 석유, 철강 등 중공업 분야를 핵심 산업화하고 다양한 관련 산업들을 발전시킬 수 있는 기반을 마련했다. 신장위구르자치구의 성정부 차원에서의 '일대일로' 프로젝트 또한 에너지자원 수입 가공기지, 화공제품 수출 가공기지를 핵심 산업발전 계획으로 지정하고 있다.

4. 신기술 산업에서 중국기업 국제경쟁력 육성 및 진출 확대

중국 일대일로 정책의 국내 정치경제적 추동 원인 중 비교적 덜 주목을 받고 있는 것이 신기술 산업에서의 중국기업 국제경쟁력 육성 및 국외 진출 확대라고 할 수 있다(孫兆剛 2016; 潘博 2016). 매우 흥미롭게도 일대일로 정책의 중심이 인프라 산업에 집중되어 있기에 대부분이 그 건설 자체에 시선을 빼앗기며 그에 추가되거나 부가적으로 취급되는 다른 분야에 대한 주목도가 떨어진다. 그중에서 중국 중앙정부 및 지방정부의 일대일로 계획 및 성과 관련 문건들과 각 해당 지도자들의 연설에서 비교적 큰 비중으로 다뤄지고 있는 것이 바로 중국 자국의 인프라 산업을 중심으로 기타 최첨단 신기술 산업들의 육성 및 해외시장 진출 및 이를 위한 65개 일대일로 연선 국가들과의 기술 교류 및 협력, 자국 기술표준의 확산 및 관철이다(國家發展改革委·外交部·商務部 2015; 科技部 2016; 『新華網』 2017.2.7). 특히 일대일로의 대상, 수혜, 협력 지역의 국가들이 주로 개발도상국 및 저발전국이라는 점에서 기술표준 확보 전략은 그 타당성을 지닌다(潘博 2016).

예를 들어 〈일대일로포럼 성과 리스트, "一帶一路"國際合作高峰論壇成果清單〉에서 기초적이고 예비적이긴 하나 가장 많이 언급되고 있는 것이 중국 자국의 신기술 산업의 국제경쟁력과 진출, 기술표준에 대한 정책적 지원과 각 연선 국가들과의 관련 MOU와 같은 성과이다. 또한 시진핑은 위에서 언급한 2016년 8월 일대일로간담회에서 인프라 건설 계획과 더불어 가장 중점을 둔 것이 관련 기술표준 시스템과의 연계성을 강화하라는 것이었고 이것은 교통, 통신, 에너지, 물류 시스템 및 관련 산업들 전반에 걸친 자국의 기술력 강화와 국제적 확산을 전제로 하는 것이었다. 이러한 맥락에서 시진핑의 발언 중 "산업의 핵심기술 연구개발을 지속적으로 추진하라("產業核心技術研發支撑")"는 이 추동 원인을 정확히 지목하고 있다(『新華社』 2016.8.17).

또한 〈일대일로 정책의 비전과 행동(2015年 3月)〉에서도 이 정책적 추진 동기가 명확히 제시되어 있다. 산업 및 투자협력 부문의 내용을 보면 투자협력은 농림목어업 분야의 기술 혁신과 전파 그리고 협력을 강조하면서 담수화, 해양생물학 및 의약 기술, 해양공정 및 환경 기술을 강조하였다. 에너지 협력은 각종 전통적인 에너지자원 탐사 기술과 신재생 및 친환경 에너지원 개발 및 이송 기술에 중점을 두었다. 그리고 인프라 산업의 기술과는 비교적 간접적으로 연결되어 있는 신산업 협력의 항목에서는 차세대 정보, 생명, 신에너지, 신소재 기술 기반의 신산업 분야 협력과 동시에 창업투자의 강조와 협력이 두드러진다. 이의 연장선상에서 글로벌 벨류체인(global value chain)에서 중국의 기술적 위상 제고를 위해 중국을 중심으로 하는 상류-하류 산업체인 및 개별산업 구조를 생성하고 여기에 연구개발, 생산, 판매 체계를 구축, 일대일로 연선국가 및 지역에 산업통합을 추구하려는 목적을 분명히 하였다(國家發展改革委·外交部·商務部 2015).

이의 연속선상에서 가장 최근의 2017년 5월 〈일대일로포럼〉

의 시진핑 개막사 중 미래발전방향 4번째 항목이 바로 '혁신 촉진'으로 디지털경제, 인공지능, 나노기술, 양자 계산기 등의 핵심 신기술 분야의 협력과 빅데이터, 클라우드컴퓨팅, 스마트도시 관련 기술 발전, 그리고 인터넷 및 친환경산업과 관련된 중국과 각 연선국가의 청년 창업 지원이 정책적 목표로 제시되었다. 이러한 신기술 또는 4차 산업혁명으로 명명되는 첨단기술의 중국 중심의 발전과 그 표준의 국제적 확산이라는 정책 방향은 2013년에 언급된 '인프라 산업' 관련 기술을 넘어서 정책이 구체화되는 지난 3년 사이에 기존에 강조되지 않았던 타 산업의 신기술까지 일대일로 정책의 중요 추동 원인에 포함시켰다. 중국 지도부는 이러한 신기술 산업을 직접적 연관이 분명하지 않은 일대일로 정책에 포함시키면서 중국 기업의 기술력 강화와 해외 진출 확대를 추구하고 있다. 물론 이러한 신산업 기술의 포함은 현 중국 경제가 당면하고 있는 큰 위험요인인 노동집약적 제조업 및 수출 주도의 경제성장 모델이 한계에 다다른 것을 인정한 '뉴노멀'시대 신성장 동력의 부재라는 위험요인에 적극적으로 대응하는 것으로도 해석할 수 있다.

이러한 신기술 산업에서 가장 먼저 성과를 내고 있는 것은 고속철도 산업이라고 할 수 있다. 고속철도 사업은 인프라 산업으로서 설계, 토목공사, 궤도, 차량, 제반 시스템 등의 산업이 전후로 연결되고 이를 통해 해당 건설 지역 및 국가의 신기술 표준을 선점하는 것이 핵심이다. 일대일로 정책에서 이미 포화상태인 국내시장을 넘어 연선국가에 고속철도를 수출하려는 목표를 뚜렷이 하고 있고 대부분의 수출 대상 국가들은 개발도상국 또는 저발전국의 특성상 철도 표준이 미비하므로 중국의 표준이 곧 그 국가의 표준이 될 수 있다. 중국의 고속철도 기술의 구축은 자국의 광대한 영토를 연결하는 고속 철도망을 건설하면서 일본의 가와사키, 프랑스 알스톰, 독일 지멘스 등 선진국 기업들과의 합작을 통해 가능했으며 국내의 엄청난 공사량으로 거의 모든 기후와 지형에 시공 기술을 확보하는 등 기술 수준은 세계 최고 수준으로 발전했다. 이에 더해 건설비용도 30% 이상 저렴하게 운용하며 대상국에게 수주를 대가로 낮은 이율의 차관 공여 등을 제공하여 그 기술표준의 확산이 가능해져 일대일로의 핵심 신기술 산업으로 부상하였다.

IV 중국의 일대일로 정책을 통한 국내 정치경제적 취약성의 극복 가능성과 국가역량 강화 전망

중국 정부가 일대일로 정책을 추진하는 국내 정치경제적 원인은 개혁개방 이후 40여 년간 지속되어 온 국내의 노동집약적 제조업 및 부동산-인프라-건설 산업 성장 중심의 경제가 지역균형적, 산업구조적 측면에서 한계에 다다른 시점에서 소위 '중속성장' 또는 '신창타이'로 대표되는 산업구조 고도화와 해외 진출을 통한 경제의 지속적 성장과 발전을 추구하는 데 있다. 또한 경제의 지속적 성장 및 저발전 지역의 경제성장 동력 확보 그리고 인프라 및 부동산 건설 산업의 국내 수요 창출과 국제 진출을 통한 연착륙 정책은 중국의 고질적인 사회 불안정 문제 및 공산당 권위주의 체제의 정당성 문제 해결과도 직결된다는 측면에서 중국 당국가에게는 절실하다. 이러한 국내의 정치경제적 문제들은 기존의 중국 국가사회

연구에서도 밝혀졌듯이 각종 '군체성사건', 즉 집단항의, 파업, 탄원, 시위, 폭동의 원인이기 때문이다(Paik 2012).

구체적으로 본 논문은 중국의 일대일로 정책의 국내 정치경제적 추동 원인을 다음의 네 가지로 나누어 분석하였다. 첫째, 발전 지역과 저발전 지역 간 경제발전 정도의 불균형을 해소하기 위하여 상대적 저발전 지역인 서북, 서남 지역에 정책적 초점을 맞췄으며 이는 기존의 서부대개발, 중부굴기 등의 계획의 연장선상에서 그 미흡한 성과를 보완하는 기능을 한다. 둘째, 기존 거대 제조업, 특히 인프라 및 부동산 산업과 연관된 공급과잉 문제를 해결하기 위하여 서남, 서북, 중부 및 연안 지역에서의 국내적인 그리고 65개 연선국가들로의 국제적인 해소를 시도하고 있다. 셋째, 중국 경제의 지속적 성장을 위한 에너지자원의 안전한 확보와 이를 통한 저발전 지역의 물류 및 관련 산업 발전을 추구하고 있다. 마지막으로 미래의 성장 동력인 각종 신기술 산업에서 중국 기업의 경쟁력을 확보하고 연선국가에서의 중국 중심 국제기술표준의 확보를 도모하고 있다.

이러한 일대일로 정책의 국내 정치경제적인 추동 원인들은 동전의 양면과 같이 중국 당국가 체제가 주목하는 국내 정치경제적인 취약성이다. 그러나 이러한 국가 대전략인 일대일로가 위의 4가지 국내 정치경제적 취약성을 해결할 수 있는 근본적인 해결책인지는 의문이다. 첫 번째 지역균형발전의 측면에서는 2000년대 초중반 이후 지속적으로 그러나 비효율적으로 실시해온 저발전 지역의 급속한 발전 추구 정책의 연장선상에서 일대일로와 같은 국가의 다각적인 자원 '재분배' 정책 외에는 뚜렷한 답이 없는 것이 현실이다. 그렇다고 기존의 정책과 크게 질적으로 다른 면도 찾기 어려운 만큼 그 효과성은 담보하기 어렵다. 두 번째 공급과잉 산업의 국내외적 해소는 일대일로 정책으로 단기적, 부분적 효과를 기대할 수 있지만 대체로 소위 '공급측 개혁'과 '부동산 버블 제거' 등이 좀 더 근본적인 해결책에 가깝다고 할 수 있다(왕윤종 2016; 賈康 외 2015). 세 번째 에너지 확보와 에너지 산업의 균형 발전은 일대일로 정책으로 가장 큰 효과를 거둘 수 있는 정책 과제이다. 에너지 안보의 측면과 결합하여 육상과 해상으로 에너지자원의 도입 경로를 다양화하는 것은 매우 합리적이라고 할 수 있다. 네 번째 신기술 산업의 육성 및 국제경쟁력 강화도 그 중요성이 강조되지만 막대한 중국 자본의 투자와 원조 등을 통한 저발전 국가 내의 중국 중심의 신기술 표준 확대 정도를 기대할 수 있지만 역시 보조적인 역할을 할 것으로 예상된다.

이러한 일대일로 정책의 국내 정치경제적인 추동 원인의 기초적인 분석은 궁극적으로 왜 중국의 국가 대전략이 국제적으로 중요한가라는 질문으로 연결된다. 다시 말해 중국이 과연 이 '일대일로' 정책을 통해서 국내 정치경제적인 취약성들을 해소하고 미국과 미국의 동맹국 및 협력국들을 넘어서는 경제력을 확보할 수 있을 것인가에 대한 질문이다. 다시 말해 각국이 이 중국의 국가 대전략인 '일대일로'의 여러 측면을 주목하는 가장 큰 이유는 이 전략을 통해서 중국의 국가역량(state capacity)이 어떤 수준으로까지 향상될 것인가 또는 여러 장애 요인들로 인해 약화될 것인가에 따라서 향후 국제정치경제적, 정치안보적 지형이 바뀔 가능성이 높기 때문이다. 만약 위에서 제시한 여러 어려움에도 불구하고 이 일대일로가 국내정치경제적 취약성을 극복하는 역할을 한다면 이는 중국의 국내정치적 안정과 더불어 국제정치경제적, 국제안보적 국가역량 확대가 예상된다. 이러한 중국의 변화는 미국, 일본, 러시아를 비롯한 강대국과 한국 등을 비롯한 중견국 그리고 주변 지역의 약소국들이 대응해야 하는 새로운 도전이 될 것이며 각국의 국익을 추구하는 여러 공식에 핵심적인 변수가 된다.

그러나 2013년 후반기에 시작하여 겨우 3년이 지나며 본격화되고 있는 이 정책의 결과를 평가는 아직 시기상조이다.

참고문헌

김수한, 유다형. 2015. "중국 신창타이 시기 지역발전의 재구성: 3개 지지대 전략의 대두." 『한중Zine INChinaBrief』 288, 2-19.

김태식. 2015. "일대일로 프로젝트 추진 배경 및 주요 난제에 관한 연구." 『대한정치학회보』 23(4), 49-70.

김흥규. 2016. "중국 일대일로 전략과 동북아 국제관계의 변화: 한계점과 전망." 『중소연구』 40(30), 7-49.

박홍서. 2016. "중미관계와 '일대일로'의 정치경제: 달러패권에 대한 취약성 극복을 중심으로." 『현대중국연구』 18(2), 73-110.

백우열. 2014. "현대 중국의 부동산 개발, 사회불안정, 신형도시화." 『한국정치학회보』 48(4), 27-48.

서정경. 2015. "지정학적 관점에서 본 시진핑 시기 중국 외교: '일대일로' 전략을 중심으로." 『국제정치논총』 55(2), 225-258.

원동욱. 2016a. "중국의 지정학과 주변외교: '일대일로'를 중심으로." 『현대중국연구』 17(2), 293-328.

______. 2016b. "시진핑 시기 중국의 에너지 정책과 외교: 신기후체제와 "일대일로"를 중심으로." 『중소연구』 39(4), 71-115.

왕윤종. 2016. "신창타이 시대 홍색자본주의의 진화에 대한 고찰." 『현대중국연구』 18(3), 99-154.

이선진. 2014. "중국 실크로드(Silk Road) 구상의 전략적 의미." 『JPI정책포럼』 2014(19), 1-12.

정성삼. 2015. "중국의 일대일로 추진 계획 및 시사점." 『세계 에너지시장 인사이트 15(16), 3-11.

정환우, 조민경. 2017. 『중국의 '일대일로' 추진 동향과 시사점』. 서울: KOTRA.

이철용. 2016. 『중국의 2차 산업 구조조정: 과잉부실 규모보다는 추진 여건이 문제』. 서울: LG 경제연구원.

劉金賀, 李牧群, 馬滋輝, 李萌, 許李彥. 2010. "국진민퇴(國進民退)의 발전과 전망." 『중국삼성경제연구원 이슈리포트』 10(3), 1-40.

"한국 쏙 뺀 '일대일로' 노선 실속 없는 AIIB 참가." 『주간조선』 2015/04/27.

Chung, Jae Ho. 2016. *Centrifugal Empire: Central-Local Relations in China*. Columbia: Columbia University Press.

Das, Khanindra Ch. 2017. "The Making of One Belt, One Road and Dilemmas in South Asia." *China Report* 53(2), 125-142.

Dickson, Bruce J. 2016. *The Dictator's Dilemma: The Chinese Communist Party's Strategy for Survival*. Oxford: Oxford University Press.

Godement, Francois. 2015. ""One Belt, One Road": China's Great Leap

Outward." *China Analysis* June, 1-18.
Kennedy, Scott, David A. Parker. 2015. "Building China's "One Belt, One Road"." 3 April 2015, http://csis.org/print/54968 (2017년 3월3일 검색).
Nathan, Andrew J., Larry Diamond, and Marc F. Plattner eds. 2013. *Will China Democratize?* Baltimore: Johns Hopkins University Press.
Naughton, Barry. 2007. *The Chinese Economy: Transitions and Growth*. Cambridge: MIT Press.
Paik, Wooyeal, Richard Baum. 2014. "Clientelism with Chinese Characteristics: The Political Economy of Local Patronage Networks in Post-Reform China." *Political Science Quarterly* 129(4), 675-702.
Paik, Wooyeal. 2012 "Economic Development and Mass Political Participation in China: Determinants of Provincial Petition (Xinfang) Activism 1994-2002." *International Political Science Review* 33(1), 98-119.
Swine, Michael D. 2015. "Chinese Views and Commentary on the "One Belt, One Road" Initiative." *China Leadership Monitor* 47, 1-24.
"China's 'One Belt, One Road' to Where?: Why do Beijing's Regional Trade and Transport Plans Worry So Many People?" *The Diplomat*, 17 February 2015.

賈康, 姚餘棟 , 黃劍輝 , 馮俏彬 , 皭京春. 2015. ""十三五"時期的供給側改革." 『國家行政學院 學報』 2015(6), 12-21.
邱俊翔. 2016 "淺談"一帶一路"戰略構想對西部地區發展影響分析." 『江蘇商論』 2016(21), 75-76.
杜德斌, 馬亞華. 2015. ""一帶一路": 中華民族複興的地緣大戰略." 『地理硏究』 34(6), 1005-1014.
盧鋒, 李昕, 李雙雙, 薑志霄, 張傑平, 楊業偉. 2015. "爲什麽是中國?-一帶一路的經濟邏輯." 『國際經濟評論』 2015(3), 9-34.
雷德雨. 2016. ""一帶一路"建設背景下的西部經濟發展 : 機遇, 問題和策略." 『改革與戰略』 2016(2), 26-28
劉建國, 硃躍中, 張思遙. 2017. "南省份參與"一帶一路"能源合作的思考." 『硏究與探討』 39(1), 29-31.
劉瑞, 高峰. 2016. ""一帶一路"戰略的區位路徑選擇與化解傳統產業產能過剩." 『社會科學硏究』 2016(1), 45-56.
潘博. 2016. "以高新技術企業爲主體推進"一帶一路"國際科技合作." 『企业改革与管理』 2016(23), 199-199.
孫久文 , 週玉龍 , 和瑞芳. 2017. "中國的沿邊經濟發展: 現狀 問題和對策." 『經濟社會體制比較』 2017(2), 28-33.
孫兆剛. 2016. "面向"一帶一路"戰略的航空產業技術進步硏究." 『工業技術經濟』, 35(08), 93-99.
於燕玲 , 硃一博 , 李軒賓. 2017. "中國鋼鐵產業產能過剩化解與結構升級問題硏究."

『現代商貿工業』 2017(6), 8-10.
王鬱. 2015. ""一帶一路" 背景下能源資源合作機遇與挑戰." 『人民論壇』 2015(20), 82-84.
潜旭明. 2017. "一帶一路倡議背景下中國的國際能源合作." 『國際觀察』 2017(3), 129-146.
张生玲, 魏晓博, 张晶杰. 2015. "一帶一路戰略下中國能源貿易與合作展望." 『中國經貿』 2015(8), 11-14.
張玉英, 王國樑. 2017. "從能源角度分析 一帶一路 的戰略意義." 『特區經濟』 2017(3), 87-88.
趙明亮, 楊蕙馨. 2015. "一帶一路 戰略下中國鋼鐵業過剩產能化解" 『華東師範大學學報』 2015(4), 84-92.
趙天睿, 孫成伍, 張富國. 2015. "一帶一路戰略背景下的區域經濟發展機遇與挑戰" 『經濟問題』 2015(12), 19-23.
"習近平 : 讓"一帶一路"建設造福沿線各國人民." 『新華社』 2016.8.17.
""十三五":中國經濟轉型趨勢與增長前景." 『中國經濟時報』 2016.4.11.
""一帶一路"構想的戰略意義." 『光明日報』 2014.10.20.
""一帶一路"的曆史觀, 世界觀與價值觀." 『文彙報』 2016.7.23.
""一帶一路"戰略下的中國房地產企業"走出去"." 『中國建設報』 2017.1.3.
"智說"一帶一路" | 張燕生: "一帶一路"將有力推動全球化良治." 『中國經濟時報』 2017.5.5.
科技部. 2016. "發展改革委 外交部 商務部關於印發 《推進"一帶一路"建設科技創新合作專項 規劃》的通知" http://www.most.gov.cn/tztg/201609/t20160914_127689.htm, (2017년 1월 5일 검색).
國家發展改革委·外交部·商務部. 2015. "推動共建絲綢之路經濟帶和21世紀海上絲綢之路的願景與行動." http://www.yidaiyilu.gov.cn/yw/qwfb/604.htm, (2017년 1월 5일 검색).
"外交部長王毅: '一帶一路'不是地緣政治的工具" 『新華網』 2015.3.8. http://news.xinhuanet.com/politics/2015-03/08/c_127556752.htm, (2017년 1월 5일 검색)
"推進"一帶一路"建設工作領導小組辦公室負責人答記者問." 『新華網』 2017/02/07. http://www.yidaiyilu.gov.cn/xwzx/gnxw/6436.htm, (2017년 3월 1일 검색)

필자 소개

백우열 Paik, Wooyeal

연세대학교 정치외교학과(Department of Political Science and International Studies) 조교수
연세대학교 정치외교학과 학사, City University of Hong Kong 사회행정학과 석사, UCLA 정치학과 석박사

논저 "Domestic Politics, Regional Integration, and Human Rights: Interactions among Myanmar, ASEAN, and EU", "정치적 자원 결여에 따른 경제적 약자의 대응: 중국 농민공의 사례", "Village Workers, Foreign Factories, and Village Politics in Coastal China: A Clientelist Approach"

이메일 wypaik@yonsei.ac.kr

제3장

중국의 군사안보

— 시진핑 시기 중국군 개혁의 평가와 함의

Assessment and Implication of PLA Reform in the Xi-Jinping Era

이영학 | 한국국방연구원 선임연구원

최근 중국의 '군사굴기'에도 불구하고, 중국군은 새로운 안보·군사 환경의 변화에 직면하여 비효율적인 지휘체계, 작전 능력상의 문제점과 더불어 부정부패를 해결해야 할 필요성을 안고 있었다. 시진핑 주석은 이러한 문제들을 해결하고, 강력한 군대를 건설하기 위하여 대규모의 국방 및 군대 개혁을 추진하고 있다. 중앙군사위원회의 상부 지휘구조를 조정하고, 군구를 전구로 개편하였으며, 육군지휘기구, 로켓군 및 전략지원부대를 신설하는 동시에, 대규모 감군도 추진하고 있다. 이번 개혁은 여러 과제에도 불구하고 비교적 성공적으로 이루어지고 있는 것으로 보이며, 중국군은 군사력 현대화를 통해 향후 아태지역에 대한 군사적 영향력을 확대할 수 있을 것이다. 이는 미중관계 및 동아시아 안보 환경, 나아가 한반도 유사시 중국군의 개입에도 커다란 영향을 미칠 것으로 전망된다.

Despite China's military rise, as PLA faced new security & military changes, it recognized the need of resolving the ineffective command system, the problem of operational capability and corruption. In order to solve these problems and build a strong army, CMC chairman Xi-Jinping has promoted large-scale defense and military reforms. CMC was revamped, five new theater commands were established, new service headquarters were created, and reduction of PLA personnel has been promoted. Despite many challenges, these reforms seem to be relatively successful, PLA will expand its military influence over the Asia-Pacific region through military modernization, and this will have a major impact on U.S.-Sino relations, the East Asian security environment, and even PLA's intervention in case of contingency in the Korean Peninsula.

KEYWORDS 중국의 국방 및 군대 개혁 defense and military reforms of China, 중앙군사위원회 CMC(the Chinese Military Commission), 전구 theater commands, 합동작전 joint operations, 당의 군에 대한 절대영도 Party's absolute leadership over the military

I 서론

중국의 '군사굴기'로 상징되는 군사력 증강에 대해 미국을 비롯한 동아시아의 여러 국가들은 우려 섞인 시선으로 주시하고 있다. 최근 중국의 자국산 항공모함 건조, 신형 구축함 및 잠수함 전력 증강, J-20 스텔스기의 전력화 등 급성장하는 해·공군력과 DF-21D 대함 탄도미사일, DF-31AG 대륙간 탄도미사일 등 다양하고 고도화된 미사일 능력을 비롯하여, 우주 및 사이버 능력 강화 등 중국의 군사력 현대화가 빠르게 진행되고 있다. 뿐만 아니라, 이러한 군사력 증강은 안정적으로 발전 중인 세계 2위의 경제력과 연 10% 내외의 높은 증가율을 보이고 있는 국방비 지출, 그리고 혁신 단계에 진입한 것으로 평가받고 있는 국방과학기술에 의해 뒷받침되고 있다.

그러나 이러한 '군사굴기'에도 불구하고 중국군은 새로운 안보·군사 환경의 변화에 직면하여, 군사력 운용과 건설을 저해하는 비대하고 비효율적인 지휘체계, 편제 및 작전능력상의 여러 문제점을 안고 있으며,[1] 부정부패 역시 만연해 있다. 또한, 미국과 같은 세계적 군사 강국과는 여전히 상당한 격차가 있으며, 중국 역시 이 점을 잘 알고 있다.

시진핑(習近平) 주석은 중국의 국가목표로 제시한 '중국의 꿈', 즉 중화민족의 위대한 부흥을 실현하기 위해서는 강력한 군대를 건설해야 한다고 강조하였다. 2013년 3월 제12차 전국인민대표대

1 "國新辦就中國人民解放軍建設發展情況舉行發布會."『新華社』. 2017年7月24日.

회 중국군 대표단 전체회의에서 시 주석은 '신(新) 정세하 중국공산당의 강군 목표'를 '당의 지휘를 따르고(聽黨指揮), 싸워 승리할 수 있으며(能打勝仗), 기풍이 우수한(作風優良) 인민군대 건설'로 제시하였다. 이를 위해 국방과 군대 건설 및 발전을 제약하는 모순과 문제를 해결해야 하며 군사 이론을 발전시키고 군사 전략의 지도를 강화해야 한다고 강조하였다. 다시 말해 강력한 군대의 건설, 즉 '강군몽(强軍夢)' 실현을 위해서는 국방 및 군대의 개혁을 추진해야 한다는 것이다.

2013년 11월 중국공산당 제18기 3중전회에서 국방 및 군 개혁이 제시된 이후, 중국군은 중앙군사위원회의 상부 지휘구조를 개편하고, 군구를 전구로 개편하는 동시에 육군지휘기구, 로켓군 및 전략지원부대를 신설하여 군령(軍令)과 군정(軍政)을 분리하는 등 지휘체계 및 편제를 개편하였다. 다른 한편, 30만 명의 대규모 감군을 추진하면서 규모·구조 및 정책·제도에 이르기까지 전방위적인 군 개혁을 2020년까지 안정적으로 추진하기 위해 노력하고 있다.

이와 같은 대대적인 개혁이 성공적으로 이루어져 소기의 성과를 거둔다면 중국군은 시 주석이 강조한 '당의 지휘를 따르고, 싸워 승리할 수 있는' 강력한 군대로 거듭날 수 있을 것이다. 특히 중국의 군사력은 무기체계의 발전뿐만 아니라, 효율적인 합동작전 지휘 및 역량 강화, 전문화된 군사력 건설 등 군사력 현대화를 통해 중국군 군사투쟁 준비의 근본인 '정보화 국부전쟁 승리'의 목표를 실현할 수 있을 것이다. 그러나 이와는 반대로 개혁이 여러 가지 도전과 문제들로 인해 지체되거나 실패하게 된다면 중국의 군사력은 미국과 같은 세계적 군사 강국의 대열에 합류하지 못하고 몸집만 비대한 비효율적인 군으로 전락하고 말 것이다. 다시 말해, 중국의 군사력 현대화의 관건은 현재 추진하고 있는 군 개혁의 성패에 달려 있다고 해도 과언이 아니다(Office of the Secretary of Defense 2017).

이 글에서는 우선 중국군 개혁의 경과와 배경을 살펴보고, 주요 내용을 서술한 후, 이러한 개혁의 성과 및 과제에 대해 평가를 시도한다. 결론 부분에서는 중국군 개혁이 의미하는 바가 무엇이며, 특히 우리에게 어떠한 함의가 있는지를 제시하고자 한다.

II 중국군 개혁의 경과와 배경

시진핑 지도부 집권 이후 추진되고 있는 현재의 중국군 개혁은 1952년 인민해방군 조직 편성 완료 이래 11번째 추진되고 있는 대규모 개혁이다(Allen et al. 2016). 기존의 개혁이 주로 병력 감축이나 군구 재편, 또는 계급제도 조정 등에 초점이 맞추어져 있던 것에 비해, 이번 개혁은 대규모 병력 감축과 함께 지휘체계, 구조 및 편제, 정책·제도에 이르기까지 개혁의 범위와 폭에 있어서 역대 최대 규모인 것으로 평가되고 있다.

1. 경과

2013년 11월 중국공산당 제18기 3중전회에서는 〈전면적 개혁 심화를 위한 몇 가지 중대 문제에 관한 결정(中共中央關于全面深化改革若干重大問題的決定)〉을 통과시키고, 국가의 전면적 개혁의 중요 부분으로서 국방과 군 개혁을 강조하였다.[2] 이 회의에서는 중국 특색의 현대적 군사력 체계 구축을 언급하면서, 이를 위해 첫째, 군대의 체제·편제의 조정 및 개혁 심화와 군대의 규모 및 구조 최적화; 둘째, 군대의 정책·제도의 조정 및 개혁 추진; 셋째, 민군 융합 발전 추진 등을 제시하였다.

2014년 3월 15일에는 '중앙군사위원회 국방 및 군대 개혁 심화 영도소조(中央軍委深化國防和軍隊改革領導小組)'가 신설되어, 시진핑 중앙군사위원회 주석을 조장으로, 중앙군사위원회 부주석인 쉬치량(許其亮)과 판창룽(范長龍)을 각각 상무부조장과 부조장으로 선임하였다. 영도소조에서는 각종 좌담회 개최, 현지 조사 등 다양한 방식으로 의견 수렴 과정을 거쳐 국방개혁 청사진을 제시하였고, 이 과정에서 군사과학원, 국방대학교의 전문가들을 통해 중국 역사로부터의 교훈을 연구하고, 미국 및 러시아의 현대전 대비 조직 개편에 대한 평가도 진행하였다(유동원 2016, 538).

2015년 9월 3일 개최된 전승절 70주년 기념 열병식에서 시 주석이 인민해방군 30만 명 감축을 선언하면서, 중국군 개혁이 본격적으로 추진되었다. 11월 24일에서 26일까지 개최된 중앙군사위원회 개혁업무회의에서는 중국군 개혁의 방향성이 더욱 구체적으로 제시되었는데,[3] 첫째, 군대의 최고 지휘권을 당 중앙과 중앙

2 "中共中央關于全面深化改革若干重大問題的決定."『新華網』. 2013年11月15日.

3 "習近平: 全面實施改革强軍戰略 堅定不移走中國特色强軍之路."『新華網』. 2015年11月26日.

군사위원회에 더욱 집중시킬 것,[4] 둘째, 군 권력의 제약과 감독 체계의 구축, 셋째, 2020년 완료를 목표로 개혁의 총체적 방안을 담은 로드맵을 제시하였다.[5]

2015년 12월 31일 중국인민해방군 육군지휘기구(陸軍領導機構), 로켓군 및 전략지원부대가 신설되었고, 2016년 1월 1일 중앙군사위원회는 〈국방 및 군대 개혁 심화에 대한 의견(中央軍委關于深化國防和軍隊改革的意見)〉을 발행·배포하고, 중국군 개혁의 중요 의의, 지도 사상, 기본 원칙, 개혁 목표 및 주요 임무를 명시하면서 개혁의 전체적인 틀을 제시하였다.[6]

2016년 1월 11일에는 중앙군사위원회의 4대 총부를 15개 직능 부문으로 조정하였고, 2월 1일에는 7대 군구를 5대 전구로 개편하였으며, 4월 20일에는 중앙군사위원회 및 각 전구에 합동작전 지휘센터를 설치하였다.

한편, 2016년 5월에는 중앙군사위원회가 〈군대 건설 발전 13·5 규획 강요〉를 발표하고, 13차 5개년 계획 기간 동안 중국군

4 중앙군사위원회의 총부체제를 조정하여 다부문제(多部門制)를 실행할 것, 육군의 지휘기구를 창설하여 군·병종의 지휘관리 체계를 개선할 것, 전구(戰區)를 새롭게 조정하여 전구 합동작전 지휘기구를 창설하고 중앙군사위원회의 합동작전 지휘기구 개선 등의 조치를 통해 중앙군사위원회-전구-부대의 작전지휘 체계와 중앙군사위원회-군종-부대로 이어지는 영도관리 체계의 구축에 매진할 것을 강조하였다.

5 2020년 이전, 영도관리체제 및 합동작전 지휘체제 개혁에 있어서 중대한 진전을 이루고, 규모·구조 최적화, 정책 제도 보완, 민군 융합의 중요한 성과를 이루며, 정보화 전쟁 승리 및 사명·임무를 효과적으로 수행할 수 있는 '중국 특색의 현대화된 군사역량체계'를 구축하기 위해 노력함으로써, 중국 특색의 사회주의 군사제도를 더욱 보완해 나가야 한다고 명시하였다.

6 "中央軍委關于深化國防和軍隊改革的意見."『新華網』. 2016年1月1日.

은 2020년까지 국방·군대 개혁의 목표 및 임무를 기본적으로 마무리하여 군대의 기계화 완성 및 정보화 측면에서 중대한 진전을 실현할 것을 강조하였다.[7]

2. 배경 및 목적

첫째, 당의 군에 대한 절대 영도 확립이다. 중국군은 그동안 문민 지도자의 군에 대한 지휘권 약화와 매관매직 등의 부패가 만연해 있었다. 장쩌민(江澤民), 후진타오(胡錦濤) 등은 군사 업무 경험이 없어서 군이 국방과 군사 문제 등의 고유 업무에 대해 높은 자율성을 갖게 되었고, 당도 군의 요구에 우호적으로 대응할 수밖에 없었다. 군의 자율성이 강화되면서 정치적 통제가 약화되고, 특히 4대 총부 중심의 중국군 상부구조에서는 당 총서기가 겸직하는 중앙군사위원회 주석의 중국군에 대한 통제력이 취약한 문제를 야기했다. 이로 인해, 특히 권력이 약했던 후진타오 시기 군 수뇌부들이 총서기 겸 중앙군사위원회 주석을 무시하는 사례가 발생하였다. 예를 들어, 2007년 중국군이 인공위성을 미사일로 요격하는 실험에 성공했을 때, 미국 정계 요인을 만나고 있던 후진타오는 위성 요격실험에 대한 질문에 대해 사정을 모르고 있었던 것으로 전해지고 있으며, 2011년 1월 미 국방장관 게이츠와 면담할 때에도 군이 J-20 스텔스기를 시험 비행하였으나, 이를 모르고 있던 후진타오가 매우 당황했던 것으로 알려지고 있다(구자선 2016, 5-6).

7 "軍隊建設發展13·5規劃要綱."『人民日報』. 2016年5月13日.

또한, 당의 군에 대한 통제가 약화되자 군의 부패 문제와 매관매직이 기승을 부리게 되었다. 후진타오 시기 중앙군사위원회 부주석이었던 궈보슝(郭伯雄)과 쉬차이허우(徐才厚)는 각각 총참모부와 총장비부, 총정치부와 총후근부를 관장하였는데, 이들은 자신들의 권한을 이용해 매관매직 등 각종 부정부패를 저질렀다.[8] 궈보슝과 쉬차이허우는 각각 서북쪽의 이리와 동북쪽의 호랑이로 불렸는데, 이들은 란저우(蘭州) 군구와 선양(瀋陽) 군구를 기반으로 성장하면서 그 지역을 중심으로 파벌을 형성하였다. 중국 장교들은 군급(正軍職)까지는 주로 한 군구 내에서 승진을 하며, 부대군구급(副大軍區職)이 되면 다른 군구로 이동하기 때문에, 군구 지도자가 인사권을 행사하여 파벌을 형성하고 매관매직 등 부패가 만연하기 쉬운 구조를 갖고 있었다(구자선 2016, 11).

시 주석은 이처럼 통제하기 쉽지 않고 부패한 군을 개혁하기 위해 반부패 캠페인을 레버리지로 활용하였다. 즉, 반부패 캠페인을 통해 전 중앙군사위원회 부주석인 쉬차이허우와 궈보슝 등을 처벌하고, 군의 고질적 부패에 대한 다수의 정보를 수집함으로써 군 내부의 어느 누구도 개혁에 저항하지 못하도록 하였다.[9]

시 주석은 당의 군에 대한 절대 영도를 강조하고, 중앙군사위원회 주석 책임제(軍委主席負責制)를 실시할 것을 선포하면서, 이를 위해 2014년 10월 푸젠성 구톈(古田)에서 군정치공작회의를 개최하여 당의 군에 대한 영도 원칙을 분명히 하였다.[10] 또한, 시 주

8 “嚴重破壞軍委主席負責制, 郭伯雄徐才厚干了啥?”『新京報』. 2016年12月24日.

9 Mulvenon 2016, 5; “軍方智囊深度解析軍隊改革.”『南風窓』. 2016年2期(1月13日).

석은 중국공산당의 신 정세하 강군 목표 중 가장 우선순위로 '군이 당의 지휘를 따르는 청당지휘(聽黨指揮)'를 제시하였다. '신 정세하 청당지휘'의 관철을 위해서는 사상과 정치적으로 부대를 건설 및 장악하고, 중국공산당의 군에 대한 절대 영도의 근본 원칙과 제도를 고수하며, 중앙군사위원회 주석 책임제를 관철함으로써 임의의 시각에 임의의 상황에서도 중국공산당과 일치되고, 중국공산당의 권위를 수호하며, 중국공산당의 지휘를 따라야 한다고 강조하였다.[11]

중국군 개혁의 원칙으로서 제시한 '정확한 정치적 방향의 견지' 역시 당의 군에 대한 영도를 위한 것이다. 당의 군에 대한 절대 영도라는 근본원칙과 제도를 공고히 발전시키고, 중국인민해방군이 '인민의 군대'로서의 성격과 취지를 유지하며, 중국군의 영광스러운 전통과 우수한 기풍을 발휘해야 하고, 중앙군사위원회 주석 책임제를 전면적으로 이행하며, 군의 최고 영도권과 지휘권이 중국공산당 중앙위원회와 중앙군사위원회에 집중되어야 한다는 것이다.[12]

한편, 군 권력의 제약과 감독 체계의 구축을 통해 군 조직의 건전성 및 효율성을 도모하는 동시에 군에 대한 당의 통제도 강화하였다. 중앙군사위원회에 기율검사위원회를 신설하고, 중앙군사

10 구톈은 1929년 마오쩌둥이 '당이 총을 지휘한다'는 원칙을 확립하며 군권을 장악한 곳으로서, 시 주석이 회의장소로 구톈을 택한 것은 당의 군에 대한 지휘 원칙을 명확히 할 것임을 시사한 것으로 해석할 수 있다. 유동원(2016, 542); "全軍政治工作會議在古田召開 習近平出席會議并發表重要講話."『新華網』. 2014年11月1日.

11 "建設一支聽黨指揮能打勝仗作風優良的人民軍隊."『人民網』. 2015年7月20日.

12 "中央軍委關于深化國防和軍隊改革的意見."『新華網』. 2016年1月1日.

위원회의 기관 부문 및 전구에 각각 기율검사조(紀檢組)를 파견하여 이중지도를 받게 하였다. 또한, 중앙군사위원회 심계서(審計署)를 조정·창설하였고, 중앙군사위원회의 정법위원회를 신설하여 군사 사법체제를 조정하였으며, 구역(區域)마다 군사법원과 군사검찰원을 설립하도록 하였다.[13]

둘째, 안보·군사적 환경 변화에 대응하기 위한 합동작전 역량 강화와 지휘체계 효율화이다. 2015년 〈중국의 군사전략〉 제하의 국방백서에서는 중국이 여전히 다양하고 복잡한 안보위협에 직면해 있다고 적시하고 있다. 미국은 아태 재균형 전략을 추진하면서 지역 내 군사 역량과 군사 동맹체계를 강화하고 있고, 일본은 전후 체제로부터의 탈피를 추진하면서 군사안보 정책을 대폭 조정하고 있으며, 몇몇 해양 주변국은 중국의 영토주권 및 해양권익 문제에 도전적 조치를 취하는 한편, 일부 역외 국가들이 남중국해 이슈에 적극 개입하고 있다고 지적하면서 해양 권익 투쟁이 장기간 지속될 것으로 전망하고 있다. 동시에 한반도와 동북아 지역 정세는 여러 불안정하고 불확실한 요소들이 존재한다고 언급하고 있다.[14]

군사적 차원에서는 군사기술 및 전쟁 형태의 혁명적 변화에 대응해야 한다고 인식하고 있다. 2015년 중국 국방백서는 '신 정세하 적극방어' 군사전략 방침 실행을 위한 군사투쟁 준비의 근본을 "정보화 국부전쟁 승리"로 조정하였다. '신 정세'는 세계적 신군사혁명으로 표현되는 군사기술 및 전쟁 형태의 혁명적 변화를

13 "習近平: 全面實施改革强軍戰略 堅定不移走中國特色强軍之路,"『新華網』. 2015年11月26日.

14 中華人民共和國 國務院新聞辦公室,『中國的軍事戰略』. 2015年5月.

의미한다. 무기 장비의 장거리 정밀화, 지능화, 스텔스화, 무인화 추세의 발전과 우주 및 사이버 공간이 각국의 전략적 경쟁의 중요 영역으로 발전하는 등 전쟁 형태가 정보화 전쟁으로 급속하게 변화하고 있다는 것이다. 따라서 기존의 '정보화 조건하' 기계화·정보화의 복합 발전 방식으로는 전쟁에서 승리할 수 없으며, 중국군의 군사투쟁 준비의 근본도 정보화전으로의 조정이 불가피하다고 판단하고 있다(이영학 2015).

이처럼 중국이 직면하고 있는 새로운 안보·군사적 환경 변화에 효율적으로 대응하기 위해서는 정보화 환경하에서 육·해·공 등 제 군종의 합동작전 수행 능력이 필요하고, 특히 현실적으로 군사적 충돌 가능성이 상존하는 남중국해, 동중국해 및 대만해협 등에서 해·공군력 투사 능력이 요구되고 있다. 그러나 중국의 기존의 지휘기구와 작전체계는 '기계화' 전쟁의 기초 위에서 구축된 것으로서 '정보화 국부전쟁'의 현대전 요구에 적합하지 않고, 또한 '육군을 중심으로, 해·공군을 보조'로 하는 지역 방어 중심의 군구 모델은 해·공군력 강화 및 투사에 초점을 맞춘 합동작전의 효율적 수행에 한계가 있었다.[15]

우선, 기존의 지휘체계는 4대 총부를 핵심으로 한 상부구조로서 비대할 뿐만 아니라 효율성도 저하되어서 작전 지휘와 군사력 건설에 부정적인 영향을 미치고 있는 것으로 인식되었다. 4대 총부는 권력구조 측면에서 서로 대등한 관계에 있기 때문에 직능 기구가 효율적으로 기능하지 못하고 정책의 통합력도 부족하였다. 또

15 "軍方智囊深度解析軍隊改革."『南風窓』. 2016年2期(1月13日).

한, 4대 총부 산하의 감독 기관은 부문의 속성을 탈피하기 어려워서 공정하고 권위 있게 감독 업무를 수행할 수 없었고, 군 상층부의 감독 기능이 제대로 작동하지 않았다. 이와 함께, 4대 총부의 일부 관리 업무는 부분적으로 각 군종과 병종의 내부 문제와 관련된 것이었기 때문에 총부의 기관이 비대해지는 결과를 초래했다(이상국 외 2017). 가령 총참모부는 합동작전을 지휘하는 역할을 담당한다고 하지만, 이외에 군사력 건설 및 육군본부의 기능 등을 동시에 보유하고 있어서 비대할 뿐만 아니라 비효율적이었다.

또한, 합동작전 등 군사력 운용을 책임져야 할 군구의 실질적인 주요 임무는 군구 내 육군 부대의 지휘를 책임지는 것으로서 해·공군 및 합동작전 지휘에 불리하였다. 군구사령원은 책임 군구 지역에 위치한 육·해·공군 부대에 대한 지휘권을 갖지만, 해·공군 부대는 그들이 속한 군구의 사령원뿐만 아니라 군종 사령부, 즉 해군사령원 및 공군사령원으로부터도 작전 지휘를 받도록 되어 있었다. 일선 부대에 이르는 작전지휘체계가 이원화되어 있었던 것이다. 이처럼 육군 중심의 대군구 모델은 중국군의 합동성을 가로막는 도전 요인으로 작용하여 군구 내의 육·해·공군은 긴밀하게 협조하지 않은 채 제각기 작전을 수행하는 관행이 지속되고 있었다(박창희 2017, 379-381). 동시에, 기존의 중국군 편제는 중국군의 건설과 관리에도 다양한 문제를 야기했는데, 육군은 지휘기구 없이 4대 총부와 7대 군구에서 각각 건설 및 관리를 담당함으로써 육군의 전문성 향상에 한계가 있었다.

이러한 문제점을 극복하기 위해 중국군은 지휘체계를 효율화하여 군령 및 군정 계통을 재정비하고, 합동성을 강화할 필요가 있었다.[16] 이에 따라 4대 총부를 중앙군사위원회의 15개 직능기구로 조정하여 지휘 기관이라기보다는 참모, 집행 및 서비스 기관으로 그 지위와 역할을 변화시켰다. 또한, 군사안보 위협에 대한 전략방향을 설정하여 동부, 남부, 서부, 북부, 중부 전구 등 5대 전구를 신설하고, 동시에 중앙군사위원회와 각 전구에 합동작전지휘센터를 설치하여 중앙군사위원회-전구-부대의 작전지휘(군령) 체계를 구축하고 합동작전 지휘 및 역량을 강화할 수 있도록 하였다. 한편, 육군 지휘기구를 신설하여 각 군종의 군사력 건설 및 관리의 전문성을 도모하면서 중앙군사위원회-군종-부대로 이어지는 영도관리(군정) 체계도 정비하였다.

또한 시 주석은 강군 목표의 하나로 '싸워서 이길 수 있는 능타승장(能打勝仗)'을 강조하였는데, 군은 무엇보다도 전투대로서 일체의 건설과 업무가 싸워 승리할 수 있는 방향에 초점을 두어야 한다는 것이었다. 군은 '신 정세하 능타승장' 실현을 위해, 전투력을 유일하고 근본적인 표준으로 삼아 적극적으로 작전 수행에 대비하고, 정보화 조건하 억지 및 실전 능력을 제고하며, '부르면 즉시 오고, 와서는 능히 싸우며, 싸움에서는 반드시 이길 수 있도록(召之卽來, 來之能戰, 戰之必勝)' 해야 한다고 강조하였다(이상국 외 2017).

16 군령(軍令)은 군사력 운용, 즉 작전적 측면을 의미하고, 군정(軍政)은 군사력 건설 및 관리의 측면을 의미한다.

III 중국군 개혁의 주요 내용

1. 의의, 지도사상, 목표 및 임무

2016년 1월 1일 중앙군사위원회는 〈국방 및 군대 개혁 심화에 대한 의견〉을 발행하여 중국군 개혁의 중요 의의, 지도사상, 전체 목표 및 주요 임무 등을 제시하였다.[17]

첫째, 중요 의의로서, 국방 및 군대 개혁 심화는 '중국몽', '강군몽' 실현의 시대적 요구이고, 군을 강하게 하기 위한(强軍興軍) 필수이며, 군대의 미래를 결정짓는 관건적 사항이라고 강조하였다. 당 중앙, 중앙군사위원회, 시 주석은 강군 목표 실현을 위해 군대의 혁명화·현대화·정규화 건설, 군사력의 건설 및 운용 그리고 경제건설과 국방건설을 함께 고려하고 '신 정세하 군사전략' 방침을 결정하여 중요 방침 및 원칙을 제시하였다면서, 이러한 중요 전략 계획과 설계의 이행을 관철하기 위해 반드시 국방과 군대 개혁을 심화해야 한다고 강조하였다.

둘째, 지도사상으로서, 당의 '신 정세하 강군 목표'의 지향성을 갖고, '신 정세하 군사전략' 방침을 관철하며, 전면적으로 개혁 강군 전략을 실시하고, 국방 및 군대 발전을 제약하는 체계적 장애, 구조적 모순 및 정책적 문제를 해결해야 한다고 강조하였다. 군대 조직 형태의 현대화를 추진하고, 전투력과 군대의 활력을 더욱 발전시키며, 중국의 국제지위, 국가안보 및 발전이익에 부합하는 강

17 "中央軍委關于深化國防和軍隊改革的意見."『新華網』. 2016年1月1日.

고한 국방과 강력한 군대를 건설하여 '두 개의 일백 년(兩個一百年) 목표' 실현 및 중화민족의 위대한 부흥이라는 '중국의 꿈'을 실현하기 위해 강력한 역량 보장을 제공해야 한다고 강조하였다.

셋째, 전체 목표로서, "중앙군위가 전체 총괄, 전구는 주요 작전 수행, 군별 건설(軍委管總, 戰區主戰, 軍種主建)"의 원칙에 따라, 영도관리체제 및 합동작전 지휘체제 개혁을 중점으로 규모·구조, 정책 제도 및 민군 융합의 조화롭고 심도 있는 발전과 개혁을 추진해야 한다고 강조하였다.[18] 전체적 목표 요구에 따라, 2015년에는 영도관리체제 및 합동작전 지휘체제의 개혁을 중점적으로 조직·실시하고, 2016년에는 군대 규모·구조 및 작전 역량 체계, 연구·교육기관(院校) 및 인민무장경찰부대(武警)의 개혁을 조직·실시하여 기본적으로 단계적 개혁 임무를 완성하고, 2017년부터 2020년까지 관련 영역의 개혁에 대해 조정 및 보완하면서, 각 영역의 개혁을 지속 추진해야 한다고 하였다. 정책제도 및 민군융합의 심도 있는 발전은 개혁 성과를 확인해가면서 점진적으로 추진할 것이라고 설명하였다.

넷째, 주요 임무로서의 영도관리체제는 중앙군사위원회의 집중되고 통일적인 영도(集中統一領導)를 강화하고, 군위 기관의 전략 계획·지휘·관리 직능을 강화하며 군위 기관의 직능 배치 및 기

18 '군위관총'은 중앙군사위원회가 중국군 최고의 정책결정기관으로서 중국군의 작전 및 건설에 대한 지휘권을 갖는다는 것을 의미하고, '전구주전'은 새로 편성된 전구가 전투작전 임무를 책임지고 수행한다는 것이며, '군종주건'은 육·해·공 등 각 군종이 해당 군의 군사력 건설 및 관리를 책임진다는 것을 의미한다. 한편, 영도관리(領導管理)체제는 군정, 즉 군사력 건설 및 관리 차원의 내용을 의미하고, 합동작전지휘체제는 군령, 즉 군사력 운용 측면을 의미한다.

구 설치를 최적화하고 군별 그리고 신형 작전역량의 영도관리체제를 보완해야 한다고 강조하였다. 또한 군위기관 설치를 개혁하여 총부제를 다부문제로 조정해야 하고, 군위 기관은 군별 건설 기능을 (각 군 사령부에) 하방 및 대행시키고 구체적 관리 기능을 없애며 비슷한 직능을 조정 및 통합하고 지휘 등급을 감소시키며 인원과 직속 단위를 정예화함으로써 지휘, 건설, 관리, 감독의 4가지 기능(四條鏈路)을 더욱 선명하게 해야 하며, 정책결정, 계획, 집행 및 평가 기능의 배치가 더욱 합리적이어야 한다고 하였다. 군별 영도관리체제를 발전시키고 군별 기관 직능 배치와 기구 설치를 최적화하며, 군종이 건설 관리 및 보장에서 중요한 역할을 발휘해야 하고, 후근보장 영도관리체제를 조정·개혁하며, 장비 발전 영도관리체제를 개혁하고, 국방동원체계의 통일적 영도를 강화해야 한다고 하였다.

다섯째, 주요 임무로서의 합동작전 지휘체제는 통합 합동작전지휘의 요구에 부응하여, 군위와 전구 두 등급(兩級)의 합동작전 지휘체제를 건설·발전시켜서 평·전시 일체, 상시 운영, 전문부서의 책임 운영, 정예·효율의 전략전역(戰略戰役) 지휘체제를 구축하고, 전구를 새롭게 조정·획정해야 한다고 하였다.

2. 중앙군사위원회 개혁

2016년 1월 11일 중앙군사위원회 4대 총부는 15개 직능 부문으로 조정되었다.[19] "중앙군위가 전체 총괄, 전구는 주요 작전 수행, 군별 건설"의 원칙에 따라, 기존의 총참모부, 총정치부, 총후근부, 총

장비부의 4대 총부를 7개 부(청), 3개 위원회, 5개 직속기구 등 총 15개 직능부문으로 조정하였다.

우선, 7개 부(청)은 군위 판공청(軍委 辦公廳), 군위 연합참모부(軍委 聯合參謀部), 군위 정치공작부(軍委 政治工作部), 군위 후근보장부(軍委 後勤保障部), 군위 장비발전부(軍委 裝備發展部), 군위 훈련관리부(軍委 訓練管理部), 군위 국방동원부(軍委 國防動員部)이다. 이들 부서는 이전의 4대 총부에 비해 권한이 대폭 축소되었는데, 정책결정 부서가 아니라 중앙군사위원회의 참모 부서로서 업무 수행을 지원하고 보조하는 기능을 담당하게 되었다. 특히, 기존 총참모부의 후신이라 할 수 있는 연합참모부는 총참모부의 핵심 기능이었던 작전지휘 권한을 중앙군사위원회 합동작전지휘센터에 이관하였을 뿐만 아니라, 교육훈련, 동원, 전략계획, 육군 건설 기능과 사이버 및 전자전 부대에 대한 지휘권도 상실하였다. 또한 이전에 총정치부가 행사했던 기율 및 군법에 대한 권한은 새로 창설된 기율검사위원회와 정법위원회로 이관되었으며, 총후근부와 총장비부가 담당했던 군사력 건설 및 개발 기능을 각 군에서 담당하도록 함으로써 새로 창설된 정치공작부, 후근보장부, 장비발전부의 역할은 이전에 비해 크게 제한되었다(박창희 2017, 386-387; Allen et al. 2016, 4).

다음으로 3개 위원회는 군위 기율검사위원회(軍委 紀律檢査委員會), 군위 정법위원회(軍委 政法委員會), 군위 과학기술위원회(軍委 科學技術委員會)이고, 마지막으로 5개 직속기구는 군위 전략규획 판

19 "習近平: 講政治謀打贏搞服務作表率 努力建設'四鐵'軍委機關."『新華網』. 2016年1月11日.

공실(軍委 戰略規劃辦公室), 군위 개혁 및 편제 판공실(軍委 改革和編制辦公室), 군위 국제군사협력 판공실(軍委 國際軍事合作辦公室), 군위 심계서(軍委 審計署) 및 군위 기관사무관리총국(軍委 機關事務管理總局)이다. 중앙군사위원회 기율검사위원회와 정법위원회는 기존의 총정치부에서 독립하여 위상을 강화하였고, 중앙군사위원회 심계서는 기존의 총후근부에서 독립하여 중앙군사위원회 직속기관으로 승격되었다. 이들 부서의 신설은 결국 기율, 사법 및 회계 부서의 위상을 제고하여 군에 대한 관리·감독 체계를 강화함으로써, 부패를 척결하고 효율성을 도모하면서도 군에 대한 당의 통제를 강화하려는 의도가 내포되어 있다고 볼 수 있다.

국방부 대변인은 1월 11일 군위기관 조정·편성 관련 기자간담회에서 정세와 임무의 발전에 따라 총부제가 갖고 있던 문제점이 드러나게 되었다고 언급하면서, "중앙군위가 전체 총괄, 전구는 주요 작전 수행, 군별 건설"의 원칙에 따라, 군위 기관의 직능 배치 및 기구 설치를 최적화하여 핵심기능을 강화하고, 유사기능을 통합하며, 감독기능을 강화하고, 협조기능을 내실화함으로써 군위 기관이 중앙군사위원회의 참모기관, 집행기관 및 서비스기관이 되도록 하였다고 설명하였다. 이는 당의 군에 대한 절대영도 및 중앙군사위원회의 집중통일 영도를 견지하는 데 유리하고, 군위기관이 전략계획 및 거시적 관리 기능을 수행하는 데 유리하며, 권력 운영의 제약 및 감독을 강화하는 데 유리하다고 강조하였다.[20]

한편, 2017년 10월에 개최된 중국공산당 제19차 전국대표대

20 "國防部新聞發言人詳解軍委機關調整組建相關問題,"『新華網』, 2016年1月11日.

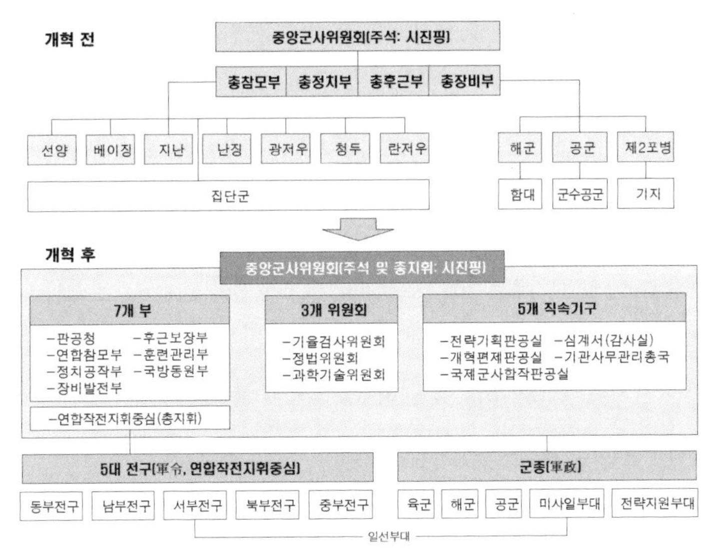

그림 1. 중국군 지휘구조 개편
출처: 유동원 2016, 545.

회(19차 당대회) 및 중국공산당 제19기 중앙위원회 제1차 전체회의(19기 1중전회)에서 중앙군사위원회가 새롭게 구성되었다. 중앙군사위원회의 전체 인원 수가 기존의 11명에서 7명으로 대폭 축소되었고, 군의 주요 임무 및 직능의 우선 순위와 군별 비율을 고려하여 구성한 것으로 보인다. 시진핑 주석과 쉬치량(許其亮, 공군) 부주석은 유임되었고, 장유샤(張又俠, 육군) 장비발전부 부장이 부주석으로 승격되었으며, 웨이펑허(魏鳳和, 로켓군) 로켓군 사령원이 중앙군사위원 중 선임자가 되면서 다른 임무를 부여받을 것으로 전망된다. 리쭤청(李作成, 육군) 연합참모부 참모장, 먀오화(苗華, 해군) 정치공작부 주임, 장성민(張昇民, 로켓군) 기율검사위원회 서기가 새롭게 중앙군사위원으로 선임되었다. 이렇게 볼 때, 중국군은 최고 지휘부의 축소 및 최적화를 통해 효율적 지휘관리 체계를 지향한 것으로 해석할 수 있다.

3. 군구의 전구 개편

2016년 2월 1일에는 7대 군구(軍區)를 5대 전구(戰區)로 개편하여 동부, 남부, 서부, 북부, 중부 전구를 건설하고, 각 전구별 전구합동작전지휘기구를 조직·편성하였다. 시 주석은 전구가 근본 전략 방향(戰略方向)의 안보위협 대응, 평화 수호, 전쟁 억제, 전쟁 승리의 사명을 담당하고 있으며, 국가안보전략 및 군사전략 수호에 매우 중요한 역할을 담당해야 한다고 강조하였다. 각 전구는 전쟁 수행을 연구하고, 국가 안보정세에 주목하며, 전략적 시각을 확장하고, 현대전 승리의 기제를 연구하며, 군사력 운용의 특징과 규칙을 파악하여 전구전략 제정에 박차를 가하고, 작전방안 계획을 보완하며, 합동훈련 및 지휘훈련을 확고히 하여 미래전의 주도권을 적극적이고 주도적으로 도모해야 한다고 강조하였다. 또한 각 전구는 효율적으로 합동작전을 지휘하고 중앙군사위원회가 부여한 지휘 권한과 책임을 이행하여 지휘능력 건설을 추진하고 지휘관계를 합리적으로 조절하여 합동지휘, 합동행동 및 합동보장을 강화해야 한다고 하였다.[21]

한편, 2016년 4월 20일 시 주석은 중앙군사위원회 합동작전지휘 '총지휘'(軍委聯指總指揮) 신분으로 중앙군사위원회 합동작전

21 "中國人民解放軍戰區成立大會在北京擧行."『新華網』. 2016年2月1日.

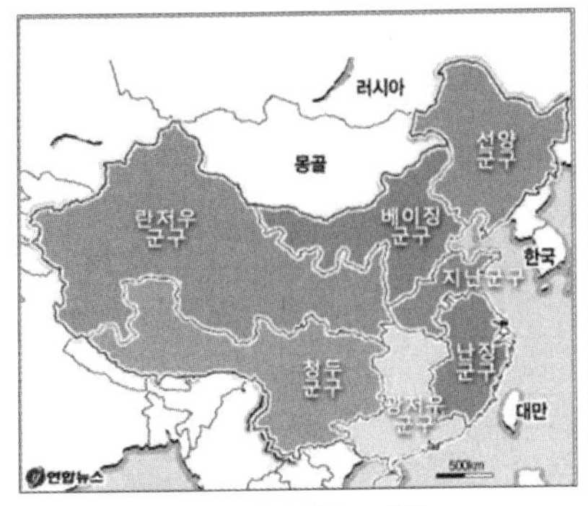

그림 2. 군구에서 전구로 개편

출처: 연합뉴스

지휘센터(軍委聯合作戰指揮中心)를 시찰하였는데, 합동작전 지휘센터는 중앙군사위원회와 5대 전구에 각각 별도로 설치하여, 상하급(兩級) 지휘구조를 형성하고 있다. 시 주석은 작전지휘의 전략성, 합동성, 시효성, 전문성, 정확성 요구가 갈수록 높아지는 만큼, 국가안보 전략의 수요에 부응하고, 세계 신군사 혁명 조류에 뒤쳐지지 않으며, 국방 및 군대 개혁이라는 역사적 기회를 잘 활용하여, 정보화 전쟁 승리에 부응하고 효과적인 사명·임무 수행이 가능한 합동작전 지휘체계 건설을 위해 노력해야 한다고 강조하였다.[22]

5대 전구의 건설 목표는 중국 주변의 전략 구도 및 잠재적 전략위협에 대응하기 위한 것으로 분석된다. 동부전구는 대만, 일본 및 동중국해(센카쿠 열도/댜오위다오); 남부전구는 남중국해, 동남아 지역 및 해상교통로 안전 수호; 서부전구는 인도, 중앙아시아 지역 및 국제테러리즘 방지; 북부전구는 북한(한반도) 및 러시아

22 "習近平: 加快構建具有我軍特色的聯合作戰指揮體系."『新華網』. 2016年4月20日.

방면의 군사충돌 방지; 중부전구는 당 중앙 및 수도 방위와 함께 대후방으로서 4대 전구에 대한 지원·보장의 임무를 맡고 있다.[23]

전구는 기존 군구와 설정 방식, 직능 등 여러 측면에서 다양한 차이를 보이고 있다. 우선, 지리 및 행정구획에 기초하여 설치된 군구와 달리, 전구는 전략 방향, 작전임무 등에 따라 설치됨으로써 행정상의 경계 개념을 초월하였다. 둘째, 군구가 군사력 건설과 작전의 두 영역에서 다양한 기능을 지니고 있던 것과 달리, 전구는 작전만 수행하는 단일 기능을 지니고 있다. 구체적으로 군구는 부대의 훈련과 작전지휘 이외에도 행정관리, 후근보장, 장비 조달, 민병, 예비역, 동원 등의 업무를 수행해야 했지만, 전구는 전쟁과 전쟁 이외의 군사작전(MOOTW)과 같이 작전과 직접적으로 관련된 업무만을 수행한다. 셋째, 기존의 군구는 주로 육군을 지휘하고 해군과 공군에 대한 지휘 운용은 각 군종 작전 시스템을 경유하여 실시함으로써 현대전의 합동작전 요구에 부합하지 못했다. 이에 반해 전구는 합동작전의 요구에 따라 전구 범위 내 모든 육·해·공 군종과 병종 부대를 통일적으로 직접 지휘할 수 있다(이상국 외 2017).

4. 육군지휘기구, 로켓군 및 전략지원부대 신설

2015년 12월 31일 중국인민해방군 육군지휘기구, 로켓군 및 전략지원부대가 신설되었다. 이로써 중국군 구조는 1966년 이후 육·

23 "針對周邊潛在戰略威脅 五大戰區成立的目標很清晰."『環球網』, 2016年2月2日.

해 · 공군, 제2포병의 4개 군종으로 유지되어 오다가 육 · 해 · 공 · 로켓군 및 전략지원부대의 5개 군종 체제를 갖추게 되었다.[24]

첫째, 육군 지휘기구는 공군사령부나 해군사령부와 같이 육군사령부로서의 역할, 즉 육군의 군정권을 갖고 군사력 건설을 담당하는 기구이다. 기존에는 총참모부에서 육군사령부의 역할을 겸직하였으나 총참모부를 해체하고 연합참모부의 역할을 축소하면서 육군지휘기구를 신설한 것이다(박창희 2017, 388). 시 주석은 창설 기념식에 육군이 정보화 시대 육군 건설 모델과 운용 방식의 커다란 변화에 적응하여 육군 발전의 특징과 규칙을 모색하고, 기동작전 및 입체공방의 전략요구에 따라 정층설계(頂層設計)와 영도관리를 강화하고, 역량구조와 부대편성을 최적화하며, 구역방위형(區域防衛型)에서 전역작전형(全域作戰型)으로 변화하여 강력하고 현대화된 신형 육군을 건설하기 위해 노력해야 한다고 강조하였다.[25]

한편, 2017년 4월에는 육군의 집단군 편제가 조정되었다. 기존의 18개 집단군에서 13개 집단군으로 조정 · 편성되었으며, 부대번호는 각각 중국인민해방군 육군 제71집단군부터 제83집단군까지 부여되었다. 중국 국방부 대변인은 정례브리핑에서 새로운 집단군 조정 · 편성은 육군 기동작전부대에 대한 전체적 리모델링이고, 강력하고 현대화된 신형 육군 건설을 위한 핵심적 조치이며, 중국군이 양적 규모형에서 질적 효율형으로 전환을 추진하는 데

24 전문가에 따라서는 전략지원부대를 군종이 아닌 독립된 병종, 또는 특수병종으로 간주하기도 한다.

25 "陸軍領導機構火箭軍戰略支援部隊成立大會在京擧行 習近平向中國人民解放軍陸軍火箭軍戰略支援部隊授與軍旗並致訓辭."『新華網』. 2016年1月1日.

중요한 의의가 있다고 강조하였다.[26] 각 전구 산하 집단군 편성은 동부전구에 71, 72, 73집단군, 남부전구에 74, 75집단군, 서부전구에 76, 77집단군, 북부전구에 78, 79, 80집단군, 중부전구에 81, 82, 83집단군으로 각각 조정된 것으로 알려졌다.[27]

둘째, 로켓군은 과거 제2포병의 명칭을 변경한 것으로 미국과 일본의 미사일방어체제 강화 조치 및 미국과의 전략핵무기 경쟁에 적극 대처하겠다는 의지를 반영한 것으로 보인다. 비록 제2포병의 조직을 그대로 유지하고 핵억제 및 핵반격이라는 기본 임무에는 변함이 없지만, 타 군과 동등한 위상을 확보함으로써 전략적 중요성 측면에서 상대적으로 비중이 커질 것으로 전망된다(박창희 2017, 389). 시 주석은 창설 기념식에서 전략억제의 핵심역량인 로켓군은 강대국 지위의 전략적 지지이고, 국가안보 수호의 중요한 주춧돌이라고 강조하였다. 로켓군은 핵·재래식 겸비(核常兼備), 전역(全域) 전쟁억제의 전략요구에 따라, 핵 억제력 및 핵 반격 능력을 증강하고, 중장거리 정밀타격 능력 건설을 강화하며, 전략적 제약을 통한 균형 추구 능력을 증강시키고, 강력하고 현대화된 로켓군을 건설하기 위해 노력해야 한다고 강조하였다.[28]

셋째, 전략지원부대는 신형 안보 영역이라고 할 수 있는 우주 및 사이버 영역뿐만 아니라, 정보 및 전자전을 담당할 것으로 예측되고 있다. 시 주석은 전략지원부대가 국가안보를 수호하는 신형

26 “2017年4月國防部例行記者會文字實錄.”『國防部網』. 2017年4月27日.

27 “13個新建集團軍隸屬關係確定 各戰區陸軍部隊均衡.”『新浪網』. 2017年6月12日; “解放軍多個新調整組建集團軍隸屬關係陸續披露.”『中國網』. 2017年5月12日.

28 “陸軍領導機構火箭軍戰略支援部隊成立大會在京擧行 習近平向中國人民解放軍陸軍火箭軍戰略支援部隊授與軍旗並致訓辭.”『新華網』. 2016年1月1日.

작전역량으로서, 중국군의 새로운 질적 작전능력의 중요한 성장점이라고 강조하였다. 체계적 융합 및 민군 융합을 견지하고, 핵심적 영역에서 도약적 발전을 이루기 위해 노력하고, 신형 작전역량의 빠른 발전을 추진하며, 강력하고 현대화된 전략지원부대를 건설하기 위해 노력해야 한다고 강조하였다.[29]

한편, 2016년 9월 13일에는 중앙군사위원회 합동후근보장부대(聯勤保障部隊)가 출범하였다. 중앙군사위원회 직속의 합동후근보장부대는 후근보장 체제 개혁의 핵심이라고 할 수 있다. 이는 합동후근보장 및 전략전역 지원 보장을 실행하는 주요 역량으로서, 합동작전, 합동훈련 및 합동보장의 요구에 따라 조속히 부대를 건설하여 강대하고 현대화된 합동후근보장부대를 건설할 것이라고 하였다. 우한(武漢) 합동후근 보장기지를 주축으로, 우시(無錫), 구이린(桂林), 시닝(西寧), 선양(瀋陽), 정저우(鄭州) 등 5대 합동후근보장센터를 건설하고, 분산돼 있던 군수·병참 조직을 일원화하여 중앙군사위원회의 지휘를 받도록 함으로써 합동작전을 체계적으로 뒷받침할 것이라고 강조하였다.[30] 일각에서는 많은 이권 개입으로 부패의 온상이라고 비판받아 온 군수·병참 분야를 시 주석이 직접 관할하겠다는 의지를 담은 것으로 분석하고 있다.[31]

29 "陸軍領導機構火箭軍戰略支援部隊成立大會在京擧行 習近平向中國人民解放軍陸軍火箭軍戰略支援部隊授與軍旗並致訓辭."『新華網』. 2016年1月1日.

30 "國防部擧行聯勤保障體制改革專題新聞發布會."『國防部網』. 2016年9月13日.

31 "中, '시진핑 지휘' 군수·병참 통합부대 출범."『연합뉴스』. 2016년 9월 14일.

5. 30만 병력 감축

2015년 9월 3일 개최된 전승절 70주년 기념 열병식에서 시 주석은 인민해방군 30만 명 감축을 선언하였다. 현재 중국의 병력규모는 230만 명으로 국방예산에 상당한 부담이 되고 있고, 인민해방군 장병과 민간 간 임금 격차, 예비역의 연금에 대한 불만 등 우수자원 획득에 애로를 겪고 있는 것으로 알려지고 있다.[32] 군 병력 구조와 관련해서도 하부는 2년 징집병이, 상부는 장교와 민간그룹이 많은 비중을 차지하고 있어서 부사관과 같은 중간층이 취약한 상황이다.

중국 국방부 대변인은 기자간담회에서 중국군의 규모와 구조를 최적화하여 더욱 정예화, 과학화함으로써 '중국 특색의 현대화된 군사력 체계'를 구축하고, 당의 '신 정세하 강군 목표'를 실현하기 위한 것이라고 언급하면서 감축은 노후된 장비부대를 중점으로 하여 기관 및 비전투기구 인원을 간소화할 것이며, 2017년까지 완료할 것이라고 설명하였다.[33] 예비역 소장인 쉬광위(徐光裕) 중국군비통제·군축협회 이사는 중국이 정병(精兵) 노선을 채택한 것으로서 양보다 질을 중시한 것으로 해석하는 동시에, 감축의 주요 대상은 육군 지상부대와 문선단(文工團), 체육공작대대(體工大隊)와 같은 비전투부대, 인민해방군의 지휘기관 인원, 노후된 변해방부대(邊海防部隊)가 될 것으로 전망하였다.[34]

32 중국군 230만 명의 군종별 규모는 육군(PLAA) 156.7만, 해군(PLAN) 23.5만, 공군(PLAA) 39.8만, 제2포병(PLASA) 10만 명이다.

33 "國防部詳解爲何閱兵日宣布裁軍30萬."『新華網』. 2015年9月3日.

언론보도에 의하면 2017년 6월 현재 중국군과 지방정부의 긴밀한 협력으로 감군 대상인 각급 군 병력 10만 명 이상에 대한 배분 작업이 완료되었으며, 이 중 98%가 공무원 및 사업단위에 배치된 것으로 알려졌다.[35]

IV 중국군 개혁의 평가

앞서 살펴본 것처럼, 시진핑 지도부 집권 이후 강력하게 추진 중인 중국군 개혁은 현재진행형이고, 현재까지 완료된 지휘체계 개편, 구조·규모 등 일부 편제 조정 이외에, 군급 이하 제대의 편제 및 임무 조정, 계급제도 개혁 등 정책·제도 조정의 세부적인 내용은 여전히 알려져 있지 않다. 이러한 상황에서 이번 중국군 개혁을 평가하는 것이 상당히 조심스럽지만, 우리에게 직간접적으로 미칠 영향이 크다고 판단되기 때문에 현재까지 관찰, 분석된 개혁조치를 중심으로 성과와 과제에 대해 초보적인 평가를 진행할 필요가 있다.

1. 성과

첫째, 시진핑 주석을 핵심으로 하는 당 중앙 및 중앙군사위원회의 군 장악력 강화이다. 기존에는 4대 총부가 각 영역별로 중국군 전

34 "徐光裕少將談裁軍:文工團體工大隊首當其沖,"『觀察者網』, 2015年9月4日.
35 "中, 인민해방군 10만명→공무원 전직…"연말 30만 감군 완료.""『연합뉴스』. 2017년 6월 12일.

반을 지휘할 수 있는 권한을 보유하고 있었으나 이번 개혁 조치로 이들 총부가 해체되고 15개 직능부서로 분할되면서 중앙군사위원회의 참모, 집행 및 서비스 기관으로 전환된 것과 관련된다. 중앙군사위원회가 중국군 전반에 관한 정책 결정과 지휘 권한을 직접 발휘할 수 있게 되었다. 중앙군사위원회 주석 책임제의 전면적인 관철을 위한 제도적 장치 보완이 이루어지면서 시진핑 주석의 권한과 역할도 한층 강화될 전망이다. 김태호 교수(2016a)는 시진핑 주석이 전임인 장쩌민이나 후진타오가 공식 직함에 의존하고 경제성장과 군의 요구 수용이라는 묵계에 따라 움직인 것과는 다른 모습을 보이고 있다면서, 상당히 다른 '예외적인 지도자'인 시 주석이 군 개혁에 성공할 경우, 군에 대한 제도적, 개인적 권위를 크게 강화할 것으로 전망하고 있다.

둘째, 중앙군사위원회와 전구의 합동작전 지휘체계 확립으로 중국군의 합동작전 능력이 제고될 것으로 전망된다. 중앙 차원에서는 중앙군사위원회 합동작전지휘센터가 상시적으로 운용됨에 따라 전국에 배치된 육·해·공·로켓군 병력을 신속하게 필요한 전략 방향으로 전개 및 활용할 수 있게 되었고, 전역 작전에 대한 전략 지휘와 지원도 한층 용이해졌다. 이와 함께 전구 및 전구 합동작전지휘센터의 신설, 군령과 군정의 분리로 인해 전구가 각 군종사령부의 개입 없이 관할 지역 내 제 군종의 병력을 신속하게 지휘할 수 있게 됨에 따라, 합동작전 수행 능력이 크게 제고될 전망이다. 결국, 전략 및 전역 차원의 합동작전지휘체계의 건설로 중국군은 필요시 전구, 군·병종, 지역을 초월해 작전역량을 통합하여 운용할 수 있게 됨에 따라 더욱 광범위하고 복잡한 작전 환경에서 합동작전 임무를 수행할 수 있게 되었다(이상국 외 2017).

셋째, 육군지휘기구 신설과 군정 체계 확립으로 인한 군사력 건설 및 관리의 효율성 제고이다. 기존에는 총참모부가 육군사령부의 역할을 수행하고, 각 총부와 군구가 육군의 건설과 관리를 담당함으로써 육군 건설의 체계성과 전문성이 부족했으나, 육군지휘기구 신설로 이러한 문제점이 개선될 것으로 보인다. 육군은 이제 해군, 공군, 로켓군과 마찬가지로 더 이상 총참모부가 아닌 자군의 최고 조직인 육군지휘기구의 통제를 받게 되었다. 또한, 중앙군사위원회-군종-부대로 이어지는 군정 체계의 확립으로 각 군의 군사력 건설 및 관리의 효율성이 제고될 것으로 전망된다. 군구가 가졌던 인사 및 군수 기능이 각 군종 사령부로 흡수됨으로써 5개 전구사령부는 군정권 없이 군령권만 행사하게 되었고, 각 군종은 과거 행사했던 일부 군령권을 내려놓고 오직 군정권만을 갖게 된 것이다(박창희 2017, 393-394).

넷째, 중국군의 내부 감독 기제의 강화로 인한 군의 건전화와 효율성의 제고이다. 기율검사위원회와 정법위원회가 기존의 총정치부 산하에서 독립하여 중앙군사위원회의 직접적인 지휘를 받는 기관으로 승격함에 따라, 권한이 강화되고 군 조직에 대한 감찰이 한층 강화될 것으로 보인다. 이와 함께, 심계서의 독립과 중앙군사위원회의 직접적인 지휘로 중국군 부대의 재정과 회계의 건전성 역시 제고될 것이다. 특히 기율검사위원회와 심계서의 전구 및 대단위 부대 주재 감찰팀 파견 제도 도입으로 군 하부 조직에 대한 감찰 및 감시 능력이 제고될 것이며, 이는 부수적으로 중앙군사위원회와 중앙군사위원회 주석의 중국군 전반에 대한 통제력 강화에도 기여할 것으로 보인다.

2. 과제

첫째, 문민 지도자의 군 지휘통제 시 발생할 수 있는 전문성 부족에 대한 우려가 있다. 군의 작전지휘, 관리 및 훈련상의 전문성이 부족한 시 주석과 중국공산당 지도부가 효율적으로 군대를 지휘·통제할 수 있을 것인지, 특히 실제 군사적 충돌이 발생할 경우 이에 대한 작전 지휘에 문제가 없을 것인지 등은 아직 검증이 필요한 부분이다. 이번 지휘체계 및 편제 개편으로 인해 시 주석을 핵심으로 하는 중앙군사위원회의 군에 대한 지휘통제력이 강화되었으나, 중앙군사위원회 차원에서 군사력 운용 및 건설과 직접적으로 관련된 연합참모부, 정치공작부, 후근보장부, 장비발전부, 훈련관리부, 국방동원부 등 6개 부문의 업무를 총괄 지휘할 수 있는 직책이 부재하다(이상국 외 2017). 이러한 상황에서 문민 지도자인 시 주석이 비록 중앙군사위원회의 부주석을 포함한 군의 고위급 참모들의 의견을 참고한다고 하더라도 군사적으로 중요한 정책결정을 할 때 오인 및 오판할 가능성이 상존한다.

둘째, 전구와 군종 간 군령 및 군정에 대한 업무 분장이 아직 불분명하다. 최고위급인 중앙군사위원회는 군령과 군정을 통합하여 지휘 통제하지만, 중간 기제인 전구와 군종은 군령과 군정을 각각 분리하여, 전구는 군령권만 갖고 군종은 군정권만 갖는다. 그러나 중국군 개혁의 주요 임무로서의 합동작전지휘체계에 대한 설명에서는 "합동작전, 합동지휘의 요구에 따라 중앙군사위원회의 합동지휘, 각 군종 및 전구의 합동지휘와 전구 군종(戰區軍種)의 작전 지휘 기능을 조정·규범화해야 한다"고 하였다. 중앙군사위원회 및 전구의 상하급 합동지휘에 따라 전구 군종의 작전 지휘가 이루어지겠지만, 각 군종이 합동지휘를 한다는 것은 군사력 건설뿐만 아니라 군사력 운용도 담당한다는 의미로 해석되며, 이는 이번 군 개혁에서 추진하고 있는 군령과 군정의 분리와 상충되는 것일 수 있다. 현재까지 각 군종 및 전구의 편제와 작전부대가 어떻게 개혁의 영향을 받는지에 대한 구체적 내용이 명확히 알려져 있지 않다. 향후 전구와 군종 간 군령 및 군정에 대한 업무 분장, 운영 규범 등을 어떻게 규정하고 명확하게 하느냐가 새로운 체제·편제의 효율적 작동의 관건이라고 할 수 있다.

셋째, 합동성 강화에 대한 제약 요인의 존재이다. 이번 중국군 개혁은 합동성 강화를 강조하고 있지만, 실제로 중국군 상부 지휘구조의 인적 구성을 보면 합동성 강화와는 거리가 멀다. 2016년 2월 최초로 전구를 신설하고 각 전구의 사령원 및 정치위원을 선임했을 당시 10명의 사령원과 정치위원은 모두 육군 장성이었다. 2017년 8월 현재 남부전구 사령원에는 위안위바이(袁譽柏) 해군 중장이, 북부전구 정치위원에는 판샤오쥔(范驍駿) 공군 중장이 각각 선임되어 임무 수행 중이지만, 이들 2명을 제외한 8명의 사령원과 정치위원은 여전히 육군 장성이다. 또한, 2016년 1월 중앙군사위원회의 기구 개편 당시, 중앙군사위원회 15개 직능부문의 장교 69명 중, 육군 및 로켓군이 58명으로 84%를 차지하고, 해군은 6명, 공군은 5명에 불과하였다(Allen et al. 2016). 결국 단기간 내 중앙군사위원회의 고위직과 전구 사령원 및 정치위원이 육군 출신으로 유지되는 상황에서 육군의 우세가 지속될 수밖에 없고, 이는 합동성 강화의 방해 요인으로 작용할 것이다(Saunders et al. 2016, 8).[36]

넷째, 부대 규모 조정으로 인한 전역 군인의 재취업 문제이다. 중국 정부는 국영 기업 및 지방 정부들이 전역 군인을 위한 일자리 마련에 적극 나설 것을 요구하고 있으나, 이들도 난색을 보이고 있는 것으로 알려지고 있다. 군 당국은 퇴직군인의 원활한 재취업을 위해 군 경력과 직급의 제한 조건을 완화하여 스스로 다른 직업을 선택할 수 있도록 하는 등 여러 조치를 취하고 있다. 2016년에는 5만 8천여 명의 간부가 지방에서 재취업한 것으로 보도되었고, 베이징, 상하이, 광둥 등 10개 성시의 지도 간부들이 중국 정부의 요구를 이행할 것임을 공개적으로 천명하기도 하였다.[37] 그러나 2016년 10월 천 명 이상의 퇴역군인이 국방부 청사 앞에서 퇴직수당 문제로 대규모 시위를 벌인 바 있고, 두 달 후에도 퇴역군인 약 500명이 민원 담당 중앙부처인 국가신방국 청사 앞에서 미지급 수당을 요구하는 시위를 벌이는 등 30만 명이라는 대규모 퇴역군인의 재취업 문제가 결코 간단치 않은 문제임을 보여주고 있다.[38]

다섯째, 중국군 개혁의 로드맵에 따른 계획과 실제 이행 조치 간 시차가 있는 것으로 볼 때, 군 개혁 과정에 예기치 못한 문제점이 발생하고 있는 것으로 추정된다. 2016년 1월 1일 중앙군사

36 다만, 2017년 10월 19차 당대회를 통해 새롭게 구성된 중앙군사위원회는 시 주석을 제외한 6명의 위원 중 육:해:공:로켓군 비율이 각각 2:1:1:2로서, 합동성 강화를 위해 군별 비율을 고려했음을 알 수 있다.

37 "中央對軍轉安置作出四個放寬規定."『人民網』. 2016年9月1日.

38 Office of the Secretary of Defense 2017, 2; "中 퇴역군인들, 베이징서 또 처우 개선 요구 시위…당국 긴장."『연합뉴스』. 2017년 1월 5일.

위원회가 발행한 〈국방 및 군대 개혁 심화에 대한 의견〉에 따르면, 2015년에는 영도관리체제 및 합동작전 지휘체제의 개혁을 중점적으로 실시하고, 2016년에는 군대 규모·구조 및 작전 역량 체계, 연구·교육기관(院校) 및 인민무장경찰부대(武警)의 개혁을 실시하여 기본적으로 단계적 개혁 임무를 완성하고, 2017년부터 2020년까지 관련 영역의 개혁을 보완하여 각 영역의 개혁을 지속 추진해야 한다고 하였다. 그러나 영도관리체제 및 합동작전지휘체제의 개혁은 2016년 중순 정도에 이르러서야 상부 지휘구조의 틀이 갖추어졌고, 연구·교육기관의 개혁 역시 2017년 중순에 발표되었으며,[39] 2017년까지 30만 명의 대규모 감군 완료 목표도 현재까지는 달성이 쉽지 않아 보인다.

V 결론: 중국군 개혁의 함의

중국군 개혁은 여러 과제에 직면해 있지만, 그럼에도 불구하고 계획한 목표와 방향을 향해 중단 없이 추진되고 있다. 또한, 군 내부 기득권 세력의 저항과 같은 심각한 도전 요인이 발생하지 않은 것으로 볼 때, 개혁 과정 중 발생하는 문제들은 극복 가능한 과제들인 것으로 판단된다. 중국군은 시 주석의 강력한 리더십하에 중앙군사위원회의 군에 대한 통제력 강화와 함께 합동작전 지휘체계와

39 2017년 7월 19일 중국군 3대 연구·교육기관인 군사과학원, 국방대학 및 국방과학기술대학을 새롭게 조정·편성하면서 신임 원장, 교장 및 정치위원을 선임하였다. "習近平向新調整組建三大軍隊院校授軍旗致訓詞." 『新華網』, 2016年7月19日.

역량을 갖추고, 체계적이고 전문적인 군사력 건설을 위해 노력하는 동시에, 첨단 무기체계의 지속 발전을 통해 '정보화 국부전쟁'에서 승리할 수 있는 능력을 갖추어 가고 있는 것으로 보인다. 결국, 중국군 개혁의 성공적인 추진은 중국 군사력의 현대화를 의미하는 것이며, 향후 중국군의 존재감은 지역 및 글로벌 차원에서 한층 강화될 전망이다.

특히, 중국의 국방 및 군 현대화는 미국의 아태 전략 변화와 맞물려 동아시아 안보환경에 근본적인 변화를 야기할 수 있다. 만약 미국이 아태 지역에 대한 선택적·제한적 개입과 동맹 및 우방국의 군사적 역할을 확대하도록 하는데 머물 경우, 중국은 향후 중장기적으로 아태 지역에서 군사적 우위를 차지할 수 있을 것으로 보인다. 즉, 미국이 '힘에 의한 우위'를 추구하면서도 지역 안보 문제에 선별적으로 개입할 경우, 중국은 아태 지역에서 군사적 영향력을 확대할 수 있는 기회를 갖게 될 것이며, 궁극적으로 아태 지역에서 미국의 군사적 우세를 상당 부분 상쇄할 가능성이 있다(박창희 2017, 400-402). 결국 전략적 경쟁관계에 있는 미중 간 군사적 대결 구도는 더욱 선명해질 것으로 보인다. 동시에, 중국의 군사적 옵션의 확대는 중국의 주권 주장과 실력 행사를 가능하게 함으로써 중국과 영토주권 및 해양 영유권 분쟁을 겪고 있는 역내 국가 및 지역에 대한 중국의 공세적·강압적 행태도 예상 가능하다(김태호 2016b). 물론 중국이 주장하는 바처럼, 아덴만 해적 퇴치 및 해양 수송로 보호, 유엔 PKO 참여, 재난구조 및 인도주의적 지원 강화 등 전쟁 이외의 군사작전 수행 능력 제고로 인해 지역 및 세계의 평화와 안정 수호에 기여할 바도 있을 것이다.

또한, 이번 개혁에서 한반도 주변에 중국군의 주요 병력을 대거 포진시킨 것은 한반도 유사시 중국군이 대규모 개입할 수 있도록 전략적, 작전적 수준의 준비를 강화한 것으로 판단된다. 한반도 유사시 대응 임무를 수행하는 북부전구는 육·해군의 양적 팽창뿐만 아니라, 합동작전역량도 배가될 것으로 전망된다. 2016년 2월 전구 체제로의 개편 초기에 북부전구는 기존 심양 군구의 16집단군, 39집단군, 40집단군에 더하여, 제남 군구의 26집단군까지 추가 편성되었고, 기존 제남군구에 편성되었던 북해함대 사령부도 함께 편성되었다. 이후 2017년 4월 육군의 집단군 편제가 18개 집단군에서 13개 집단군으로 조정되면서, 북부전구에 78, 79, 80집단군이 편제된 것으로 알려지고 있다. 이는 한반도 유사시 중국이 군사적으로 개입하여 자국의 의지를 강제할 수 있는 역량이 강화될 것임을 의미한다. 북한 유사시 대비가 필요한 한국의 입장에서는 한미동맹 및 한중관계 등을 전반적으로 고려하여 전략적·작전적 수준의 대응책까지 준비할 필요가 있다.

한편, 중국군 상부 지휘구조의 조정에 따라 한중 간 국방·군사 고위급 교류·협력 채널의 카운터파트 조정 및 최적화 노력도 병행되어야 할 것이다. 현재 한중 국방·군사 분야에는 장관 회담, 차관급 국방전략대화, 국방정책실무회의, 합참의장 및 각 군 총장 교류, 각 군 사령부 교류, 합참 전략기획부장 회의 등의 채널이 있다. 기존 채널 중 중국 측의 변화가 예상되는 만큼, 교류·협력 기제를 수준과 임무에 부합하도록 조정하는 동시에, 양국 및 양군 간 갈등 및 위기 심화 시 실효적 채널로 기능할 수 있도록 하는 방안을 강구해야 한다.

참고문헌

구자선. 2016. "중국 국방·군 개혁 현황 및 전망: 조직 구조를 중심으로." 『주요국제문제분석』, 2016-53.

김태호. 2016a. "중국 인민해방군에는 '별 넷'이 없다!?" 『프레시안』. 3월 16일자.

_____. 2016b. "중국군의 '조용한' 대전환: 그 내용과 의미는?" 『중앙일보』. 9월 30일자.

박창희. 2017. "2016년 중국의 군사: 국방개혁을 중심으로." 『2016 중국정세보고』, 370-418. 서울: 국립외교원 외교안보연구소 중국연구센터.

유동원. 2016. "중국 군사체제 개혁과 한국의 대응." 『한국민족문화』 61, 533-569.

이상국, 이영학. 2017. 『시진핑 시기 중국군 지휘구조 개편의 주요 현황과 안보적 함의』. 국방연구원 연구보고서.

이영학. 2015. "2015년 중국 국방백서 분석 및 한국에 대한 함의." 『안보현안분석』. Vol.108.

『연합뉴스』. 2016. "中, '시진핑 지휘' 군수·병참 통합부대 출범." 9월14일자.

『연합뉴스』. 2017. "中, 인민해방군 10만명→공무원 전직…"연말 30만 감군 완료."" 6월 12일자.

『연합뉴스』. 2017. "中 퇴역군인들, 베이징서 또 처우개선 요구 시위…당국 긴장." 1월 5일자.

Allen, Kenneth W., Dennis J. Blasko, John F. Corbett, Jr.. 2016. "The PLA's New Organizational Structure: What is Known, Unknown and Speculation." *China Brief*. Vol 16, Issue 3 & 4.

Mulvenon, James. 2016. "China's 'Goldwater-Nicholas'? The Long-Awaited PLA Reorganization Has Finally Arrived." *China Leadership Monitor*. No.49.

Office of the Secretary of Defense. 2017. *Annual Report to Congress: Military and Security Developments Involving the People's Republic of China 2017*.

Saunders, Phillip C., Joel Wuthnow. 2016. "China's Goldwater-Nicholas? Assessing PLA Organizational Reforms." *Strategic Forum*. No.294.

中華人民共和國 國務院新聞辦公室. 『中國的軍事戰略』. 2015年5月.

"中共中央關于全面深化改革若干重大問題的決定." 『新華網』. 2013年11月15日.

"全軍政治工作會議在古田召開 習近平出席會議幷發表重要講話." 『新華網』. 2014年11月1日.

"國防部詳解爲何閱兵日宣布裁軍30萬." 『新華網』. 2015年9月3日.

"建設一支聽黨指揮能打勝仗作風優良的人民軍隊." 『人民網』. 2015年7月20日.

"習近平: 全面實施改革强軍戰略 堅定不移走中國特色强軍之路." 『新華網』. 2015年11月26日.

“徐光裕少將談裁軍:文工團體工大隊首當其冲.”『觀察者網』. 2015年9月4日.
“國防部擧行聯勤保障體制改革專題新聞發布會.”『國防部網』. 2016年9月13日.
“國防部新聞發言人詳解軍委機關調整組建相關問題.”『新華網』. 2016年1月11日.
“軍隊建設發展13·5規劃要綱.”『人民日報』. 2016年5月13日.
“軍方智囊深度解析軍隊改革.”『南風窓』, 2016年2期(1月13日).
“陸軍領導機構火箭軍戰略支援部隊成立大會在京擧行習近平向中國人民解放軍陸軍火箭軍戰略支援部隊授與軍旗並致訓辭.”『新華網』. 2016年1月1日.
“習近平: 加快構建具有我軍特色的聯合作戰指揮體系.”『新華網』. 2016年4月20日.
“習近平: 講政治謀打贏搞服務作表率 努力建設‘四鐵’軍委機關.”『新華網』. 2016年1月11日.
“習近平向新調整組建三大軍隊院校授軍旗致訓詞.”『新華網』. 2016年7月19日.
“嚴重破壞軍委主席負責制, 郭伯雄徐才厚干了啥?”『新京報』. 2016年12月24日.
“針對周邊潛在戰略威脅 五大戰區成立的目標很清晰.”『環球網』. 2016年2月2日.
“中國人民解放軍戰區成立大會在北京擧行.”『新華網』. 2016年2月1日.
“中央對軍轉安置作出四個放寬規定.”『人民網』. 2016年9月1日.
“中央軍委關于深化國防和軍隊改革的意見.”『新華網』. 2016年1月1日.
“國新辦就中國人民解放軍建設發展情況擧行發布會.”『新華社』. 2017年7月24日.
“解放軍多個新調整組建集團軍隸屬關係陸續披露.”『中國網』. 2017年5月12日.
“13個新建集團軍隸屬關係確定 各戰區陸軍部隊均衡.”『新浪網』. 2017年6月12日.
“2017年4月國防部例行記者會文字實錄.”『國防部網』. 2017年4月27日.

필자 소개

이영학 Lee, Younghak

한국국방연구원(Korea Institute for Defense Analyses) 선임연구원
한양대학교 중어중문학과 졸업, 베이징대학교 국제관계학원 중국외교 전공 박사

논저 "중국 시진핑 지도부의 新 북핵 정책 동향 및 시사점: 4차 및 5차 북핵 실험을 중심으로", 『시진핑 시기 중국 외교안보』(공저)

이메일 rongxue@hanmail.net

제4장

중국의 정책과정
— 환경이슈와 시민참여의 확산

Policy Process in China: Citizens' Participation in the Environmental Issue Area

정주연 | 고려대학교 정치외교학과 교수

증 명 | 고려대학교 정치외교학과 석사과정

* 본 장의 일부 내용은 2017년 6월 Association for Asian Studies(AAS) in Asia 학술회의에서 "Negotiating Industrial Policies in China: Local Governments, Enterprises, and Citizens' Environmental Protests"라는 논문으로 발표하였다.

중국은 급속한 경제발전과 개발이 낳은 다양한 환경문제에 직면해 있으며, 이에 따른 대중 시위도 빈번하게 일어나고 있다. 이 논문은 산업정책과 환경문제 간의 충돌과 갈등이 심화되고 있는 상황 속에서, 파라자일렌(Para-Xylene, PX) 프로젝트에 대한 반대시위들을 사례로 삼아 환경문제를 야기할 가능성이 있는 산업정책의 집행과정에 중국 시민들의 집단행동이 어떤 영향을 끼치고 있는지 분석한다. 이 논문은 먼저 2007년 이후 지난 10여 년간 PX 프로젝트 반대시위가 일어난 9개의 사례들을 간략히 리뷰하고, 샤먼과 닝보의 성공사례를 집중 분석한다. 성공사례에서 드러나는 흥미로운 사실은, 인터넷과 소셜 네트워킹 서비스(SNS)를 적극적으로 활용한 도시 중산층과 지식인들의 조직화된 참여가 이루어지는 한편, 환경이라는 표면적 이슈 아래 주요 행위자들의 경제적인 이익의 충돌이 결과를 좌우하는 주요변수로 작용했다는 점이다. 환경문제는 중국에서 제한적으로나마 시민들의 집단행동이 주요 산업정책의 집행과정에 영향력을 미칠 수 있는 영역으로 부상했다. 이 논문의 사례들은 이러한 집단행동이 다양한 경제적 이익과 결합하여 그 영향력을 확대한다면, 중국의 권위주의 정권하의 정책 집행과정에서도 시민의 참여와 집단행동이 중요한 역할을 할 수 있다는 제한적이지만 중요한 가능성을 보여준다.

With rapid economic development, China is now facing a variety of environmental problems and mass protests against industrial policies with potential environmental hazards. By focusing on a series of protests against para-xylene(PX) projects, this paper attempts to illuminate how citizens' collective action can affect important industrial policy implementation in China. After a brief review of nine cases of anti-PX protests since 2007, this paper analyzes two success cases in Xiamen and Ningbo. This paper finds that, while urban middle class and intellectuals' active particitation in protests utilizing internet and SMS plays an important role in both cases, the conflict of economic interests among key actors seems to have had a more decisive impact on the outcomes. It is too hasty to generalize these findings as signs of the rising civil society or the widening openness and fragility in China's policy process. However, this paper shows that the environmental issue has become a critical area where citizens' collective actions can influence industrial policies, and suggests that citizens' participation combined with economic interests could play an increasingly important role in policy making and implementation process even in authoritarian China.

KEYWORDS 중국 China, 정책과정 policy process, 시민참여 citizens' participation, 시위 protest, 환경문제 environmental issues, 파라자일렌 para-xylene(PX), 산업정책 industrial policy

I 서론

70년대말 개혁개방을 시작한 이래 급속한 경제성장을 이뤄온 중국은 현재 환경오염이라는 커다란 부작용에 직면해 있다. 중국의 환경오염문제는 이미 시민의 건강과 생명을 심각하게 위협하는 수준에 이르렀으며, 많은 경제적 비용을 유발하고 있을 뿐만 아니라, 오늘날 중국에서 발생하는 시위(군체성사건)의 가장 중요한 원인 중 하나로 부상하고 있어 그 파장이 지대하다. 특히 환경문제는 지역과 계층을 초월한 파급력을 가지고 있으며 중산층과 지식인의 관심과 참여가 큰 영역이라는 점에서 더욱 중요한 정치적 함의를 가진다. 중국에서 환경관련 시위는 급속하게 늘고 있는데, 1996년 이후 연평균 29%의 증가율을 보이면서 2012년에만 연 8만여 건의 환경관련 시위가 발생했다. 특히 중화학공업과 관련된 폭발 및 오염사건들이 빈발하면서 잠재적인 위험이 있는 중화학공업 프로젝트에 대한 대중적 논쟁과 반대시위가 증가하고 있으며, 이는 실제로 지방정부의 산업정책에도 영향을 미치고 있다.

이 논문은 지난 10여 년간 중국 전역에서 일어난 파라자일렌(Para-Xylene, 이하 PX) 프로젝트에 대한 반대시위들을 사례로 삼아, 심각한 환경문제를 야기할 가능성이 있는 산업정책의 집행과정에서 중국 시민들의 집단행동이 어떤 영향을 끼치고 있는지 분석한다. 함성섬유나 페트병 등의 기초 재료인 화학물질로 대체가 불가능한 주요 산업물자인 PX 생산은 국가적으로 중요한 전략산업인 동시에, 지방정부에게는 큰 경제적 이득을 가져올 수 있는 산업이다. 그러나 이러한 경제적, 전략적 중요성에도 불구하고 PX

생산 프로젝트는 환경에 대한 위해성 논란 때문에 시행에 어려움을 겪어왔다. 무엇보다 큰 장애는 PX 공장 건설지역 인근 주민들의 반대이다. 지난 10여 년간 중국 전역에서는 일련의 PX 프로젝트 반대시위가 일어났다. 2007년 샤먼(厦门)에서 발생한 PX 프로젝트 반대시위를 시작으로, 2008년 장저우(漳州)와 청두(成都), 2011년 다롄(大连), 2012년 닝보(宁波), 2013년 쿤밍(昆明), 2014년 마오밍(茂名), 2015년 상하이(上海), 2016년 룽커우(龙口) 등에서 적게는 수백에서 많게는 수만 명이 참여하는 반대시위가 발생한 것이다. 이 중 샤먼과 닝보의 경우 시민들의 반대시위가 성공적으로 프로젝트 철회를 가져왔다는 점이 시사하듯, 시민들의 반대와 집단행동은 중국 PX 산업정책 추진에 상당한 영향을 미치고 있다.

그렇다면 환경문제에 대한 시민들의 시위는 어떠한 양상으로 발생하고 있으며, PX 프로젝트처럼 환경문제와 전략적, 경제적으로 중요한 국가 산업정책이 정면으로 부딪치는 경우 그 정책의 집행과정에 어떠한 방식으로 얼마만큼의 영향을 끼치는가. 소수의 PX 반대시위 성공사례들은 권위주의 정권하의 중국에서도, 적어도 환경문제와 같이 비정치적인 이슈영역에서는, 시민들의 집단행동이 지방정부의 주요정책 집행과정에 효과적인 영향력을 행사할 수 있음을 의미하는가. 더 나아가 중국 공산당 정권이 특정 이슈영역에서는 여론과 시민의 요구에 보다 취약해지고 있고, 정책집행 과정에 대한 시민들의 영향력이 점점 증가하고 있다는 증거인가. 달리 말하면, 환경시위의 확산과 성공사례들은 중국 국내정치에 있어서 공산당 정권의 정책결과에 대한 통제력이 완화 또는 약화되고 있는 양상을 보여주는 것인가.

이러한 질문들에 답하기 위해 본 논문은 지난 10여 년간 중국에서 발생한 PX 프로젝트 관련한 논란 및 시위에 대해 접근 가능한 자료들을 매우 광범위하게 수집하였다. 중국에서 발생하는 시위에 대한 연구는 그 정치적, 학문적 중요성에도 불구하고 주제의 민감성으로 인해 정보가 매우 제한적이고 파편적이라는 한계를 가지고 있다. 이 논문은 PX 반대시위라는 특정 이슈에 집중하여 관련 시위들에 대해 중국 국내외 언론보도를 중심으로 접근 가능한 정보들을 최대한 수집하고 조합하여 종합적으로 분석하는 동시에 현지 인터뷰를 통해 보강함으로써, 기존연구에서 잘 드러나 있지 않은 중국 환경시위의 양상과 전개과정, 그리고 결과에 대한 이해를 제공하고자 한다. 이 논문은 먼저 2007년 이후 발생한 9개의 PX 프로젝트 반대시위 사례들을 간략히 리뷰하면서 시민들의 반대여론이 조직화되고 반대시위로 표출되는 과정과 그 결과들을 살펴보고, 이후 샤먼과 닝보의 성공사례를 집중분석하면서 위 질문들에 대한 함의를 찾고자 한다.

이 논문이 분석하는 사례들의 시사점은 아직 잠정적이다. 우선 환경이라는 특정 문제영역에서 중국의 대중들이 조직화되어 대규모 시위 등의 집단행동을 통해 정책집행을 막으려는 적극적인 시도를 전개했다는 점에서 시민운동의 단초를 보여준다고 해석할 수도 있다. 특히 중산층과 지식인들이 인터넷, 소셜 네트워킹 서비스(Social Networking Service, 이하 SNS), 문자메시지 등을 활용하여 시위참여와 조직에 중요한 역할을 했다는 점은 주목할 만하다. 물론 이를 중국 정책결정과정의 취약성을 드러내는 사례로 해석하거나, 더 나아가 중국 공산당 정권의 정치적 변화에 대한 관측을 내리기에는 때 이르다. 그럼에도 불구하고, PX 프로젝트 반대시위의 성공사례들은, 환경문제를 야기할 수 있는 사안에 대한 대중의 조직화된 집단행동이 정부의 주요 산업정책 집행과정에서 결정적인 변수로 작용할 수 있다는 사실을 보여준다. 그리고 이러한 집단행동이 다양한 경제적 이익과 결합하여 그 영향력을 확대한다면, 중국의 권위주의 정권하에서도 주요 산업정책 집행과정에 대한 국가 통제력을 약화 또는 완화시키면서 시민의 참여가 영향을 미칠 수 있다는 제한적이지만 중요한 가능성을 보여준다.

II 중국의 환경문제와 환경시위의 양상

1. 중국의 환경문제

지난 30여 년간 성장 위주의 경제발전을 추진한 결과, 중국은 지금 심각한 환경문제에 직면하고 있다. 중국은 2007년 미국을 추월하고 세계 최대의 온실가스 배출국이 되었으며, 2014년 현재 전 세계 온실가스의 27%를 배출하고 있다. 로이터통신에 따르면 중국의 많은 도시들이 WHO 권고량의 2-5배에 달하는 이산화황을 배출하고 있으며 이산화황 오염에 의한 산성비는 중국 전체 국토의 30%에 내리고 있다. 대도시의 이산화질소 배출량도 급증하여, 베이징에서 호흡하는 것은 하루 2갑의 담배를 태우는 것과 같은 효과를 낳는 것으로 알려져 있다. 2013년 1월 베이징의 공기오염이 극에 달했을 때는 PM 2.5(지름 2.5㎛ 이하의 초미세먼지) 수치가 1평

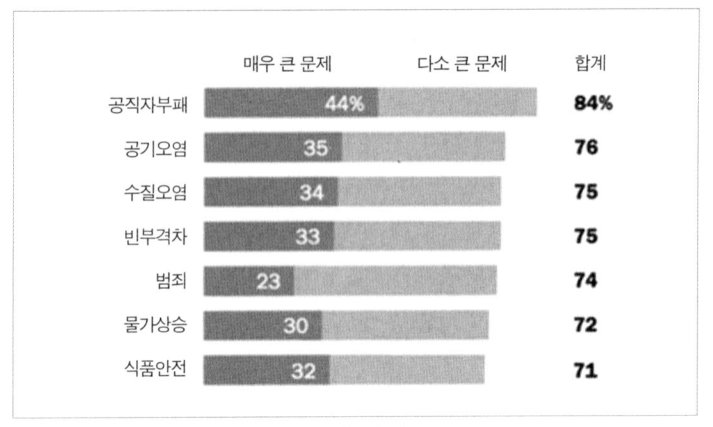

그림 1. 주요 이슈들의 심각도에 대한 중국인들의 인식

출처: "Corruption, Pollution, Inequality Are Top Concerns in China," Pew Research Center, 2015.09.24. http://www.pewglobal.org/2015/09/24/corruption-pollution-inequality-are-top-concerns-in-china/

방미터당 500마이크로그램을 초과하여 무려 정부 안전수치의 20배, 세계보건기구(WHO) 기준치의 40배를 넘었다. 2015년 11월 9일 랴오닝(辽宁)성 선양(沈阳)의 PM 2.5 농도는 1000㎍/m³ 안팎에 도달했고 일부 지역은 1400㎍/m³를 돌파했다. 이는 세계보건기구(WHO) 기준치(24시간 평균 25㎍/m³)의 56배에 달하는 엄청난 수치이다. 2015년 12월에는 베이징에 최초로 오염 적색경보가 내려져 학교와 공장을 닫고 교통을 통제하는 사태가 벌어졌다. 수질오염도 심각한 상황인데, 전국 강과 호수의 70% 이상이 심각하게 오염된 상태로, 중국 북부의 강들은 심지어 관개수로도 적합하지 않은 것으로 평가되고 있다. 2014년에는 주요 도시 60% 이상에서 공급된 지하수가 "나쁨에서 매우 나쁨"으로 분류되었으며 4분의 1 이상의 주요 강은 "인간의 접촉에 부적합함"으로 분류되었다(ISN 2016).

이러한 환경오염은 심각한 결과를 야기하고 있다. 미국 UC버클리 대학의 물리학자들이 2015년 7월 발표한 연구 보고서에 따르면 매년 160만 명의 중국인이 심각한 공해에서 비롯된 심장마비와 폐암, 천식, 뇌졸중 등으로 사망하는데, 이는 하루 4000여 명이 공해로 사망하는 것과 마찬가지이다. 환경오염으로 인해 중국이 지불하는 경제적 비용도 GNI의 3-10%에 이르는 것으로 예측된다. 중국 환경부는 2010년 기준으로 오염이 초래하는 비용이 1조 5천억 위안(2270억 달러), GDP의 3.5% 정도라고 예측했다(ISN 2016). 이러한 경제적 비용은 2004년 비용의 3배에 이른다는 점에서 환경문제로 인한 비용이 얼마나 급속히 증가하고 있는지 드러난다(The New York Times 2013).

주목할 만한 사실은 환경오염이 단순히 경제적인 문제를 야기할 뿐만 아니라, 중요한 정치적인 문제로 대두하고 있다는 점이다. 환경오염이 시민들의 건강과 생명에 심각한 위협을 초래하는 수준에 이르면서 시민들의 환경에 대한 관심과 인식이 급속히 증가하고 정치적 불만 또한 야기하면서 중국 내 시위(군체성사건) 발생의 가장 중요한 원인 중 하나로 부상하고 있는 것이다. Pew Research Center의 조사에 따르면, 공기오염과 수질오염은 중국인들에게 부패 다음으로 중요한 관심사이다(Pew Research Center 2015). 〈그림 1〉은 중국인들에게 주요 이슈들의 심각도를 묻는 질문에 대한 3,649명의 답변을 보여준다. 응답자들 중 공기오염이 아주 심각한 문제라고 생각한 사람은 피조사자의 35%를 차지했고, 수질오염이 아주 심각한 문제라고 생각한 사람도 34%였다. 환경오염을 공기오염과 수질오염으로 나누어 질문했음에도 불구하고 둘 다 44%의 조사자가 심각한 문제라고 답한 공적 부패 다음으로 중요한 문제이며, 빈부격차나 물가상승 그리고 식품안전 등의 문제보다 좀 더 심각한 문제로 인식되고 있다는 점에서, 환경오염의 심각성에 대한 일반의 인식이 매우 높음을 알 수 있다.

2. 환경시위의 양상

11차 5개년 계획 기간(2006년-2010년) 동안 환경문제에 관련한 민원 신청서(环境信访)는 30여만 건에 달했다(南方周末 2012). 하지만 지방정부의 이익을 고려한 지방법원이 대부분 환경문제 해결을 위한 법안의 입안을 거부하기 때문에 사법적으로 해결된 환경 분쟁은 1% 미만이다(新京报 2012a). 이처럼 급속히 환경문제가 악화되고 환경에 대한 시민들의 관심이 증폭됨에도 불구하고 법적 해결이 미비한 상황에서, 환경 관련 시위는 그 수가 급격히 증가하고 또 과격해지는 양상을 보이고 있다. 중국 민정부(民政部)에 따르면 2012년 한 해 동안 8만 여 건의 환경 관련 시위가 발생했다(Morton 2014). 중국사회과학원(中国社会科学院)은 사회 정세에 대한 분석과 예측을 담아 매년 사회청서를 출간하는데, 2012년 출간된 『2013년 사회청서(2013年社会蓝皮书)』는 환경 이슈와 관련한 군체성사건이 노사분쟁으로 인한 군체성사건과 함께 2012년 총 군체성사건 수의 30%를 차지한다고 밝혔다.

더욱 중요한 것은 환경시위의 증가속도이다. 『2013년 사회청서』는 2012년 10월 26일에 중국환경과학학회 부이사장인 Yang Zhaofei(杨朝飞)가 전국인민대표대회특강(全国人大专题讲座)에서

한 발표를 인용하여, 환경 관련 시위가 1996년 이후 연평균 29% 증가하고 있었다고 지적했다(陆学艺, 李培林 & 陈光金 2012). 그리고 『2014년 사회청서』에 따르면, 2013년에는 전체 민원 수, 군체성사건 발생 수가 전반적으로 하락한 상황임에도, 환경 관련 민원과 군체성사건의 발생 수는 유달리 급속하게 증가했다(张翼, 李培林 & 陈光金 2013). 중국 군체성사건을 수집하고 정리한 플랫폼인 '비신문(非新闻, Non-News)'의 설립자인 Lu Yuyu(卢昱宇)에 따르면, 환경 시위는 그 수가 증가하고 있을 뿐만 아니라, 규모 또한 급속히 확대되고 있다. 현재 중국에서는 발달한 대도시부터 낙후된 산골까지, 각 성(省)마다 환경 관련 시위가 광범위하게 일어나고 있다(Duggan 2015).

주목할 만한 점은 급속하게 증가하고 있는 환경 관련 시위 중 대부분을 차지하는 것이 오염성과 위험성이 높은 중공업 프로젝트에 반대하는 시위라는 점이다. 중국 공산당 당보(党报)인 『광명일보(光明日报)』의 인터넷판(光明网)은 Yang Zhaofei의 10월 26일 발표를 인용, "2005년 이후, 환경부가 직접 처리한 환경 사건은 927건, 중대·특대 사건(重特大事件)은 72건이었으며, 그 중 2011년에 발생된 중대 사건은 지난해 같은 시기보다 120% 증가했고, 특히, 중금속 및 위험화학품으로 인한 환경 사건은 발생률이 높은 형세를 보여준다"고 보도했다(光明网 2012).

실제 2015년 한 해의 사례만 보아도, 중화학공업 관련 폭발사고의 빈발성과 심각성을 파악할 수 있다. 2015년 1월 31일에 산동성 린이시(山东省临沂市) 코크스화학공장 폭발로 인해 7명이 사망했고(新浪新闻 2015b), 4월 6일에는 푸젠성 장저우시(福建省漳州

市) 구레이(古雷) 파라자일렌 공장에 2013년 7월에 이은 제2차 폭발이 발생하여 15명이 부상하고 3만 명의 촌민들이 부득이 거처를 이전하였다(财新周刊 2015). 4월 21일에는 장쑤성 난징시(江苏省南京市) 양쯔(扬子) 석유화학공장에 2014년 6월에 이은 제2차 폭발이 발생, 1명이 입원하였으며(新浪新闻 2015a), 8월 12일에는 톈진항 폭발 사고가 발생하여 소방관을 포함하여 최소 50명이 사망했고 701명이 부상하였다(The New York Times 2015). 8월 31일에는 산동성 빈위안(滨源) 석유화학공장 폭발로 13명이 사망했고 25명이 입원하였다(中国新闻网 2015b).

중화학공업 관련 시위참여도가 높아진 것은, 이처럼 중금속 및 위험 화학물질 폭발사건들이 빈발하면서, 시민들의 중화학공업 안전성에 대한 회의가 심화되고 정부의 관리 감독 능력에 대한 신뢰가 떨어진 것이 주요 원인이라고 할 수 있다(吴强 2015). 2012년 쓰촨성 스팡시(四川省什邡市)의 합금공장 설립 반대시위,[1] 장쑤성 치둥시(江苏省启东市)의 폐수배출관 건설 반대시위,[2] 2015년 광둥성 루펑시(广东省陆丰市)의 핵발전소 건설 반대시위,[3] 그리고 2016

1 2012년 7월 1-2일에 쓰촨성 스팡시 만여 명의 주민들은 몰리브덴·구리 합금공장 설립에 대한 반대시위를 벌였다. 그 과정에서 시위대가 진압경찰과 대치하면서 폭력 시위로 전환했다. 결국 경찰은 시위대에 최루탄을 발사하는 등 강경대응에 나섰고 스팡시 정부는 시위에 굴복해 총 투자액이 104억 위안에 이르는 시 최대 규모의 프로젝트를 포기했다(미디어 오늘 2012).

2 2012년 7월 28일에 장쑤성 치둥시의 수만 명 시민들은 해안 환경오염을 이유로 일본 제지업체의 공장폐수 처리 설비 건설에 항의하기 위한 강력한 반대시위를 벌었다. 시위 당일, 치둥시 정부는 폐수배출관 건설 계획을 포기했다고 공고했다(뉴시스 2012; 연합뉴스 2012).

3 광둥성 루펑시에서 핵발전소 건설에 대한 반대 활동은 2005년의 토지수용으로부터 시작되었다. 2015년 9월 12일 새벽에 지방정부는 약 2,000명의 경찰을 출동시

년 장쑤성 롄윈강시(江苏省连云港市)의 핵폐기물 재처리시설 건립 반대시위[4] 등 일련의 중공업 프로젝트 반대 시위들은 모두 이러한 특징을 보여 주었다. 그리고 최근에 들어서는 실제로 이러한 시위들이 지방정부의 산업정책에 변화를 야기하는 사례가 드물지 않게 일어나고 있다. 시민들이 환경 시위를 통해 잠재적으로 환경문제를 야기할 수 있는 정부 중화학공업 건설 프로젝트에 여론의 압력을 가하는 사례가 늘어나면서, 중요한 중화학 산업정책이 시민들의 이익과 날카롭게 맞서는 양상이 대두하고 있는 것이다. 『인민일보(人民日报)』는 2012년 7월 30일의 보도에서 '환경민감기의 새로운 테스트(环境敏感期的新考题)'라는 표현을 통해 중화학 산업의 발전과 환경오염을 우려한 시민의 저항 사이에 처한 정부의 딜레마를 설명했다(人民日报 2012). 그 빈도와 규모가 점차 커지고 있을 뿐만 아니라, 국가의 주요 산업정책에 영향을 미칠 수 있는 정치적 변수로 대두하고 있다는 점에서, 환경오염을 야기할 수 있는 중화학 산업에 반대하는 시민들의 시위들은 중요한 분석대상이다.

켜 19명의 촌민들을 체포했다. 당일 약 백 명의 촌민들이 다시 반대시위를 벌였으나 진압당했다. 보도일(2015년 9월 14일) 현재 약 100명 촌민들이 구류를 받고 있었다(人民报 2015).

4 중국과 프랑스가 합자한 핵폐기물 재처리시설이 들어서는 것에 반대하기 위해 장쑤성 롄윈강 시민들은 2016년 8월 6일부터 3일간 시위를 벌였다. 결국 롄윈강시 정부는 프로젝트를 중지한다고 선포했다. 비슷한 핵폐기물 재처리시설 건립 반대시위는 2013년에 광둥성 장먼시(广东省江门市)에서도 발생한 적이 있었다(BBC中文网 2016).

III 중국의 PX 프로젝트 반대시위의 전개

1. 사례선택: PX산업

본 논문은 중화학 산업 중에 파라자일렌산업을 사례로 삼아 그에 대한 반대시위들을 집중적으로 살펴보고자 한다. 환경 시위를 야기하는 다양한 중화학 산업들 중 PX산업에 주목하는 이유는 다음과 같다.

첫째, PX산업이 국가산업발전에 가지는 중요성 때문이다. PX는 벤젠에 기반한 화학물질로, 합성섬유나 페트병 등의 기초 재료가 되는 중요한 공업 원료이다(财新周刊 2011). 한 국유 석유화학 기업의 건강, 식품 및 환경관리 시스템 책임자가 재경망(财经网)과 진행한 인터뷰에 따르면, 핵심적인 산업자원인 석유는 만약 무역을 중단한다고 해도 국내에도 상당한 생산량과 보유량이 있지만, PX는 산업 발전에 없어서는 안 되는 중요한 공업 원료일 뿐만 아니라 대체불가하기 때문에 석유보다 더 중요한 전략물자라고 말할 수 있다(财经网 2015). 즉 PX 생산은 한 나라의 화학공업 발전에 큰 영향을 미친다. 2010년 이후 세계 최대의 PX 소비국이 된 중국의 PX 소비는 세계 PX 소비량의 32%에 달한다(FT中文网 2013). 하지만 2000년부터 PX 부족이 해마다 심각해지고 있는데, 중국 정부의 통계에 따르면 2012년 중국의 PX 부족분은 600만 톤에 이르렀고 수입의존도는 44.1%에 달했다(南方周末 2013; 新浪科技 2015). 그 결과 중국 석유화학공업 발전이 기초 원료를 가진 외국 기업의 영향을 받는 상황에 처하게 되었다(环球时报 2015)는 점에서 PX산업의 발전은 중요한 국가과제이다.

둘째, PX산업은 그 발전전망이 상당히 밝다는 점에서 지방정부에게 경제적 이익이 큰 사업이다. 현재 PX산업은 중국 제조업 중에 생산 능력이 과잉되지 않은 소수 프로젝트 중 하나이다(FT中文网 2013). 중국국제공사자문회사의 석유화학공업처 처장인 Guo Chen(郭琛)은 2020년 중국의 PX 수요량을 1821만 톤으로 예측했다. 이는 2010년의 수요량이었던 817만 톤 대비 1004만 톤이 증가한 양으로, 향후 PX산업이 발전할 수 있는 여지가 매우 크다는 것을 보여준다. 게다가 PX산업은 기술과 자금에 대한 요구가 높지 않아서 석유화학 산업 중 접근이 비교적 쉬운 동시에, 거액의 이윤도 가져올 수 있다(财新周刊 2011). 즉 PX산업은 매우 시급한 국가과제일 뿐만 아니라 특히 지방정부의 입장에서 상당한 경제적 이익을 창출할 수 있다는 점에서 적극적으로 추진할 강한 동기를 가지고 있는 사업이다.

셋째, 이러한 중요성에도 불구하고, PX 프로젝트는 환경문제와 관련하여 많은 논란의 대상이 되고 있는 사업이다. PX에 환경 위험성이 있다는 주장은 2007년에 샤먼 대학교 교수인 Zhao Yufen(赵玉芬) 등 중국인민정치협상회의(中国人民政治协商会议) 위원들이 제출한 제안에서 최초로 등장했다. 이 제안은 PX가 위험화학품이고 발암물질이므로 안전사고가 발생한다면 그 결과는 상상조차 할 수 없다고 언급했다. 또한 샤먼대의 또 다른 교수는 PX 생산 과정에서 매년 약 600톤의 화학 물질이 누출되어 대기오염을 초래할 뿐만 아니라, 이러한 화학 물질에 장시간 노출된다면 건강에 해를 입을 우려가 있다고 주장했다(中国青年报 2007). 그 후 PX

의 극독성, 종양 및 환경오염 유발과 관련한 소문이 시민들에게 퍼지면서 PX 프로젝트에 대한 두려움을 야기했다. 한편 PX의 무해성에 대한 주장도 적지 않았다. 중국 각급 정부의 홍보 책자, 『인민일보』, 『환구시보』, 『신경보(新京报)』 등 신문 매체, "지디엔방탄(焦点访谈)"(20140407期), "저우진커쉬에(走进科学)"(20150311期) 등 텔레비전 프로그램 등은 PX의 심각한 독성과 종양 유발 가능성이 있다는 주장에 대해 반박하면서, PX가 그 독성은 경미하나 창출할 수 있는 경제적 가치는 매우 크다는 점을 강조했다. 하지만 2013년에 이어 2015년에 장저우(漳州)시 구레이(古雷) PX 공장이 폭발하는 사건이 일어나면서 PX에 대한 국가적 홍보는 그 설득력이 떨어지고 시민들의 PX산업에 대한 두려움과 거부감이 증폭되게 된다(中外对话 2015b). 중국에서 'PX 프로젝트'는 한때 민감한 단어가 됐고 'PX 프로젝트'란 단어만 들어도 마치 알레르기가 생길 정도로 PX산업정책의 실행을 반대한다는 의미의 'PX 프로젝트 알레르기'란 사회현상까지 나타났다(新京报 2012b).

즉, PX 사업은 그 전략적, 경제적 중요성이 큰 동시에 유해성에 대한 논쟁도 첨예한 사업으로, 이에 대한 반대시위는 국가 산업정책에 대한 환경시위의 영향을 분석하는 데 있어 매우 흥미로운 사례이다.

2. PX 프로젝트 관련 시위의 전개와 결과

PX 관련 산업프로젝트에 대한 반대시위는 전국 곳곳에서 빈번하게 발생해 왔다. 중국 국내외 신문보도 등을 통해 알려진 바에 따르면, 2007년에 샤먼(厦门)시에서 일어난 PX 프로젝트 반대시위를 필두로 하여, 지난 10여 년 동안에만 중국 전역에서 최소 13개의 도시에서 PX 프로젝트가 시민들의 반대에 직면하였고, 그 중 9개 도시에서 대규모 PX 반대시위가 일어났다. 2008년 장저우(漳州)와 청두(成都), 2011년 다롄(大连), 2012년 닝보(宁波), 2013년 쿤밍(昆明), 2014년 마오밍(茂名), 2015년 상하이(上海), 그리고 2016년 룽커우(龙口)가 바로 이러한 사례들이다(그림 2).

이 절에서는 이 9개 사례에서 반대시위의 전개양상을 간단히 리뷰함으로써 중국에서 PX 반대시위가 어떻게 조직되고 어떤 결과를 낳았는지에 대한 이해를 도모하고자 한다. 각 사례에 대한 간

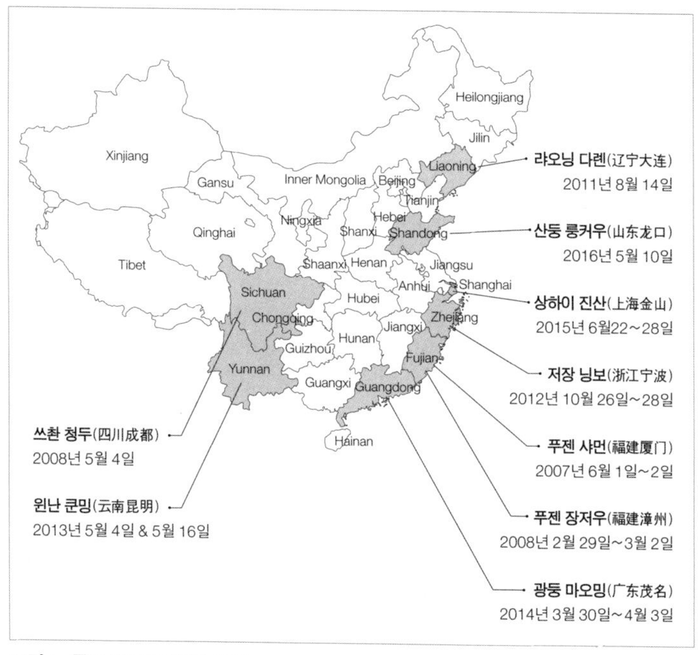

그림 2. 중국 PX 반대시위 지도

출처: 『BBC中文网』, 『大紀元』, 『鳳凰週刊』, 『搜狐网』, 『新浪新闻』, 『星島日報』의 보도를 종합하였음.

략한 리뷰가 보여주듯, PX 프로젝트는 그 환경 위해성에 대한 논란으로 인해 많은 사회적 논쟁과 시민들의 반대를 야기하고 있으며, 그 결과 발생한 반대시위는 다양한 결과를 초래하고 있다. 아래에서 살펴볼 9개 대규모 PX 반대시위들 중 시민들의 반대의사가 실질적으로 관철된 사례는 단 2개, 즉 2007년 푸젠 샤먼 시위와 2012년 저장 닝보 시위, 두 건에 불과하다.

푸젠 샤먼(福建厦门)

푸젠성 샤먼시 하이창(海沧)구에 연간 80만 톤의 PX를 생산하는 프로젝트를 건설하는 계획은 2006년 7월에 국가발전개혁위원회를 통과한 후, 같은 해 11월에 공식적으로 시작됐다. 『샤먼일보(厦门日报)』에 따르면, 이 프로젝트의 도입은 샤먼시에 약 108억 위안의 산업 투자액 증가를 가져올 뿐만 아니라, 생산에 들어가면 공업 생산액은 400억 위안 이상에 달할 것이며, 샤먼시에 수천 개의 일자리를 창출할 것으로도 예측되었다(鳳凰週刊 2007). 이런 상황에서 샤먼 PX 프로젝트는 중앙 및 지방 정부의 적극적인 지원을 받으며 매우 순조롭게 진행되었다.

그러나 이 프로젝트는 샤먼대학교 교수들의 주목을 받으면서 운명이 변화하기 시작했다. Zhao Yufen 등 샤먼대학 교수들이 PX의 위험성에 대한 제안을 작성하고, 2007년 3월에 105명의 정협 위원들이 제1호 제안(No.1 proposal)의 형식으로 중국인민정치협상회의에 제출한 것이다(南方人物周刊 2008). 그 후, 샤먼 PX 프로젝트에 관한 반대 여론은 주로 인터넷과 문자 메시지를 통해 확산되기 시작했다. 2007년 5월 말부터는 PX의 위험성을 알리고 반대시위를 호소하는 문자 메시지가 샤먼 시민들 사이에 널리 퍼졌고 샤먼시 정부는 PX 프로젝트의 일시중지 결정을 내리게 된다(新华网 2007). 하지만 정부의 결정은 시민들을 안심시키지 못했다. 2007년 6월 1-2일 이틀 동안, 만여 명의 샤먼시민들은 '산책'이라고 불리는 평화적인 PX 프로젝트 반대시위를 열었다.

결국 시위가 발생한 지 6개월 후 샤먼시 정부는 지역 공청회를 열어 주민의 의견을 수집하였고, 12월 15일에 열린 푸젠 성정부 특별회의에서 샤먼 PX 프로젝트를 푸젠 장저우(漳州)시로 이전하겠다는 결정을 내렸다(南方周末 2008). 샤먼 PX 반대시위는 중국 최초로 발생한 PX 반대시위인 동시에, 공청회와 같은 민주적인 방식을 통해 성공적으로 지방정부의 양보를 받아낸 최초의 환경 시위 사례가 되었다. 이는 이후 발생한 PX 반대시위뿐만 아니라 중국 환경운동의 본보기라고 말할 수 있다. 샤먼 시위에 대해서는 다음 장에서 보다 상세히 살펴보고자 한다.

푸젠 장저우(福建漳州)

위에서 설명한 바와 같이, 푸젠성 샤먼시에서의 PX 반대시위의 결과 샤먼시 PX 프로젝트는 푸젠성 장저우시 장푸현 구레이진(漳州市漳浦县古雷镇)으로 이전이 결정되었다. 그 결과 2008년 2월 29일부터, 구레이와 인접한 동산현 퉁링진(东山县铜陵镇)에서 수천 명이 PX 프로젝트 이전 결정을 반대하는 거리 시위를 벌였다(阿波罗新闻网 2008). 구레이진의 촌민들은 PX 프로젝트로 인해 높은 보상금을 받는 반면 동산현에는 경제적인 이익이 없었음에도, 오히려 PX 프로젝트로 인한 위험은 동산현이 더 심각한 상황이었기 때문이다. 퉁링진의 어민, 수산가공 공장주와 일부 거주민들이 참여하여 시작된 시위에서는(自由亚洲电台 2008a) 오토바이로 길을 막고 경찰차를 때려 부수는 등 경찰과 폭력 충돌이 발생했다. 3월 1일에는 동산현 정부소재지(县城)인 시푸진(西浦镇)에서 다시 시위가 일어나 시위대가 현정부청사에 돌입, 시위자 한 명이 사망했다는 소문이 돌았다. 3월 2일에 동산현에서 3차 시위가 일어났다(阿波罗新闻网 2008). 그 후 시위는 동산현의 첸다이진(陈岱镇), 자오안현(诏安县), 라오핑현(饶平县)으로 확장되었고, 총 수만 명의 시위대가 폭력 시위에 참가했다(自由亚洲电台 2008b).

정작 PX 프로젝트가 입주한 구레이진에서의 양상은 다소 달랐다. 토지수용 당시 정부는 "경제기술 개발구역"을 건설한다는 명목하에 촌민들을 설득했다. PX 공장을 건설하려는 계획이 알려지지 않은 상황에서 촌민들은 경제기술 개발구역의 건설을 지지했고, 토지 수용도 비교적 순조롭게 진행되었다. 더 높은 토지 배상금을 받기 위해 몇 명의 촌민들이 길을 막아 체포를 당하는 등 소규모의 충돌이 있었으나, 저자가 현지 촌민과 진행한 인터뷰에 따르면 구레이에서는 PX 프로젝트에 대한 큰 반대시위는 일어나지 않았다(저자 인터뷰 20151124). 결국 샤먼에서 PX 프로젝트를 이전하겠다는 결정은 변경되지 않았고, 구레이 PX 프로젝트는 2009년 5월 8일에 공사를 시작했다(腾讯财经 2015).

쓰촨 청두(四川成都)

쓰촨성 청두시에서 PX 프로젝트는 중국의 3대 국유석유회사 중 하나인 페트로차이나(PetroChina, 中国石油天然气股份有限公司)가

진행한 "펑저우 석유화학(彭州石化) 프로젝트"의 일부로 추진되었다. 이 프로젝트는 2007년에 공식적으로 청두시에서 40킬로미터 떨어진 현급시(县级市)인 펑저우시를 입지로 선정하여(中国广播网 2013; 東方日報 2015) 2013년에 조업을 시작, 연간 천만 톤의 정제유와 80만 톤의 에틸렌과 60만 톤의 PX를 생산할 계획이었다(Fox News 2013; 新浪财经 2013). 청두시 정부는 펑저우 석유화학 프로젝트가 2만여 개의 일자리를 창출하고 수십 억 위안에 달하는 생산을 가능케 하여, 중국 서남지역 석유화학 산업의 공백을 메울 수 있을 것이라 자랑했다(BBC中文网 2008; 新浪新闻 2008; 東方日報 2015).

그러나 청두 시민들의 의견은 달랐다. 2008년 5월 4일, 약 200명의 청두 시민들이 펑저우 석유화학 프로젝트에 반대하는 평화적인 시위를 진행했다. 시민들은 마스크를 끼고 청두 왕지앙 공원(望江公园)부터 지우옌 다리(九眼桥)까지 2시간 동안 침묵 행진을 함으로써 프로젝트에 대한 반대를 표현했다. 시위에 참여한 시민들은 지방정부가 돈을 위해 청두 시민의 건강을 희생하면서 시내와 가까운 곳에 화학공장의 건설을 허가했다고 주장했다. 5월 10일에 청두시 공안국(公安局)은 기자회견을 소집하여 청두 PX 반대 시위를 불법 시위로 규정하고, 시위 조직자들이 행정 구류나 경고를 받았다고 발표했다(新浪新闻 2008). 그러나 2008년 5월 원촨대지진(汶川大地震)[5]이 발생하고 펑저우시가 심각한 지진피해를 입자

5 2008년 5월 12일에 쓰촨성 북서쪽에 있는 원촨현에서 발생한 리히터 규모 8.0의 큰 지진이다. 원촨대지진은 중국 건국 이후 파괴력이 가장 강한 지진으로 알려져 있다(위키백과, https://ko.wikipedia.org/wiki/2008%EB%85%84_%EC%

펑저우 석유화학 프로젝트는 일시 중지되었으며, 이후 재평가를 받고 같은 해 11월에 프로젝트 건설이 재개되었다(搜狐财经 2013; 東方日報 2015).

2013년에 펑저우 석유화학 프로젝트가 생산에 들어가기 전, 공장이 초래할 수 있는 환경오염과 대지진으로 인한 화학물질 누출을 우려한 시민들의 논쟁이 다시 인터넷에서 시작되었다(BBC中文网 2013a). 2013년 4월 29일에 청두시위원회와 시정부는 법으로 정한 정식검수를 받기 전에는 기업의 생산을 금지하고 검수과정 또한 시민에게 공개하겠다고 약속했다(中国广播网 2013). 페트로차이나 쓰촨석유화학유한공사도 공장 부지를 펑저우로 선정하는 것은 과학적이고 문제가 없다는 내용으로 연속 세 번 공개적인 성명을 발표했고(人民网 2013), 환경검사를 통과하지 못한다면 공장 가동을 시작하지 않고, 가동을 시작한 후에도 환경검사를 통과하지 못한다면 생산을 중지하겠다고 약속했다(中国日报 2013). 하지만 정부와 기업의 약속을 믿지 못한 시민들은 인터넷에서 5월 4일에 있을 시위에 참여할 것을 호소했다. 그러나 경찰이 시위 현장과 조직자들을 강력히 통제하고, 시위 참여를 경고하는 공안국 공문을 발급하며, 휴일인 5월 4일을 근무일로 정하는 등 일련의 예방 조치를 취하면서 5월 4일에 예정되었던 반대시위는 성공하지 못했다(BBC中文网 2013a; 大紀元 2013; National Public Radio 2013; South China Morning Post 2013). 이후 펑저우에서의 PX 생산은 계속 진행되고 있는 것으로 보인다.

9B%90%EC%B4%A8_%EB%8C%80%EC%A7%80%EC%A7%84; 联合早报网 2008).

랴오닝 다롄(辽宁大连)

랴오닝성 다롄시 PX 프로젝트는 민영기업인 푸자그룹(福佳集团)과 국유기업인 다화그룹(大化集团)이 합자한 푸자다화석유화공유한공사(福佳大化石油化工有限公司, 이하 푸자다화)가 추진한 것으로, 중국에서 민영기업이 지배주주인 최초의 PX 프로젝트이다. 연간 45만 톤의 PX를 생산하는 푸자다화의 PX 프로젝트는 2005년 국가발전개혁위원회의 승인을 받아 2007년 10월에 공장건설을 시작했고 2009년 6월부터 생산에 들어갔다(第一财经日报2011; 亞洲週刊 2011; 三联生活周刊 2011).

PX 공장 유독 물질의 노출에 대한 다롄 시민들의 우려는 2011년 8월 8일에 태풍 무이파(Typhoon Muifa)로 인해 푸자다화 PX 공장 부근 방파제가 무너지면서 촉발되었고, 푸자다화의 대응방식으로 인해 시위로 격화되었다. 방파제가 붕괴된 후 현장을 보도하려는 기자들은 푸자다화의 저지를 받았는데, 중앙텔레비전(中央电视台)의 기자들은 PX 공장에서의 취재 중 구타를 당했다. 또한 8월 9일에 중앙텔레비전에 방송 예정이었던 다롄 PX 프로젝트에 관한 프로그램은 예고편이 방송된 후임에도 불구하고 갑자기 다른 프로그램으로 대체되었다(亞洲週刊 2011). PX 공장과 관련한 시민들의 우려와 분노는 웨이보(微博), QQ와 같은 소셜 네트워크 서비스에서 확산되었으며, 8월 14일에는 약 12,000명의 다롄 시민들이 PX 공장의 이전을 요구하는 거리 시위를 벌였다(Reuters 2011). 『대기원시보(大紀元時報)』는 다롄 PX 반대시위가 89년 천안문 사태 이후 중국 북부 대도시에서 발생한 가장 큰 규모의 권익옹호 사건이라고 평가했다(大紀元 2011). 당일 오후 다롄시 정부는 PX 생산을 중지하고 공장을 이전한다는 결정을 내렸다(人民网 2011).

하지만 PX 생산은 약 4개월 후에 재개된 것으로 보인다. 2012년 12월에 『신경보(新京报)』는 푸자다화의 PX 공장이 재가동된 지 이미 1년이 되었다고 보도했다. 2011년 12월 7일에 다롄시 진저우신구 관리위원회(金州新区管委会)가 다롄 세관에 보낸 공문에 따르면 이러한 PX 생산 재개는 다롄시 정부의 승인을 받았으나(新京报 2012b), 이에 대해 다롄시 정부는 명확한 답변을 제공하지 않았다(The Guardian 2012). 다롄시 선전부와 인민망 등은 다롄 PX 프로젝트의 이전 작업을 추진하고 있다고 주장했지만(The Guardian 2012; 人民网 2012), 2017년 8월 현재 푸자그룹 홈페이지에는 다롄 PX 프로젝트가 여전히 진행 중인 것으로 되어 있다(福佳集团 2017).

저장 닝보(浙江宁波)

2007년에 중국의 3대 국유석유회사 중 하나인 시노펙(Sinopec, 中国石油化工股份有限公司)과 저장성 정부는 닝보시 전하이(镇海)구에서 연간 1500만 톤의 정유와 120만 톤의 에틸렌을 생산할 "전하이정유화학 확장 및 통합 프로젝트(镇海炼化扩建一体化项目)"를 추진할 것을 결정했다(三联生活周刊 2012). "12차 5개년 계획(十二五规划, 2011-2015년)"의 일환으로 추진된 이 프로젝트의 일부가 바로 연 100만 톤의 PX를 생산할 예정이었던 닝보 전하이 PX 프로젝트였다(亞洲週刊 2012). 이때 시노펙 산하 전하이연화분공사(中国石油化工股份有限公司镇海炼化分公司, 이하 전하이연화)는 이미 전하이에 연생산 65만 톤 규모의 PX 공장을 가지고 있었다(鳳凰週刊

2012).

2012년 10월 22일에 전하이연화 공장 근처에 있는 일부 촌민들은 토지수용 문제로 집단적으로 전하이 구정부에 집단민원(集体上访)을 제기했다. 촌민들의 민원은 PX 프로젝트와 관련되어 있다는 점에서 닝보 시민들의 주목을 받기 시작했고, 닝보 시민들은 QQ 및 문자메시지를 통해 주말에 시위에 참여할 것을 논의했다. 10월 26일 금요일부터 전하이구에서는 폭력 시위가 일어났고, 당일 밤에 51명의 시위자들이 구류되었다. 27일부터 시위는 닝보시 도심과 시청으로 확산하여 수천 명의 시민들이 시위에 참여했고 시위대와 경찰 간의 폭력 충돌이 발생했다(鳳凰週刊 2012; 亞洲週刊 2012; The New York Times 2012a; 现代金报 2012). 홍콩의 시사주간지 『아주주간(亞洲週刊)』에 따르면, 28일에 전하이구에서만 3만 명 시민들이 시위에 참여했고 도심에서의 시위 참가자의 수는 이보다 더 많았다(亞洲週刊 2012).

결국, 10월 28일 저녁에 닝보시 정부 대변인은 PX 프로젝트를 더 이상 추진하지 않으며, 전하이정유화학 확장 및 통합프로젝트 초기 작업의 추진도 중단한다고 발표했다(现代金报 2012). 즉 닝보는 샤먼 사례와 함께 시민들의 반대시위가 PX 프로젝트의 중단을 낳은 또 다른 사례이다. 닝보 사례에 관해서는 다음 장에서 샤먼사례와 함께 보다 자세히 살펴볼 것이다.

윈난 쿤밍(云南昆明)

윈난성 쿤밍 PX 프로젝트는 대형 국유석유기업인 중국석유천연가스공사(中国石油天然气集团公司, CNPC)가 쿤밍시의 현급시인 안닝시(安宁市)에 연간 1000만 톤급 정유시설을 건설하는 대형 프로젝트의 일환이었다. 국유기업인 윈톈화 그룹(云天化集团)과 CNPC가 연간 65만 톤의 PX와 100만 톤의 PTA를 생산하는 계획이 이 부설 프로젝트에 포함되었다(南方都市报 2013). 전체 석유화학 프로젝트는 1500억-2000억 위안의 생산을 창출하여 쿤밍시와 윈난성의 GDP를 각각 50% 및 15% 향상시킬 것으로 예측되었다(财新网 2013).

하지만 2012년 연말부터 이 석유화학 프로젝트에 PX 프로젝트가 포함되는지 여부에 쿤밍 시민들의 관심이 집중되기 시작했다. 공장의 소재지인 안닝시와 쿤밍시 도심과의 거리는 28킬로미터에 불과하기 때문에, PX 공장으로 인해 공기오염과 수자원 고갈이 초래될 것을 우려한 것이다(BBC中文网 2013b; 财新网 2013; The Guardian 2013). 2013년 4월부터 쿤밍 시민들은 인터넷에서 PX 반대시위를 조직하기 시작하였고(BBC中文网 2013b), 5월 4일에 3000여 명이 안닝시에 정유 및 PX 공장을 건설하는 것에 반대하며 '산책'의 형식으로 시위에 참여했다. 언론보도에 따르면, 이때 대규모 경찰이 시위대를 포위했지만 폭력 충돌이 발생하지는 않았다(Reuters 2013; 财新网 2013; VOAChinese 2013). 5월 10일 쿤밍시 정부, CNPC와 윈톈화 그룹이 기자회견을 소집했고, 쿤밍 시장인 Li Wenrong(李文荣)은 부설 프로젝트에 대한 연구보고가 완성된 후 민주적인 절차에 따를 것이며, "대부분의 군중들이 (PX 프로젝트 실행을) 동의하지 않는다면 시정부는 이를 실행하지 않을 것이다"고 약속했다. 다른 한편, CNPC와 윈톈화 그룹의 CEO는 안닝시 석유화학프로젝트에 PX 프로젝트가 포함되지 않았다고 강조했다(BBC中文网 2013c; 中新网云南频道 2013). 하지만 시민들의 정부와 기업에 대한 불신은 여전했다. 5월 16일에는 2000여 명의 쿤밍 시민들이 다시 거리 시위를 벌였다(自由亚洲电台 2013).

시위 당일 쿤밍 시장이 시위 현장에서 민중들에게 사과하면서 민의를 존중하겠다고 약속했지만(VOAChinese 2013), PX 프로젝트를 포함한 안닝석유화학프로젝트에 대해 여전히 명확한 처리결과를 제시하지 않았다. 5월 16일의 시위가 끝난 후에도 쿤밍시 정부는 여전히 안닝석유화학프로젝트를 "백년에 한 번 올까 말까한(百年难遇)" 발전 기회로 간주했고(中国经济网 2013), 시민들이 PX 반대 슬로건을 작성하여 광고하거나 시위할 수 없도록 복사 및 마스크 판매에 대한 실명제를 실시하고 흰티셔츠 판매를 금지하는 등 일련의 시위 방지 조치를 시행, 『인민일보(人民日报)』, 『광명망(光明网)』 등 주류매체를 포함한 언론의 비판을 받았다(腾讯新闻 2013a; 2013b). 시위 발생 2년 후인 2015년에 실시한 『난방도시보(南方都市报)』 기자의 조사에 따르면, 쿤밍시 정부와 기업들은 당시의 약속을 지키지 않을 뿐만 아니라 환경영향평가를 무시했고 환경보호부의 승인 없이 안닝석화의 생산을 확대했다(南方都市报 2015). 2017년 6월 현재 안닝시 석유화학프로젝트는 본격 가동 직전 단계에 들어갔으나(21经济网 2017), PX를 생산하고 있는지는 정확히 확인할 수 없다.

광둥 마오밍(广东茂名)

연간 생산량 60만 톤에 달하는 광동성 마오밍시의 PX 프로젝트는 마오밍시 정부와 국유기업인 시노펙마오밍석유화공공사(中石化茂

名石油化工公司, 이하 마오밍석화)가 공동으로 출자한 것이다. 이 프로젝트는 '12차 5개년 계획'의 일환으로, 2012년 10월에 국가발전개혁위원회의 승인을 받았다. 마오밍시 정부는 PX 프로젝트가 생산이 들어간다면 연평균 6억 7천 4백만 위안의 세수와 2억 4백만 위안의 재정 수입을 가져올 수 있다고 강조했다. 이 프로젝트는 "남방의 석유도시(南方油城)"인 마오밍이 세계적인 석유화학 기지로 부상할 수 있는 기회로 간주되는 주요 사업이었다(China Daily 2014; 新京报电子报 2014).

이 프로젝트의 성공적인 시작을 위해 마오밍시 정부는 2014년 2월부터 선전을 준비했고, 3월 하순부터는 마오밍석화의 직원뿐 아니라 마오밍 시내 일부 초중고교의 교직원과 학생들로 하여금 PX 프로젝트에 대한 지지서명을 하게 했다. 하지만 PX 프로젝트에 대한 정부의 적극적인 홍보와 음성적으로 강요된 서명운동은 오히려 시민들의 불신과 반감을 초래했고, 인터넷에서는 마오밍 PX 프로젝트에 대한 논쟁이 활발해졌다. 마오밍시 정부는 영향력 있는 네티즌들을 소집하여 PX 홍보회를 열었으나, 홍보회에 참석한 네티즌들이 관료들의 답변에 불만을 표하면서 네티즌과 정부직원 간에 말다툼까지 발생했다. 이 회의는 오히려 네티즌들 간의 네트워크를 만들어 줬고 이후 마오밍 PX 반대시위의 예정 시간과 장소가 인터넷을 통해 널리 퍼졌다(新京报电子报 2014).

2014년 3월 30일에는 결국 PX 반대시위가 일어났다. 수만 명의 시위자들이 마오밍 시청 앞에 모여서 PX 프로젝트의 철회를 요구했다. 시위자들은 대부분이 하층민이었고, 시위 중에 경찰과의 폭력 충돌이 일어났다. 시위자들은 경찰차를 소각했고, 시정부는 타지방의 경찰까지 동원하여 최루탄과 경찰봉 등으로 시위대를 진압했다(大紀元 2014; Lee & Ho 2014). 3월 31일에 마오밍시 정부는 PX 반대시위가 "엄중한 위법 행위"라고 경고했고, 당일 밤에 시정부 대변인은 PX 프로젝트가 아직 홍보 단계에 있으며 절대 다수의 시민들이 반대한다면 정부는 민의에 반하지 않겠다고 발표했다(人民网 2014). 그럼에도 불구하고 시위는 지속되었고, 4월 1일에는 광둥성의 성도인 광저우시(广州市), 4월 3일에 광둥성 선전시(深圳市)로까지 확산되었다(Financial Times 2014; South China Morning Post 2014).

시위 나흘째인 4월 3일에 마오밍시 정부가 소집한 기자회견에서 부시장인 Liang Luoyue(梁罗跃)는 사회적 합의가 이루어지기 전에는 PX 프로젝트를 추진하지 않겠다고 약속했고, 공안국 부국장인 Zhou Peizhou(周沛洲)는 경찰의 진압 행위를 승인하기는 했으나 인터넷에서 퍼진 "15명 사망 300명 부상" 등의 소문은 사실이 아니며, 44명 시위자를 처벌했다고 설명했다(茂名新闻网 2014; 人民网 2014). 하지만 이 기자회견에는 친정부적인 1개의 통신사 및 10개의 신문사만이 초대되었고 다른 국내매체와 국제매체는 이 문제에 대한 보도가 금지되었으므로, 추후 관련보도가 없어 시위의 결과는 명확하지 않다(Lee & Ho 2014; Zhu 2017). 하지만 정부의 강경한 대응과 언론통제로 미루어 볼 때, 마오밍의 PX 프로젝트는 계속 추진될 가능성이 상당히 높다. 이 사례를 다룬 Lee & Ho(2014) 또한 마오밍 시민들 사이에는 PX 프로젝트가 조만간에 추진된다는 암묵적 이해가 있었다고 설명한다(Lee & Ho 2014).

상하이 진산(上海金山)

2015년 6월 22일부터 일주일간, 상하이시 진산구에서는 수만 명의 주민들이 거리시위를 벌였다. 상하이시 푸둥(浦东) 신구 가오차오(高桥)에 있는 PX 공장을 상하이 외곽에 있는 진산구로 이전하는 것을 저지하기 위한 시위였다.

당시 시노펙 그룹이 600억 위안을 투자하여 상하이 진산구에 연간 2000만 톤의 정유와 100만 톤의 에틸렌을 생산할 수 있는 새로운 기업을 설립하고, 상하이시 가오차오에 있던 시노펙상하이가오차오석유화공유한공사(中国石化上海高桥石油化工有限公司, 이하 가오차오석화)의 시설을 이전하려 한다는 소문은 웨이보와 위챗(WeChat) 등을 통해 빠른 속도로 유포되었다. 6월 20일부터는 인터넷상에 PX 공장 이전에 대한 반대 언론이 급증하였고, 진산구민들에게 이전 반대시위에 참여하자는 호소가 등장했다(台灣大紀元 2015; 中外对话 2015a). 6월 22일에 수천 명에 이르는 진산구민들이 시위를 벌인 후 진산구 정부는 "시민들에게 고하는 글(告公民书)"을 발표하여 상하이화학공업지구계획(上海化工区规划)에 대한 환경영향평가에는 PX 프로젝트가 포함되어 있지 않다고 설명했다(中外对话 2015a). 상하이화학공업지구 책임자도 PX 프로젝트는 지금도 계획에 없고 나중에도 없을 것이라고 설명했다(东方网 2015). 하지만 이러한 정부의 설명은 시민들의 신뢰를 얻지 못했고, 반대시위는 지속되었다. 6월 26일 밤 상하이시정부공보실(上海市政府新闻办公室)은 공식 웨이보에서 상하이화학공업지구에 대한 환경영향 평가작업을 중지하겠다고 발표했다. 그럼에도 불구하고 시위는 끝나지 않아 6월 27일에 약 5만 명의 시민들이 다시 거리로 나가 시위에 참여하였고(中外对话 2015a), 수천 명의 경찰들이 출동하여 시위를 저지하고 시위자들을 체포했다(台灣大紀元 2015; 博讯新闻网 2015).

7월 2일에 상하이 시위원회 서기와 시장 등은 진산구를 시찰하면서 구민들의 요구를 들어주겠다고 말했다(中国新闻网 2015a). 11월 7일에 시노펙 공식 웨이보는 시노펙이 가오차오에서의 이전 작업을 적극적으로 추진하고 상하이시 정부는 500억 위안의 보상금을 지불할 예정이라 발표했으나, 이틀 후인 9일 시노펙은 『매일경제신문(每日经济新闻)』을 통해 보상금 지불계획을 부인하고 가오차오로부터의 이전에 대해서는 아직 명확한 결론이 없다고 주장했다(每日经济新闻 2015). 2017년 8월 현재 정부의 결정은 알려져 있지 않고, 가오차오석화는 아직 운영중이다.

산둥 룽커우(山东龙口)

가장 최근의 PX 프로젝트 반대시위는 산둥성 룽커우시에서 발생하였다. 2016년 5월 10일과 11일 이틀 동안, 산둥성 룽커우시에서 만여 명의 시민들이 PX 프로젝트 반대시위를 벌인 것이다(21世纪经济报道 2016; 大紀元 2016).

룽커우시의 PX 프로젝트는 2015년 룽커우시 민영기업인 난산그룹(南山集团)과 싱가포르 기업인 주롱 인터내셔널(Jurong International)의 협력하에 시작되었다. 두 기업은 연간 4000만 톤을 정유하고 PX를 포함한 화학제품을 생산할 화학공업 프로젝트를 룽커우시 남쪽의 인공섬인 위룽도(裕龙岛)에서 추진하기로 결정했다(South China Morning Post 2016; 星島日報 2016; 21世纪经

济报道 2016). 이에 따라 2016년 5월 4일 룽커우시 환경보호국이 위룽석유화학산업기지(裕龙石化产业基地)에 대한 환경영향평가를 공시하자, 시민들의 반대가 표면화되기 시작했다(21世纪经济报道 2016).

5월 10 아침, 만여 명의 룽커우시민들이 시청을 포위하고 PX 프로젝트 반대시위를 진행했다. 당일 시정부는 PX 프로젝트에 대한 환경평가 작업을 잠시 중지하겠다는 결정을 내렸고, 시 공안국은 시민들에게 시위에 참여하지 말라고 통지했다(21世纪经济报道 2016; 人民网 2016). 하지만 시민들은 정부가 프로젝트를 취소한 것이 아니라 주장하며 11일에도 시청 앞에서 프로젝트의 철회를 요구하는 시위를 계속했다(大紀元 2016). 2016년 6월 15일에 룽커우시 정부가 발표한 "롱커우시 국민경제와 사회발전 13차 5개년 계획 개요(龙口市国民经济和社会发展第十三个五年规划纲要)"에는 여전히 위룽도 석유화학산업이 포함됐지만, 룽커우시 정부 선전부 직원은 이 프로젝트의 추진에 대해 시정부에 아직 통일된 결론이 없다고 말했다. 룽커우 PX 프로젝트의 결과는 아직 명확하지 않다(珠海新闻网 2016).

IV PX 반대시위의 성공 사례: 샤먼과 닝보

위 3장에서 살펴본 바와 같이, 2007년 이후 지난 10여 년 동안 중국 전역에서는 PX 프로젝트에 대한 많은 논쟁과 시민들의 반대가 일었고, 언론에 보도되어 외부로 그 과정이 어느 정도 알려진 사례만 해도 13건에 달한다. 이 중 9건은 적게는 수백, 많게는 수만 명에 달하는 시민들이 참여하는 대규모 시위로 귀결되었다. 지방정부가 PX 프로젝트를 추진할 때마다 거의 시민들의 논쟁이나 시위에 부딪쳐 난항을 겪고 있다고 해도 과언이 아닐 만큼, 국가적으로 중요한 산업정책인 PX 프로젝트의 실행에 시민들의 여론과 집단행동이 가지는 영향력이 커지고 있다. 물론 이것이 곧 중국의 산업 및 환경정책 결정에 있어 시민들의 의사가 정책의 내용과 결과를 좌우하고 있다는 뜻은 아니다. 다만 PX 프로젝트에 대한 반대시위들과 부분적인 성공 사례들은, 적어도 환경이라는 문제영역에서는 시민들의 반대가 시위의 형태로 조직화되어 핵심 산업정책의 집행에 결정적인 방해요소로 작용하는 양상이 뚜렷하다는 점을 보여준다.

본 장에서는 시민들의 집단행동이 PX 프로젝트의 실행을 성공적으로 저지한 사례들을 집중적으로 분석하고자 한다. 여기서 '성공'의 기준을 명확히 설정하기란 쉽지 않다. 시민들의 반대와 집단행동이 표면화되기 이전에 지방정부가 시민들을 의식하여 선제적으로 여러 가지 조치를 취하여 갈등을 예방하거나 조기에 타협에 이르는 경우가 있을 가능성도 배제할 수 없다. 또한 각 사례들에 대한 조심스러운 비교분석 이전에 프로젝트의 결과만 놓고 그것이 곧 시위의 성패라고 단언할 수는 없다. 심지어 공개된 자료의 부족으로 인해 일부 사례는 아직 프로젝트의 향방이 불확실하다. 그러나 적어도 시민들의 반대가 표면화되고 집단행동이 발생한 이후 그들의 요구대로 지방정부가 PX 프로젝트의 실행을 철회한 사례들이 있다면, 그 결정에 이르는 과정을 분석하는 작업을 통해 중국에서 환경문제와 관련한 시민들의 집단행동이 국가정책에 어떤 영향을 끼치고 있는지에 대한 흥미로운 단서를 제공할 수 있을 것이다.

2007년 이후 PX 프로젝트 반대시위가 일어난 9개의 사례 중, 이처럼 PX 프로젝트가 철회된 사례는 단 2개이다. 본 장은 이 2개의 사례, 즉 PX 프로젝트 반대시위의 결과 시정부가 PX 프로젝트를 다른 지역으로 이전하기로 결정한 2007년의 샤먼 사례와 시정부가 프로젝트 중단을 약속한 2012년 닝보 사례를 살펴보고자 한다.

1. 샤먼 PX 프로젝트 반대시위[6]

푸젠성 샤먼시의 PX 프로젝트는 하이창구에 대만 자본 기업인 샹루텅룽그룹(翔鹭腾龙集团)의 자회사인 드래곤 아로마틱스(腾龙芳烃有限公司, Dragon Aromatics Company)가 연간 80만 톤의 PX를 생산하는 시설을 건설하는 계획으로, 2006년 7월에 국가발전개혁위원회를 통과했다. 『샤먼일보(厦门日报)』에 따르면, 이 프로젝트의 도입은 샤먼시에 약 108억 위안의 산업 투자액 증가를 가져올 뿐만 아니라, 생산에 들어가면 공업 생산액이 400억 위안 이상에 달할 것이며, 수천 개의 일자리를 창출할 것으로 예측되었다(鳳凰週刊 2007). 이런 상황에서 샤먼 PX 프로젝트는 중앙 및 지방 정부의 적극적인 지원을 받으며 매우 순조롭게 진행되었다.

샤먼 PX 프로젝트 도입에 대한 반대는 2006년 중순부터 PX 프로젝트 공장 소재지 근처의 고급주택가인 '미래해안(未来海岸)'

6 샤먼사례에 대한 심층적인 논의는 Jung & Zeng 2017을 참조하라.

의 거주민들로부터 시작되었다. 당시 이들은 부동산 기업의 전자게시판, 샤먼시의 유명 전자게시판인 샤먼샤오위논단(厦门小鱼论坛), 그리고 온라인 메신저인 QQ 등을 통해서 환경오염에 대한 불안을 표출했고, 샹루텅룽그룹, PX, 대기오염 등에 관한 정보를 서로 공유하면서 PX 프로젝트에 대한 반대 의견을 공유하고 대안을 토의했다(南方人物周刊 2008; 黄煜 & 曾繁旭 2011). 이러한 온라인 활동에 더하여 미래해안 거주민들은 하이창구정부, 샤먼시 정부, 국가 환경보호총국(环保总局)과 국가발전개혁위원회에 수차례 투서도 보냈다(南方人物周刊 2008).

주목할 점은, 이러한 인근 거주민들의 항의 배후에는 부동산 기업들(지방 국유기업)의 이익과 PX 프로젝트(외자기업) 간의 갈등이 있었다는 사실이다. 지방 국유기업인 샤먼하이창투자부동산유한공사(厦门海沧投资房地产有限公司, 이하 하이투부동산)는 2002년부터 하이창구에 중국 남방 최초의 고급 해변주택 단지인 '미래해안'을 건설하기 시작했다. '미래해안'의 개발 규모는 샤먼시 최대였으며, '건강한 주거'를 강조한 부동산개발의 시범 모델로 이름을 날렸다(海沧区人民政府 2006; 2008). 게다가 '미래해안'은 하이창구의 집값상승을 견인하면서 이 지역 부동산업을 촉진하는 데에도 핵심적인 역할을 했다. 샤먼시 정부 공식 홈페이지에 따르면, 2002년 10월 '미래해안'이 거래를 개시하기 전 평방미터당 평균 1600위안-1700위안이었던 하이창구의 집값은 2003년 평균 3000위안이 넘었고, 2004년에는 4000위안에 달했다. 그리고 2006년 '미래해안'의 집값은 평방미터당 평균 5500위안이었다(厦门市人民政府 2006). 이러한 상황에서 PX 프로젝트의 도입이 결정되자 하이창의 부동산 기업들은 많은 손실을 보게 된다. 당시 샤먼 시내의 집값은 2~3만 위안/m^2로 급격히 오른 반면, 하이창구의 집값은 급격히 하락했다(南方周末 2008). 특히 PX 공장과 인접한 '미래해안' 거주자들과 하이투부동산은 가장 큰 피해자가 되었다. '미래해안'의 거래량이 폭락했을 뿐만 아니라, 환불을 요구하는 부동산 매입자들도 많아졌다. 하이투부동산 직원에 따르면, 최악의 경우 환불을 요구한 비율이 30%에 달했다고 한다(法制日报 2007).

그러나 '미래해안' 거주민들의 항의와 부동산 기업의 손실은 그다지 샤먼 시민들의 관심을 끌지 못했다. 상황을 반전시킨 것은 2007년 3월 18일 샤먼대학교의 Zhao Yufen 교수를 비롯한 105명의 정협 위원들이 샤먼 PX 프로젝트의 이전을 주장한 제안을 중국인민정치협상회의에 제출하면서부터였다. 그 후, 부동산 거주민들의 반대와 샤먼대학 교수 등 지식인들의 우려가 인터넷에서 확산되면서 시민들의 관심을 야기하기 시작했고, 곧 PX 프로젝트를 둘러싼 사회적인 논쟁이 벌어지게 되었다. 샤먼의 유명한 칼럼니스트인 Lian Yue(连岳)는 온라인 토론에서 중요한 역할을 했는데, 그는 본인의 블로그에 PX 프로젝트와 관련된 글을 발표하고 PX 프로젝트와 관련된 정보를 확산시킬 것을 독자들에게 호소하였다. Lian Yue 블로그의 인기에 편승하여 샤먼 PX 프로젝트와 관한 정보들은 더욱 널리 확산되었고, 샤먼시 외부의 대중매체들도 이에 대해 크게 보도하기 시작하였다(南方人物周刊 2008). 2007년 5월 말부터는 PX의 위험성을 알리고 6월 1일에 반대시위에 참여할 것을 호소하는 SMS가 샤먼 시민들 사이에 널리 퍼졌다(新华网 2007).

시위의 발생을 막기 위해서 샤먼시 정부는 5월 30일에 PX 프로젝트 건설에 대한 상무회의를 열고, PX 프로젝트의 추진을 일시 중지시킨다는 결정을 내렸다(人民网 2007). 하지만 정부의 결정을 불신한 시민들은 6월 1일 시위를 계획대로 진행하였다. 2007년 6월 1일과 2일 이틀 동안 만여 명의 시민들이 '산책'이라는 이름으로 평화적인 시위를 펼쳤다. 중국에서 발행량이 가장 많은 주간지인 『남방주말』에 따르면, 시위 참여자의 대부분은 샤먼 본토인보다는 최근 20년 이래 샤먼으로 이주해 온 '신샤먼인(新厦门人)'이었다.[7] 이러한 '신샤먼인'들은 대부분 고학력자로(南方周末 2007), 시위대 중에는 기업가, 자유직업자, 대학 교수, 그리고 학생과 같은 지식인층도 적지 않았다(邓辉 2009). 중국 매체는 물론, *The Economist*, *Asia Sentinel*, *Washington Post* 등 해외 매체도 시위의 진행을 보도하면서 샤먼의 PX 반대시위는 국내외의 핫이슈가 되었고, 그 처리 결과 또한 국내외의 주목을 받게 되었다.

특기할 만한 점은, 이 같은 성공적인 시위 조직화 이면에 부동산기업의 적극적인 역할이 있었다는 점이다. 부동산기업의 전자게시판은 PX 프로젝트에 대한 토론의 장이 되었고, 부동산업자들은 PX 반대시위 과정에 개입하였다. 샤먼시 인민대표대회 대표인 Yang Jingcheng(杨景成)는 『샤먼만보(厦门晚报)』에서, 부동산 기업가들이 자신들의 이익을 위해 시민들을 선동하고 조직하고 있으며 심지어 시위 참가자에게 매일 일인당 100위안씩 지불하는 등 경제적 매수수단을 동원하여 시위대를 확대했다고 밝혔고, 『남방주말(南方周末)』과 『연합조보(联合早报)』도 이러한 증언을 인

7 샤먼에서 외지인이 구매하는 부동산은 60%에 달했다(第一财经日报 2007).

용하여 보도했다(厦门网 2007; 联合早报 2007; 南方周末 2008). 저자가 샤먼시 한 NGO의 환경보호운동가들과 실시한 인터뷰에서도 동일한 내용이 등장하였는데, 그들은 심지어 PX 프로젝트에 관한 정보를 누설하고 2007년 5월에 '6월 시위'를 호소한 문자 메시지를 보낸 사람들이 부동산업자라고 주장하기도 했다(저자 인터뷰 20170120).

결국 6월 7일에 샤먼시 정부는 PX 프로젝트의 건설 여부를 전 구역 총체기획에 대한 환경영향평가의 경과에 따라 결정하겠다고 약속했다. 12월 5일에 나온 환경영향평가는 하이창구의 개발계획이 '석유화학공업구(石化工业区) 건설' 또는 '도시부심(城市次中心) 건설' 둘 중에 하나를 선택하도록 권고하였다(人民网 2007). 12월 13, 14일에 샤먼시 정부는 지역 공청회를 열어 주민의 의견을 수집하였고, 다수의 주민들이 PX 프로젝트를 반대하였다. 뒤이어 12월 15일 열린 성정부 특별회의에서 샤먼 PX 프로젝트의 이전을 결정하면서, 샤먼의 PX 반대시위는 주민들의 요구가 관철된 첫번째 사례가 되었다(南方周末 2008).

2. 닝보 PX 프로젝트 반대시위

앞서 3장에서 언급한 바와 같이, 닝보시의 PX 프로젝트는 시노펙과 저장성정부가 닝보시 전하이구에서 추진한 "전하이정유화학 확장 및 통합 프로젝트"의 일부이다(三联生活周刊 2012). 이 프로젝트는 국가발전개혁위원회가 발표한 "석유화학산업 조정 및 진흥 계획(石化产业调整和振兴规划)" 중 하나로, 2008년 금융위기 이후 경제부흥을 위해 세계적인 규모의 석유화학단지를 건설하고자 하는 계획을 시노펙의 계열사 중에 기초시설이 가장 좋은 전하이연화가 담당하게 된 것이었다(鳳凰週刊 2012). 이 프로젝트는 닝보시에도 좋은 기회였는데, 당시 민영기업과 중소기업 위주의 닝보시 경제는 금융위기로 타격을 받은 상황이라 대규모 프로젝트로 기존의 경제구조를 조정하고 위기를 타개할 필요가 있었다(新浪财经 2011). 또한 전하이연화가 중국은 물론이고 아시아 최대의 종합정유 및 석유화학기업으로 성장하는 기회가 될 수 있었다는 점에서 이 프로젝트는 시노펙에게도 큰 의미를 갖고 있었다(新华网 2012). 즉, "전하이정유화학 확장 및 통합프로젝트"는 중앙 및 지방 정부는 물론이고 대형국유기업인 시노펙에게도 매우 중요한 프로젝트였다. 그러나 이 프로젝트는 곧 시민들의 반대에 부딪쳤다.

전하이연화의 전신은 1975년에 전하이구에서 설립한 저장정유공장(浙江炼油厂)이다. 1983년에 시노펙이 지배회사가 되기 전, 전하이연화는 지방정부에게는 높은 세수를, 전하이구민에게는 높은 임금과 혜택을 가져다 주는 유용한 회사였다. 하지만 시노펙에 속하게 된 후 전하이연화가 지방정부에 지불하는 세금은 크게 감소하였는데, 특히 2006년 이후에는 100억 위안에 달하는 전하이연화의 연평균 이윤과 세금(利税) 중 지방정부에 낸 세금은 2억 위안도 되지 않았다. 그리고 전하이연화의 발전은 촌민들에게도 그다지 큰 이익이 되지 않았다. 전하이연화는 2012년 당시 이미 전국 최대규모이자 최고 이윤을 내는 정유기업이었지만, 과학기술의 발달과 함께 노동력 수요는 계속 감소되었고 임금도 인상되지 않기 때문에 전하이연화와 거주민들의 관계도 점점 멀어졌다((第一财

经日报 2012; 三联生活周刊 2012).

게다가 전하이연화가 성장함에 따라 주변에 중소 화학공장이 잇달아 생기면서, 환경오염도 함께 발생하기 시작했다. 공업단지 주변에 사는 촌민들은 오랫동안 환경오염으로 인한 고통에 시달리고 있었고, 전하이구 질병예방통제센터에 따르면 2007년부터 2009년 사이 암 사망률이 급속하게 증가하였다. 처음 시위가 발생한 완탕촌(湾塘村)에서는 촌민 5,300명 중 암환자들이 최소 100여 명에 달했다. 이 같은 고용감소, 임금정체, 그리고 심각한 환경오염과 건강문제로 인해 전하이연화를 비롯한 화학공장들에 대한 완탕촌민들의 불만은 점점 심화되고 있었고 화학공장들의 영향에서 벗어나고자 하는 갈망 또한 커지고 있었다(鳳凰週刊 2012; 三联生活周刊 2012). 이러한 불만과 갈망이 "전하이정유화학 확장 및 통합프로젝트"의 추진과정에서 폭발했다고 할 수 있다.

실제로 닝보시의 PX 프로젝트 반대시위는 2012년 10월 22일에 약 200명의 완탕촌민들이 토지수용 문제에 대한 집단민원을 제기하면서부터 시작했다. 흥미롭게도 완탕촌민들의 요구사항은 프로젝트 자체에 대한 반대가 아니라, 오히려 촌락이 화학공업 기업과 가까우니 토지수용 계획에 속하게 해달라는 것이었다. 사실 "전하이정유화학 확장 및 통합프로젝트"는 간척지에 설립할 예정이었기 때문에 완탕촌의 토지를 징용할 필요가 없었고, 정부는 이미 화학공장으로 인한 환경영향을 줄이기 위해 공업단지와 주택단지 사이에 있는 기존 방호림에 더해 새로운 방호림을 건설하려고 계획하고 있었다. 하지만 촌민들은 화학공업 프로젝트를 저지할 수는 없다는 판단하에 아예 이 기회를 이용하여 토지수용 대상에 포함되어 화학공장들의 영향에서 벗어나려고 했고, 이 과정에서 더 많은 보상금을 받을 수 있는 이전방식을 요구하려 했던 것이다. 즉 초기단계의 시위에 참여한 촌민들의 핵심 목적은 PX 프로젝트에 대한 반대가 아니라 경제적 이익을 얻는 것이었다(鳳凰週刊 2012; 三联生活周刊 2012).

하지만 완탕촌민들이 제기한 집단민원은 'PX 프로젝트'란 단어로 인해 많은 닝보 시민들의 관심을 모으기 시작했다. 1998년 8월에 설립한 닝보화공단지는 닝보의 유일한 화학공업단지로, 그 안에 전하이연화를 포함한 70여 개의 기업이 있었다(中国工业园网 2012). 닝보화공단지에서는 설립 이후 유독물질 유출 또는 배출로 인한 환경오염 사고가 여러 번 일어났는데(中国宁波网 2007; 蘋果日報 2012), 화공단지에서 전하이구로 역풍이 불기 때문에 전하이구 거주민들은 화공단지로 인한 환경오염과 건강문제에 대한 우려와 불만을 늘 가지고 있었다. 이에 그 동안 다른 PX 반대시위에서 확산된 부정적 이미지 등이 더해지면서 닝보 시민들 사이에서는 전하이연화의 PX 프로젝트에 대한 반대여론이 고조되었다(三联生活周刊 2012; 亞洲週刊 2012).

시위의 조직에는 온라인상의 시민활동이 중요한 역할을 했다. 10월 23일에 닝보의 유명 온라인 게시판인 "티엔야논단(天涯论坛)"에 "전하이만민구원요청서(镇海万民求救书)"라는 글이 올라와 PX의 위험성을 강조하고 전하이 정부관료들에게 PX 프로젝트의 철회를 요청하는 동시에 시민들에게 PX 반대시위에 참여할 것을 호소했다. 그리고 "예상잉의 시평망(夜伤鹰提原创时评网)"라는 웹사이트[8]에 발표된 "닝보와 전하이 환경보호 민의발기문(夜伤鹰提宁

波和镇海环境保护民意发起书)"이란 글은 닝보와 전하이의 환경보호에 대한 10개의 요구를 제기했는데, 이는 이후 발생한 닝보 PX 반대시위의 요구사항에 중요한 기초를 제공했다. 닝보 시민들은 온라인 메신저인 QQ 채팅룸을 통해서 시위의 시간 및 장소를 정하고 시위의 요구내용 및 방식 등을 토론했으며(亞洲週刊 2012), PX 반대시위에 관한 소식도 QQ, 문자메시지 등을 통해 시민들 사이에 급속히 전파되었다(鳳凰週刊 2012).

결국 10월 26일부터 28일까지 PX 프로젝트를 반대하는 수많은 시민들이 전하이구와 닝보시 도심에서 시위를 진행했다. 10월 26일 금요일부터는 전하이구에서 이미 폭력 시위가 일어났고, 당일 밤에 51명의 시위자들이 구류되었다. 27일부터 시위는 닝보시 도심과 시청으로 확산되어 수천 명의 시민들이 시위에 참여했고 시위대와 경찰 간의 폭력 충돌이 발생했다(鳳凰週刊 2012; 亞洲週刊 2012; The New York Times 2012a; 现代金报 2012). 홍콩의 시사주간지인 『아주주간(亞洲週刊)』에 따르면, 28일에는 전하이구에서만 3만 명의 시민들이 시위에 참여했고 도심 시위 참가자의 수는 이보다 더 많았다(亞洲週刊 2012).

시민들의 반대와 시위에 직면한 정부가 아무런 조치를 취하지 않은 것은 아니었다. 샤먼과 다롄 PX 반대시위를 교훈으로 삼아, 인터넷에서 닝보 PX 프로젝트에 대한 반대 여론이 많아지기 시작하자 전하이구 인민정부판공실(人民政府办公室)은 10월 24일에 "전하이정유화학 확장 및 통합프로젝트 관련 상황에 대한 설명(关于镇

8 예상잉(夜伤鹰)은 닝보 전하이의 한 프리랜서의 필명인데 본명은 Yu Xiaoming(俞小明)이다.

海炼化一体化项目有关情况的说明)"을 발표하여 "가장 엄격한 배출 표준을 실행하겠다"고 약속했다. 하지만 정부의 발표는 PX 프로젝트가 이미 추진되고 있다는 시민들의 우려를 확인해 줬고, 정부의 예상과는 달리 PX 프로젝트에 대한 반대 여론은 오히려 격화되었다. 10월 27일 오후, 닝보 시위원회와 시정부는 간부회의를 소집했고 시민들과의 대화를 추진하겠다고 밝혔다. 이 회의의 내용은 28일에 『닝보일보(宁波日报)』, 『닝보완보(宁波晚报)』 그리고 『현대금보(现代金报)』 등 지방 관영 신문들에 실렸으나, PX 반대시위를 불법 집회와 비이성적인 행위로 간주하는 기사 내용으로 인해 시민들의 분노와 불신은 더욱 심화되었다(鳳凰週刊 2012).

이러한 상황에서 2012년 11월 8일부터 공산당의 제18차 전국대표대회가 개최될 예정이었다는 사실은 지방정부에게 상당한 정치적인 압력으로 작용했을 것으로 보인다(The New York Times 2012b). 향후 10년을 좌우할 새로운 공산당 지도부를 선출하는 가장 중요한 정치적 행사를 앞두고 정치적 안정을 유지하고 정부에 대한 긍정적인 이미지를 확산하는 것이 핵심적인 과제였기 때문이다. 이런 상황에서 시민들의 격렬한 시위에 직면한 전하이구 정부는 전하이구에 "쌍방 분리(双向分离)" 정책을 추진하였다. 즉, 공업은 바닷가로 촌락은 내륙으로 분리하여 개발하려는 것이었다. 이에 따라 전하이구 정부는 내륙에 새로운 거주구역을 건설하고 화공단지와 가까운 촌락의 이전을 추진하며(鳳凰週刊 2012), 환경오염의 영향을 줄이기 위해 공업단지와 주택단지 사이에 있는 기존의 방호림에 더해 새로운 방호림을 건설하는 계획을 세웠다(三联生活周刊 2012).

관건은 자금문제였다. 전하이구 정부는 새로운 거주구역 건설에 필요한 대량의 자금을 전하이연화가 제공하기를 기대했다. 『봉황주간(鳳凰週刊)』이 정부 관계자와 진행한 인터뷰에 따르면, 프로젝트 실행 초기에 전하이구 정부는 전화이연화에 농가철거와 이전비용으로 100억 위안을 요구했고, 전하이연화는 90억 위안을 제공하기로 합의했다(鳳凰週刊 2012). 또한 처음에 전하이정유화학 확장 및 통합프로젝트에 미온적이었던 전하이구 정부는 이익분배에 대한 협상 후에야 프로젝트에 동의하였다. 시노펙은 국영기업이라서 원래 대부분의 세수는 중앙정부에 귀속되고 현지 지방정부가 받을 수 있는 세수가 매우 적을 뿐만 아니라(저자 인터뷰 20170824), 그나마 모두 닝보시 정부의 몫이었기 때문이다. 협상의 결과 시노펙이 지방정부에 제출하는 이윤과 세금을 60% 대 40%로 전하이구 정부와 닝보시 정부가 나누는 것으로 합의되었다. 그리고 전하이정유화학 확장 및 통합프로젝트의 투자액 중에 50억을 투자, 닝보석화공업단지위원회 산하 개발회사가 참여하는 합자회사를 만들고, 이를 통해 전하이구 정부가 약 12억 위안의 세수를 더 받을 수 있도록 했다. 이를 통해 전하이구 정부는 촌민의 이전 요구에 응할 수 있는 재정적 여력을 더 확보할 수 있었다(三联生活周刊 2012). 즉 전하이구 정부는 전하이정유화학 확장 및 통합프로젝트가 가져올 세수를 통해 이전과 관련한 자금문제를 해결하고 재정수입을 증가시키려 했다.

하지만 촌민들의 보상금 요구와 닝보 시민들의 반대가 고조되자, 전하이연화를 소유한 시노펙은 비타협적인 태도를 보였고, 이는 전하이구 정부가 프로젝트를 계속 추진할 동기를 상실하게 했다. 전하이구 정부의 한 관료는 『삼련생활주간(三联生活周刊)』과의 인터뷰에서 다음과 같이 말했다. “이러한 사태가 발생한 후 기업 측과 상의하면서 돈을 좀 출자해서 거리가 좀 먼 촌도 함께 이전하도록 해주면 어떠냐고 제안했지만, 시노펙은 거부했다. 시노펙이 전국에 수많은 회사가 있는데, 여기서 선례를 남긴다면 이후 다른 지방에서 프로젝트 건설에 더욱 곤란을 겪게 된다는 것이다”(三联生活周刊 2012). 또한 시노펙은 프로젝트를 실시하지 않으면 자신들은 다른 도시로 프로젝트를 옮기겠다고 닝보시 정부를 압박했다고 한다.[9]

즉 이처럼 민감한 정치적 타이밍에 시민들의 격렬한 시위에 직면한 상황에서 프로젝트를 담당한 거대 국유석유기업이 경제적으로 매우 비타협적인 태도를 보이자, 정치적인 압력과 경제적인 압박 모두에 직면한 닝보시는 결국 PX 프로젝트를 포기하게 된다. 10월 28일 저녁에 닝보시 정부 대변인은 PX 프로젝트를 더 이상 추진하지 않을 것이며, 전하이정유화학 확장 및 통합 프로젝트 초기 작업의 추진도 중단한다고 발표했다(现代金报 2012).

V 결론

2007년 이후 지난 10여 년 동안 중국 전역에서는 PX 프로젝트에 대한 많은 논쟁과 반대가 일었고, 이 중 9건은 적게는 수백, 많게는

9 노팅엄 대학교 Yao Shujie(姚树洁) 교수가 2012년 11월 1일에 재신망(财新网) 블로그에 발표한 글을 인용함.

수만 명에 달하는 시민들이 참여하는 대규모의 시위로 귀결되었다. 지방 정부가 PX 프로젝트를 추진할 때마다 거의 시민들의 논쟁이나 시위에 부딪쳐 난항을 겪었다고 해도 과언이 아닐 만큼, 국가적으로 중요한 산업정책인 PX 프로젝트의 실행에 시민들의 여론과 집단행동이 영향력이 미치고 있다. 적어도 환경이라는 문제 영역에서는, 시민들의 적극적인 반대시위가 핵심 전략산업정책의 집행 과정에서 고려해야 할 중요한 요소로 작용하고 있는 것이다.

특히 2007년 샤먼에서 발생한 시위는 중국 최초의 PX 프로젝트 반대시위인 동시에, 공청회와 같은 민주적인 방식을 통해 지방 정부의 양보를 받아낸 최초의 환경 시위 사례라는 점에서 의미가 있다. 샤먼 정부의 PX 공장 건설 포기 결정은 이후 발생한 PX 반대시위들뿐만 아니라 중국 환경운동 및 중국 PX산업의 발전에 많은 잠재적인 영향을 미쳤다. 샤먼 사건에서 정부의 산업정책 철회 결정은 "크게 싸우면 크게 해결되고, 작게 싸우면 작게 해결되며, 싸우지 않으면 해결도 없다(大闹大解决, 小闹小解决, 不闹不解决)"라는 원리가 환경 이슈에도 적용된다는 사실을 중국 시민들에게 일깨워 주었다. 금속 제련, 쓰레기 소각로 건설, 원자력 발전소 건설 등 여타 중화학 산업에 대한 시민의 반대시위도 샤먼 PX 프로젝트 반대시위로부터 영감을 얻었다. 중국 국내학자와 언론인들조차 샤먼 PX 프로젝트 반대시위를 권위주의 정권하의 인민의 승리, 또한 중국 님비 운동의 시작으로 간주하기도 한다(南方都市报 2007; 南方周末 2015). 그리고 샤먼 사건은 PX 프로젝트에 대한 중앙정부의 정책 조정에도 일정한 영향을 끼쳤다. 샤먼 PX 반대시위가 끝난 후 중국관세청(中国海关总署)은 PX 프로젝트 건설에 대한 심사를 강화하고 PX 등 산업에 대한 안전 및 환경보호 요구를 제고해야 한다고 발표했다(中华人民共和国海关总署 2007).

2007년의 샤먼시위와 또 다른 성공적인 PX 반대시위인 2012년 닝보시위를 비교해보면, 몇 가지 흥미로운 시사점이 발견된다. 첫째, 중국의 급속한 경제성장의 부산물인 심각한 환경오염의 결과, 환경문제가 강력한 파급력과 대중 동원력을 지닌 문제영역으로 부상했다는 점이다. 특히 심각한 위험을 내포하는 석유화학공업시설 건설에 대한 우려는 다양한 배경과 이해관계를 가진 대중들을 하나로 묶는 이슈가 되었고, 중산층과 지식인, 젊은층을 포함하여 많게는 수만에 이르는 대중들의 적극적인 시위참여를 도출해내었다. 환경문제는 정치적으로 정권에 도전적인 민감한 문제가 아니면서도 다양한 계층이 함께 생존권과 건강권이라는 기본적인 시민의 권리를 요구할 수 있게 한다는 점에서, 제한적이긴 하지만 성공사례들이 등장하는 것은 주목할 만하다. 둘째, 샤먼과 닝보의 사례 모두에서 PX 프로젝트에 대한 정보를 전파하고 그 잠재적 위험성에 대한 지식을 공유하며 반대시위를 조직하는 데 있어 인터넷, 문자메시지, 메신저, SNS 등이 매우 중요한 역할을 했다. 물론 정치적 비판이나 중앙정부 관련 사항이 아닌 지방 수준의 환경이슈와 관련된 역할이라는 중요한 전제가 있지만, 위의 사례들은 새로운 IT기술이 중국에서도 대중의 효율적인 정보공유와 효과적인 집단행동에 기여할 수 있음을 단적으로 보여준다. 셋째, 도시 중산층과 지식인들의 적극적인 시위참여가 두드러진다. 이는 계층을 불문하고 보편적인 파급력과 설득력을 가지는 환경이슈의 특징과, 건강과 삶의 질 문제에 민감하고 IT기술에 접근이 용이한 중산층과 지식인들의 특성이 종합된 결과이다. 비록 환경이슈에 국한되어 있지만 중산층과 지식인들이 성공적으로 조직화된 사례들은 중국의 정치변화와 관련하여 주목할 만한 부분이다.

이에 더하여 또 하나 놓치지 않아야 할 시사점은, PX 프로젝트에 대한 반대시위들을 살펴보면 환경이라는 표면적 이슈 아래 주요 행위자들의 경제적인 이익이 주요 변수로 작용하고 있다는 사실이다. PX 프로젝트에 대한 시민들의 적극적인 반대의 배후에는 부동산기업과 고급주택지 거주민들(샤먼) 또는 토지수용을 요구하는 촌민들(닝보)의 경제적 이익이 중요한 역할을 하였다. 샤먼의 PX 프로젝트 반대시위에는 부동산기업의 직접적인 지원과 선동이 있었고, 개발과 보상으로 경제적 이익을 보게 될 장저우시 구레이진의 거주민들이 큰 반대 없이 이전을 받아들인 것은 그를 뒷받침한다. 닝보의 PX 프로젝트 반대시위의 시발점도 토지수용에 포함되어 경제적 이익을 확대하고자 하는 인근 완탕촌민들의 시위였다. 그리고 두 사례 모두에서, 지방정부가 프로젝트 유치와 철회를 결정하는 과정에서 지방경제 및 세수에 대한 득실 계산이 중요한 역할을 하였고, 이에 더하여 정치적 영향력이 있는 지방 국유부동산기업(샤먼)이나 막강한 권력의 거대 국유석유기업(닝보)의 경제적 이익이 프로젝트 향방에 결정적인 영향을 미친 것으로 보인다. 결국 중국에서 환경시위 또한 단순한 환경문제 개선에 대한 요구에 그치지 않고, 일반대중과 기업들의 경제적 이익과 밀접하게 결합되면서 중요한 산업정책의 향방에 대한 영향력이 강화될 수 있는 것이다.

이 논문에서 분석한 사례들은 환경이라는 특정 문제영역에서 중국의 대중들이 자신들의 이익을 보호하기 위해 자발적으로 조직화되어 대규모 시위 등의 집단행동을 통해 정부의 산업정책 집행을 막으려는 적극적인 시도를 전개하는 과정을 보여준다. 특히 샤먼과 닝보의 PX 반대시위는 지식인과 중산층을 중심으로 온라인 매체를 통해 활발히 정보를 공유하고 토론을 거치면서 집단행동을 조직해나가고, 도시민들과 농민 등 다양한 계층을 아우르는 참여가 이루어지며, 지방정부와 다양한 기업들의 경제적 이익이 결정적인 역할을 한다는 점에서, 중국의 산업정책 집행과정 배후의 동학을 드러내는 매우 흥미로운 사례들이다. 물론 정치적으로 민감한 문제나 중앙정부의 통제와 개입이 이루어지는 사안에 대한 반대의견의 공유 및 조직화에는 명백한 한계가 존재한다는 점에서, 환경시위의 성공사례를 기반으로 시민사회의 등장을 낙관하거나 중국 공산당의 국내정치적인 정책집행 능력의 취약성을 드러내는 것으로 해석하기는 어렵다. 그럼에도 불구하고 이 논문에서 다룬 PX 프로젝트 반대시위들은, 환경문제를 야기할 수 있는 사안에 대한 대중의 조직화된 반대여론이 지방정부의 산업정책 집행과정에서 중요한 고려사항이 되고 있을 뿐만 아니라, 다양한 경제적 이익과 결합하여 산업정책의 변경 또는 포기를 야기하는 변수로 작용할 수 있다는 사실을 드러낸다. 이는 경제발전 수준이 높아지고 새로운 이슈영역이 부상하면서, 중국 권위주의 정권의 산업정책 집행에 대한 일방적 통제가 다소 완화되고, 다양한 경제적 이익의 경쟁과 갈등, 시민의 여론과 집단행동이 영향을 미칠 수 있는 과정으로 변모해 나갈 수 있다는 가능성을 시사한다.

참고문헌

뉴시스. 2012. "中 롄윈강市, 주민 반대에 핵폐기물 재처리 시설 건립 포기"(7월 29일), http://www.newsis.com/ar_detail/view.html/?ar_id=NISX20160810_0014279437

미디어 오늘. 2012. "중국내 SNS의 확산은 중국판 재스민 혁명의 시작"(7월 20일), http://www.mediatoday.co.kr/news/articleView.html?idxno=103862

연합뉴스. 2012. "中치둥시 수만명 시위..黨서기 봉변"(7월 30일), http://news.naver.com/main/read.nhn?mode=LSD&mid=sec&sid1=104&oid=001&aid=0005728673

Asia Sentinel. 2007. "SMS Texts Energize a Chinese Protest" (June 1), http://www.asiasentinel.com/politics/sms-texts-energize-a-chinese-protest/

China Daily. 2014. "Protests show growing concern over environment" (April 3), http://www.chinadaily.com.cn/china/2014-04/03/content_17401717.htm

Duggan, Jennifer. 2015. "Green China: why Beijing Fears a Nascent Environmental Protest" (October 9), TakePart, http://www.takepart.com/feature/2015/10/09/china-environmental-protest

Financial Times. 2014. "Chemical plant protests spread to Guangzhou" (April 1), https://www.ft.com/content/cf6594fa-b98d-11e3-957a-00144feabdc0?mhq5j=e3

Fox News. 2013. "Thousands of police, other steps silence protest against petrochemical plant in Chinese city" (May 4), http://www.foxnews.com/world/2013/05/04/thousands-police-other-steps-silence-protest-against-petrochemical-plant-in.html

Jung, Joo-Youn & Ming Zeng. 2017. "Negotiating Industrial Policies in China: Local Governments, Enterprises, and Citizens' Environmental Protests." Presented at AAS in Asia (June 26, Seoul)

Lee, Kingsyhon & Ming-sho Ho. 2014. "The Maoming anti-PX protest of 2014: An environmental movement in contemporary China" *China Perspectives*. No. 3, 33-39.

Morton, Katherine. 2014. "Policy Case Study: The Environment," in Joseph William(ed.), *Politics in China: an introduction*. New York: Oxford University Press.

National Public Radio. 2013. "To Silence Discontent, Chinese Officials Alter Workweek" (May 4), http://www.npr.org/sections/thetwo-way/2013/05/04/181154978/to-silence-discontent-chinese-officials-alter-calendar

Pew Research Center. 2015. "Corruption, Pollution, Inequality Are Top Concerns in China" (September 24), http://www.pewglobal.org/2015/09/24/corruption-pollution-inequality-are-top-concerns-in-china/

Reuters. 2011. "China says will shut plant as thousands protest" (August 14), http://www.reuters.com/article/us-china-protests-idUSTRE77D0EK20110814

____. 2013. "Protests in Chinese city over planned chemical plant" (May 4). http://www.reuters.com/article/us-china-environment-protest/protests-in-chinese-city-over-planned-chemical-plant-idUSBRE94304120130504

South China Morning Post. 2007. "Thousands Protest Against Chemical Plant in Xiamen" (June 2), http://www.scmp.com/article/595260/thousands-protest-against-chemical-plant-xiamen -24-

____. 2013. "Unable to walk the walk, Chengdu residents talk the talk" (May 4), http://www.scmp.com/news/china/article/1229971/unable-walk-walk-chengdu-residents-talk-talk

____. 2014. "Shenzhen becomes third city to join protests over Maoming Chemical plant" (April 3), http://www.scmp.com/news/china/article/1463810/shenzhen-becomes-third-city-join-protests-over-maoming-chemical-plant

____. 2016. "Hundreds march in protest against plan for petrochemical plant in eastern China" (May 11), http://www.scmp.com/news/china/policies-politics/article/1943473/hundreds-march-protest-against-plan-petrochemical-plant

The Guardian. 2012. "Controversial Chinese chemical plant believed to have resumed production" (January 13), https://www.theguardian.com/environment/2012/jan/13/chinese-chemical-plant

____. 2013. "Chinese protest at planned chemical plant over pollution fears" (May 16), https://www.theguardian.com/world/2013/may/16/china-protest-chemical-plant-kunming-px

The Economist. 2007. "Mobilised by Mobile" (June 21), http://www.economist.com/node/9367055

The International Relations and Security Network(ISN). 2016. "China's Environmental Crisis" (February 8), http://www.isn.ethz.ch/Digital-Library/Articles/Detail/?id=195896

The New York Times. 2012a. "Protests Against Expansion of China Chemical Plant Turn Violent" (October 27), http://www.nytimes.com/2012/10/28/world/asia/protests-against-expansion-of-china-chemical-plant-turn-violent.html

____. 2012b. "Protests Over Chemical Plant Force Chinese Officials to Back

Down" (October 28), http://www.nytimes.com/2012/10/29/world/asia/protests-against-sinopec-plant-in-china-reach-third-day.html?_r=0
____. 2013. "Cost of Environmental Damage in China Growing Rapidly Amid Industrialization" (March 29), http://www.nytimes.com/2013/03/30/world/asia/cost-of-environmental-degradation-in-china-is-growing.html
____. 2015. "Tianjin, a port in China, is Rocked by Explosions That Killed Dozens" (August 12), https://www.nytimes.com/2015/08/13/world/asia/chinese-port-city-tianjin-rocked-by-enormous-explosion.html?_r=0
Washington Post. 2007. "Text Messages Giving Voice to Chinese" (June 28), http://www.washingtonpost.com/wp-dyn/content/article/2007/06/27/AR2007062702962.html
Zhu, Zi. 2017. "Backfired Government Action and the Spillover Effect of Contention: A Case Study of the Anti-PX Protests in Maoming, China." *Journal of Contemporary China*. Vol. 26, No. 106, 521-535.

21经济网. 2017. "6月中石油云南石化投产中缅原油管道将运输时间缩短1/3" (5월 10일), http://www.21jingji.com/2017/5-10/3MMDEzODFfMTQwODc3MQ.html
21世纪经济报道. 2016. "龙口叫停裕龙岛4000万大炼油项目" (5월 12일), https://epaper.21jingji.com/html/2016-05/12/content_39954.htm
BBC 中文网. 2008. "成都民众游行抗议贪官破坏环境" (5월 5일), http://news.bbc.co.uk/chinese/simp/hi/newsid_7380000/newsid_7384600/7384680.stm
____. 2013a. "成都警方严防民众发起反对石化项目示威" (5월 4일), http://www.bbc.com/zhongwen/simp/china/2013/05/130504_china_chengdu_pollution_protest.shtml
____. 2013b. "中国昆明民众上街游行抗议PX项目" (5월 4일), http://www.bbc.com/zhongwen/simp/china/2013/05/130504_china_kunming_protest_environment.shtml
____. 2013c. "昆明PX项目「大多群众反对就不上」" (5월10일), http://www.bbc.com/zhongwen/trad/china/2013/05/130510_china_kunming_pxnews.shtml
____. 2015. "上海终止金山区环评市民继续上街游行" (6월 28일), http://www.bbc.com/zhongwen/trad/china/2015/06/150628_shanghai_chemical_plant
____. 2016. "江苏连云港爆发反核示威 遭警方禁止" (8월 10일), http://www.bbc.com/zhongwen/simp/china/2016/08/160810_china_lianyungang_protest_nuclear_plan
FT中文网. 2013. "PX争议，无效" (5월 15일), http://m.ftchinese.com/story/001050423

VOAChinese. 2013. "昆明民众上街抗议化工项目, 市长答应下马" (5월 17일), https://www.voachinese.com/a/mass-protests-kunming-20130517/1663041.html
阿波罗新闻网. 2008. "古雷PX厂东山反建爆流血示威" (3월 4일), http://www.aboluowang.com/2008/0304/77382.html#sthash.ysslcQfF.dpbs
博讯新闻网. 2015. "上海万人反PX第6天: 市府集会被镇压3万人再游行" (6월 28일), http://www.boxun.com/news/gb/china/2015/06/201506280432.shtml#.WYNThdOGMUt
财经网. 2015. "国有石化企业高管谈漳州PX爆炸" (4월 7일), http://column.caijing.com.cn/20150407/3856750.shtml
财新网. 2013. "昆明石化冲动" (5월 11일), http://magapp.caixin.com/2013-05-11/100526932.html
财新周刊. 2011. "中国PX出路" (10월 24일), http://magazine.caixin.com/2011-10-21/100316343.html?p0#page2
____. 2015. "古雷PX之谶" (4월 13일), http://weekly.caixin.com/2015-04-10/100799044.html?p0#page2
大紀元. 2011. "石靜笛: 大連萬人遊行隊伍中蘊藏的密碼" (8월 17일), http://www.epochtimes.com/b5/11/8/17/n3346003.htm
____. 2013. "四川民眾抗議彭州石化成都集會地點遍布警察" (5월 4일), http://www.epochtimes.com/b5/13/5/4/n3862429.htm
____. 2014. "全城被包圍茂名反PX內幕驚人" (4월 2일), http://www.epochtimes.com/b5/14/4/2/n4121251.htm
____. 2016. "山東上萬人示威抗議大型石化項目落地" (5월 12일), http://www.epochtimes.com/b5/16/5/11/n7885902.htm
邓辉. 2009. "利益视角下扩大公民有序政治参与模式的构建——以厦门 PX 项目事件中公民政治参与为例"『中共桂林市委党校学报』. Vol. 9, No. 2, 26-30.
第一财经日报. 2007. "谁在支撑厦门房价飙升" (5월 31일), http://www.360doc.com/content/07/0603/00/142_535374.shtml
____. 2011. "福佳大化PX项目前世今生" (8월 11일), http://www.yicai.com/news/1003391.html
____. 2012. "中石化镇海炼化炼油亏4亿员工不好意思穿工作服上街" (7월 30일), http://finance.ifeng.com/news/corporate/20120730/6836765.shtml
東方日報. 2015. "成都PX廠涉偷步生產" (7월 25일), http://orientaldaily.on.cc/cnt/china_world/20150725/00178_030.html
东方网. 2015. "上海化工区产业发展规划环评今起二次公示不涉及且将来也不会有PX项目" (6월 23일), http://sh.eastday.com/m/20150623/u1ai8766230.html
法制日报. 2007. "厦门毗邻PX项目高级住宅区房价下跌" (6월 15일), http://bj.leju.com/news/2007-06-15/1221196779.html
____. 2012. "2012年群体性事件研究报告" (12월 27일), http://www.chinaelections.

com/article/587/227383.html
鳳凰週刊. 2007. "厦门: 一座岛城的化工阴影" (No. 256), https://www.douban.com/group/topic/13411242/
_____. 2012. "宁波镇海反PX事件始末" (No. 32), http://finance.takungpao.com.hk/hgjj/q/2012/1115/1373202.html
福佳集团. http://www.fujiagroup.com/index.text_fujiagroup_199_cn_1111_901.html(검색일: 2017.07.07).
光明网. 2012. "环境群体事件年均递增29%说明什么" (10월 27일), http://www.360doc.com/content/12/1113/08/7550662_247531263.shtml
海沧区人民政府. 2006. "简讯2月27日" (2월 27일), http://www.haicang.gov.cn/SITE_CONFIG/jsj/201207/t20120719_61962.htm
_____. 2008. "2004年海沧区大事记" (10월 30일), http://www.haicang.gov.cn/xx/zdxxgk/jbxxgk/hcgk/hcdsj/201510/t20151029_295015.htm
环球时报. 2015. "社评: 漳州爆炸须严查, PX建设应挺住" (4월 8일), http://opinion.huanqiu.com/editorial/2015-04/6119780.html
黄煜·曾繁旭. 2011. "從以鄰為壑到政策倡導: 中國媒體與社會抗爭的互激模式" 『新聞學研究』. No. 109, 167-200.
联合早报. 2007. "厦门政府开始造谣: 市民游行幕后'黑手'是房地产商?" (6월 25일), http://www.boxun.com/news/gb/china/2007/06/200706251459.shtml
联合早报网. 2008. "温家宝: 这次是建国以来破坏性最大地震 胡锦涛亲赴灾区一线督战" (5월 17일), http://prd.zaobao.com/special/report/social/scquake/story20080517-65604
陆学艺·李培林·陈光金. 2012. 『社会蓝皮书: 2013 年中国社会形势分析与预测』. 北京: 社会科学文献出版社.
茂名新闻网. 2014. "茂名市政府举行PX项目相关情况新闻发布会" (4월 3일), http://www.mm111.net/2014/0403/486221.html
每日经济新闻. 2015. "中石化回应500亿搬迁费: '如果政府核准, 我们将积极推进'" (11월 9일), http://www.nbd.com.cn/articles/2015-11-09/960973.html
南方都市报. 2007. "厦门人反PX之战: 环保旗帜下的民意胜利" (12월 25일), http://www.360doc.com/content/07/1225/11/142_922576.shtml
_____. 2013. "石化基地如何落地昆明" (7월 31일), http://gongyi.qq.com/a/20130808/013293.htm
_____. 2015. "被'架空'的环评" (12월 19일), http://epaper.oeeee.com/epaper/A/html/2015-03/25/content_72180.htm
南方人物周刊. 2008. "厦门市民与PX的PK战" (1월 18일), http://www.360doc.com/content/07/1225/11/142_922576.shtml
南方周末. 2007. "厦门人 : 以勇气和理性烛照未来" (12월 27일), http://www.infzm.com/content/trs/raw/33291
_____. 2008. "厦门PX项目迁址在望 ? 民意与智慧改变厦门趋于多赢" (1월 3일),

http://www.infzm.com/content/9650/2
____. 2012. "'开窗' 求解环境群体性事件" (11월 29일), http://www.infzm.com/content/83316
____. 2013. "中国PX，再经不起爆炸声" (8월 2일), http://www.infzm.com/content/93050
____. 2015. "古雷PX爆燃事故背后的'中国式邻避困局'政企关系扭曲，解铃还须系铃人" (4월 9일), http://www.infzm.com/content/108778/
蘋果日報. 2012. "300萬只蜜蜂離奇集體死亡死因待查" (5월 6일), http://www.appledaily.com.tw/realtimenews/article/international/20120506/121523
人民报. 2015. "陆丰村民反核电站抗争 近百人被抓" (9월 14일), https://m.renminbao.com/rmb/articles/2015/9/14/62095m.html
人民日报. 2012. "人民时评: '环境敏感期'的新考题" (7월 30일), http://cpc.people.com.cn/pinglun/n/2012/0730/c78779-18624057.html
人民网. 2007. "厦门PX化工项目流产记" (12월 22일), http://env.people.com.cn/BIG5/6686588.html
____. 2011. "大连宣布立刻关停福佳大化PX项目" (8월 14일), http://tv.people.com.cn/GB/14645/15411754.html
____. 2012. "大连福佳大化PX项目搬迁工作正在有序推进" (12월 27일), http://society.people.com.cn/n/2012/1227/c1008-20036192.html
____. 2013. "四川石化连发三次声明: 选址彭州科学无害" (5월 4일), http://politics.people.com.cn/n/2013/0504/c70731-21361996.html
____. 2014. "广东茂名PX项目事件舆情分析" (6월 5일), http://yuqing.people.com.cn/n/2014/0605/c210114-25108215.html
____. 2016. "山东龙口叫停裕龙岛化工项目" (5월 17일), http://yuqing.people.com.cn/n1/2016/0517/c394873-28358000.html
三联生活周刊. 2011. "大连福佳PX项目命运记: 一座工厂与一个城市的故事" (8월 26일), http://www.lifeweek.com.cn/2011/0826/34723.shtml
______. 2012. "宁波人的抗议: 以PX的名义" (11월 9일), http://www.lifeweek.com.cn/2012/1109/39118.shtml
搜狐财经. 2013. "地震带上的'化工财富圈'" (4월 27일), https://m.sohu.com/n/374230831/
搜狐网. 2015. "漳州PX工厂爆炸, 细数这些年'PX风波'" (4월 8일), http://star.news.sohu.com/20150408/n410936031.shtml
台灣大紀元. 2015. "上海數萬民眾反PX廠持續街上現持槍軍人" (6월 26일), http://www.epochtimes.com.tw/n131634/%E5%9C%96%E9%9B%86-%E4%B8%8A%E6%B5%B7%E6%95%B8%E8%90%AC%E6%B0%91%E7%9C%BE
腾讯财经. 2015. "起底漳州PX爆炸企业翔鹭腾龙" (4월 6일), http://view.inews.qq.com/a/FIN2015040602783906
腾讯新闻. 2013a. "昆明被指禁售白色T恤衫打字复印需要实名登记" (5월 27일),

http://news.qq.com/a/20130527/005000.htm?pgv_ref=aio2012&ptlang=2052

_______. 2013b. "光明网评昆明'实名制': 维稳已经黔驴技穷？" (5월 28일), http://news.qq.com/a/20130528/008283.htm

吴强. 2015. "中国化工灾害或引发政治危机" (8월 13일), Initium Media, https://theinitium.com/article/20150813-mainland-tianjinexplosion/

厦门市人民政府. 2006. "未来海岸系: 厦门城区建设新标杆" (4월 26일), http://www.xm.gov.cn/xmyw/200604/t20060426_68369.htm

厦门网. 2007. "市人大代表'知名企业家杨景成投书本报" (6월 6일), http://www.xmnn.cn/dzbk/xmwb/20070606/200706/t20070606_225242.htm

现代金报. 2012. "宁波称镇海事件中无人死亡 PX仅是扩建一部分" (10월 30일), http://news.qq.com/a/20121030/000087.htm

新华网. 2007. "厦门宣布缓建PX项目项目曾被指威胁厦门安全" (5월 30일), http://news.qq.com/a/20070530/001282.htm

____. 2012. "宁波镇海PX项目引发集体上访官方称环评达标" (10월 24일), http://news.qq.com/a/20121025/000202.htm

新京报. 2012a. "让更多环境纠纷在法庭解决" (10월 28일), http///epaper.bjnews.com.cn/html/2012-10/28/content_383935.htm?div=-1

____. 2012b. "'PX项目'群体过敏症" (12월 24일), http://www.bjnews.com.cn/news/2012/12/24/241128.html

新京报电子报. 2014. "茂名PX事件前的31天" (4월 5일), http://epaper.bjnews.com.cn/html/2014-04/05/content_504334.htm?div=-1

新浪财经. 2011. "宁波未来大变局" (5월 25일), http://finance.sina.com.cn/leadership/mroll/20110525/14009896345.shtml

____. 2013. "下游升温难改PTA弱势" (4월 11일), http://finance.sina.com.cn/money/future/fmnews/20130411/233415119880.shtml

新浪科技. 2015. "PX项目再爆炸: 公众抗议的PX究竟是什么?" (4월 7일), http://tech.sina.com.cn/d/v/2015-04-07/doc-icczmvun8691107.shtml

新浪新闻. 2008. "非法组织游行示威成都数名网名遭查处" (5월 12일), http://news.sina.com.cn/o/2008-05-12/030313861985s.shtml

____. 2015a. "南京扬子石化厂区时隔一年再度爆炸" (4월 21일), http://jiangsu.sina.com.cn/news/s/2015-04-21/detail-iavxeafs5930895.shtml

____. 2015b. "化工安全引关注前6月超13起化工爆炸事故" (8월 13일), http://news.sina.com.cn/c/2015-08-13/183732201263.shtml

星島日報. 2016. "山東龍口萬人示威反對PX項目政府宣布擱置" (5월 11일), http://toronto.singtao.ca/866382/2016-05-11/post-%E5%B1%B1%E6%9D%B1%E9%BE%8D%E5%8F%A3%E8%90%AC%E4%BA%BA%E7%A4%BA%E5%A8%81%E5%8F%8D%E5%B0%8Dpx%E9%A0%85%E7%9B%AE%E3%80%80%E6%94%BF%E5%BA%9C%E5%AE%A3%E5%B8%83%E6%93%B1%E7%BD%AE/

?variant=zh-cn
亞洲週刊. 2011. "大連環保抗爭萬人示威暗藏玄機" (8월 23일), http://www.molihua.org/2011/08/blog-post_8269.html
____. 2012. "寧波拒PX流血抗爭成功" (Vol. 26, No. 45), http://bbs.creaders.net/politics/bbsviewer.php?trd_id=788097
姚树洁. 2012. "宁波PX停工和发展路径反思" (11월 1일), 개인 블로그, http://yaoshujie.blog.caixin.com/archives/48233?nomobile
张翼·李培林·陈光金. 2013. 『社会蓝皮书: 2014 年中国社会形势分析与预测』. 北京: 社会科学文献出版社.
中国工业园网. 2012. "宁波化学工业区" (8월 6일), http://www.cnrepark.com/gyy/5877/
中国广播网. 2013. "成都表态彭州石化项目验收公平评: 公众参与应前移" (4월 29일), http://finance.cnr.cn/jjpl/201304/t20130429_512480999.shtml
中国经济网. 2013. "云南官方视中石油炼油项目为 '百年难遇'机会" (5월 28일), http://www.ce.cn/xwzx/gnsz/gdxw/201305/28/t20130528_24423487.shtml
中国宁波网. 2007. "镇海妥善处置一起化学品泄漏事故" (10월 9일), http://news.cnnb.com.cn/system/2007/10/09/005366625.shtml
中国青年报. 2007. "赵玉芬: 最先站出来反对PX项目" (12월 28일), http://zqb.cyol.com/content/2007-12/28/content_2013196.htm
中国日报. 2013. "四川石化回应选址离成都太近 '远离居民区并非国际标准'" (5월 5일), http://house.chinadaily.com.cn/xwzx/2013-05-05/content_8943068.html
中国新闻网. 2015a. "韩正与金山区官员座谈: 认真负责地回应民众诉求" (7월 3일), http://www.chinanews.com/gn/2015/07-03/7381325.shtml
____. 2015b. "山东东营滨源化工爆燃事故死亡人数增至13人" (9월 6일), http://www.chinanews.com/gn/2015/09-06/7506995.shtml
中华人民共和国海关总署. 2007. "今年上半年我国对二甲苯进口继续迅猛增长扩大国内产能应兼顾环保安全" (8월 17일), http://www.customs.gov.cn/publish/portal0/tab49670/info77373.htm
中外对话. 2015a. "上海市民抵制PX事件打破中国邻避运动记录" (7월 2일), https://www.chinadialogue.net/article/show/single/ch/8009-Shanghai-residents-throng-streets-in-unprecedented-anti-PX-protest
____. 2015b. "PX项目再度爆炸令国家公关前功尽弃" (8월 4일), https://www.chinadialogue.net/blog/7835-Govt-assurances-on-PX-petchem-plants-vapourised-after-latest-explosion/ch
中新网云南频道. 2013. "昆明就安宁炼化项目召开发布会: 不生产PX产品" (5월 10일), http://www.yn.chinanews.com/pub/html/special/2013/0510/14720.html
珠海新闻网. 2016. "山东龙口石化项目有望继续上马已被写入该市'十三五'规划" (7월

7일). http://www.kentepa.com/minsheng/201607/5306.html

自由亚洲电台. 2008a. "福建古雷半岛居民抗议PX项目"(3월 3일). http://www.rfa.org/cantonese/news/china_rights_residents-20080303.html

____. 2008b. "福建漳州数县爆发反建PX化工厂的示威"(3월 4일). http://www.rfa.org/cantonese/news/china_rights_residents-20080304.html

____. 2013. "昆明数千民众再次走上街头抗议中石油PX项目"(5월 16일). http://www.rfa.org/mandarin/yataibaodao/huanjing/hc-05162013143620.html

필자 소개

정주연 Jung, Joo-Youn

고려대학교 정치외교학과(Dept. of Political Science & International Relations, Korea University) 교수
고려대학교 정치외교학과 졸업 및 석사수료, 미국 스탠퍼드대학교 정치학과 박사

논저 "Consolidation and Centralization: Rare Earth Industrial Restructuring in China," "What do the Chinese Think? Security Perceptions of the Chinese Public," "중국식 경제모델: 중국이 제시하는 새로운 시장경제의 의미와 한계"

이메일 jooyoun@korea.ac.kr

증 명 Zeng, Ming

고려대학교 정치외교학과(Dept. of Political Science & International Relations, Korea University) 석사과정
중국 남경대학교 한국어문학과 졸업

이메일 swisslovezm@korea.ac.kr

제5장

중국의 정보혁명

— 모바일 인터넷 통제와 정치 안정성

China's Mobile Internet Censorship and Regime Stability

김진용 | 경남대학교 정치외교학과 조교수

* 이 연구는 『아세아연구』 제60권 2호에 게재된 논문을 수정 · 보완하여 재구성했습니다.

이 연구는 시진핑 시기 폭발적으로 성장한 모바일 인터넷을 중심으로 통제 패러다임의 전환 동인(動因)을 규명했다. 그간 중국은 강력한 인터넷 통제 서버인 방화장성을 기반으로 물리적 차단과 콘텐츠 필터링, 사이버 공안을 동원한 수동 검열, 인터넷 회사의 자발적 검열로 인터넷을 통제해왔다. 이런 상황에서 스마트폰으로 급속히 전환된 모바일 인터넷 인구는 중국 지도부에 발전을 저해하지 않으면서 통제 메커니즘을 재구축할 기회를 주었다. 바로 모바일 인터넷 플랫폼을 통해 새로운 통제 시스템을 구축하는 방안이다. 우선 인터넷 도입 초기부터 중국 정부의 자가 검열 압력을 받아온 인터넷 사업자는 시스템과 콘텐츠 관리에 초점을 두고 모바일 플랫폼을 설계해 인터넷 정보 채널을 일원화했다. 이어서 중국 정부는 인민과 소통을 명목으로 모바일 전자정부를 개설해 이들을 관리하고 있다. 마지막으로 중국 정부는 인민이 국외 사이트에 접속하지 않고 정보를 획득할 수 있는 거대한 가상 내부망을 구축해, 저항 없이 이들을 인터넷 공간에 가둘 수 있었다.

This research identified the impetus of control paradigm transition that is centered around the mobile internet that showed an exponential growth during the era of Xi Jinping. To date, China has controlled the Internet through physical blocking and contents filtering based on the Great Firewall, an indomitable internet control server, manual censorship by cyber public security, and voluntary censorship by Internet service providers. The rapid influx of mobile Internet population into smartphones has provided the Chinese leadership with an opportunity to restructure the control mechanism without impeding developments. Constructing a new control system through the mobile Internet platform is such opportunity.

Having been pressured to voluntarily censor the Internet since its introduction, the Internet service providers designed mobile platforms and unified the Internet information channel with a focus on management of the system and contents. Moreover, the Chinese government has been managing its people through mobile electronic government, which was established under the pretext of facilitating communication with the people. Lastly, the Chinese government could confine the people in the Internet realm without resistance by establishing a gargantuan virtual intranet big enough to cause the general public to lose the need to access foreign websites to search for and acquire information.

KEYWORDS 인터넷 통제 Internet Regulation, 중국 인터넷 China's Internet, 웨이신 Weixin, 웨이보 Weibo, 방화장성 Great Firewall

I 머리말

인터넷은 1960년대 미 국방부 산하의 고등연구계획국(Advanced Research Projects Agency)이 냉전 시기 핵전쟁도 버틸 수 있는 군사용 네트워크망을 연구하면서 발전하기 시작했다. 당시 미·소 군비 경쟁 상황에서 미국 정부는 혹독한 전시에 대비해, 전화처럼 정해진 경로로만 데이터 송수신이 가능한 회선 교환(Circuit Switching) 방식보다 견고하면서도 데이터 손실이 현저히 적은 통신망을 원했다. 이런 목적으로 개발된 인터넷은 데이터(Data)를 잘게 쪼개 각기 다른 경로로 상호 교환하는 패킷 교환(Packet Switching) 방식으로 운용돼왔다.

군 통신용으로 고안된 인터넷은 2000년대 전 세계 개인 컴퓨터 보급 확대에 힘입어 대중화됐다. 급속한 인터넷의 보급으로 시민은 온라인에서 자유롭게 공공 견해를 형성할 수 있는 공간을 마련했으며, 이들은 정책결정의 중요 역할을 수행하는 정치행위자가 되었다. 때문에 인터넷이 민주국가에서 국가 투명성 확보와 민주주의 발전에 기여하지만, 중국, 말레이시아, 태국, 베트남 같은 권위주의 국가에서는 사회통제 약화를 초래할 수 있어 선별적으로 인터넷을 발전시켜왔다(Hachigian 2002, 43-53).

특히 중국은 여타 권위주의 국가보다 성공적으로 인터넷을 선별·통제하여 통신산업의 발전은 물론 경제발전을 성취했다. 이에 대해 레이와 토(Lai & To 2012, 16-21)는 인터넷 보급률의 증가와 전자상거래 기술의 발전이 중국 경제에 긍정적 역할을 했다고 주장한다. 무엇보다도 중국 지도부는 인터넷 발전으로 파생된 경제 이익을 최대한 이용하기를 희망했기에 체제 위협이 잠재하더라도, 과감하게 대중에게 인터넷을 개방했다(Feng & Guo 2013, 335-345). 그래서 1993년 중국 정부가 중국과학원(中國科學院)에 미국 에이티앤티(AT&T: American Telephone & Telegraph Company) 위성망 임대를 허용한 이래, 1995년 장슈신(張樹新)은 중국 최초로 인터넷 서비스를 대중에게 제공했다. 이어서 1996년 1월 차이나 텔레콤(中國電信)은 전국적인 인터넷 서비스를 제공하기 시작했다(Ernest 2004, 245; Loo 2004, 701-713). 그 결과 중국의 인터넷 인구는 폭발적으로 증가해 2016년 기준, 전체 인구 1,382,323,332명 중 721,434,547명(52.2%)이 인터넷 이용자다. 이 수치는 세계 인터넷 인구(3,424,971,237명)의 21.1%에 해당한다(www.internetlivestats.com/internet-users/china, 검색일: 2016.9.1). 하지만 중국의 강력한 인터넷 규제 정책과 검열 서버(Server) 때문에 인터넷 접속 속도는 세계 200개 국가 중 91위에 머물며, 초당 평균 접속 속도 역시 9.46메가바이트(Megabit)에 불과하다(Wong June 3, 2016).

그간 중국의 인터넷 보급률은 도메인(Domain) 이름의 수, 통신산업의 경쟁 정도, 컴퓨터 가격에 영향을 받아왔다. 전년도 인터넷 도메인 수가 많을수록, 통신산업의 집중도와 컴퓨터 가격이 낮을수록, 중국의 인터넷 보급률이 증가했다.[1] 특히 중국 정부는 인터넷 접근 가격과 콘텐츠 유효성에 민감한 인민의 소비 욕구를 충족시켜, 인터넷 보급에 긍정적 역할을 해왔다(Feng 2015, 176-

1 하지만 1인당 GDP와 국제 대역망(Bandwidth)은 어떤 영향도 미치지 않았다.

185). 동시에 중국 지도부는 급속한 인터넷 성장에 상응하는 통제 메커니즘을 구축해왔으며, 시진핑(習近平) 시기에 이르기까지 성공적으로 인터넷을 발전시켜 왔다.

2015년 12월 기준 중국 전역의 인터넷 이용자 중 71.5%가 스마트폰으로 인터넷에 접속한다. 오직 39.2%의 이용자만이 데스크톱으로 접속하며 노트북 이용자는 7.5%에 불과하다(CNNIC 2016, 45-46). 특히 2012년에 접어들어 중국의 인터넷 보급률이 둔화된 반면, 모바일 인터넷 이용자는 급증했다. 또 중국인은 PC기반의 전용 브라우저(Browser)보다 휴대폰 어플리케이션(Application)으로 인터넷 접속을 선호하기 시작했으며, 현재 7.68억 명의 이용자가 모바일 기반의 웨이보(微博)를 이용하고 있다(CNNIC 2012, 45-48; Jing Jan. 9, 2017). 특히 웨이보와 같은 모바일 어플리케이션에서 제공하는 '흥밋거리(enjoyment)'는 중국 모바일 인터넷 확산의 결정적 요인이 됐다(Liu 2010, 309-324).

이렇게 급증한 모바일 인터넷은 전화망을 이용하기에 고정 인터넷망보다 보급률이 뛰어나, 농촌은 물론 낙후된 오지까지 접속 가능하다. 또 스마트폰 그 자체가 중국 사회의 필수품으로 자리 잡았기 때문에 도시와 농촌, 지식인과 일반인 간 정보 접근이 용이해져 정보 격차(Digital Divide)를 줄이는 역할을 할 수 있다. 그런데도 대중의 인터넷 접근성이 높아져 민주화 혹은 시민사회의 발전을 초래한다는 기존의 논의는 점차 적실성을 잃어가고 있다(Taubman 1998, 255-272; Harwit & Clark 2001, 408; Chase et al. 2002; Olsen 2005, 419-440).

이에 대해 모로조프(Morozov 2011, 28)는 인터넷이 권위주의를 약화하기보다 오히려 강화한다고 주장한다. 인민은 인터넷을 통해 만연된 사회 부패와 고질병에 대응해 분노를 표출할 수 있으며, 인터넷은 부정행위자를 찾아낼 수 있는 도구로 자리매김했다. 실제 중국 지도부는 웹(Web)을 통해 공산당 기율위(中央紀律檢查委員會)나 인민검찰(人民檢察)이 제도적으로 해결할 수 없는 부정행위자를 찾아내고 처벌해, 국가의 자애로운 수호자 이미지를 전파하고 있다.

한편, 맥키넌(MacKinnon 2011)은 중국 지도부가 인터넷을 통해 정의를 요구하는 인민의 반응과 담론을 통제하기보다 주시한다고 주장한다. 이들은 정부 정책은 물론 지도부에 대한 부정 코멘트 역시 인민에게 허용한다. 그래서 중국 네티즌은 통제된 상황임에도, 그들이 원하는 것을 자유롭게 표현할 수 있고 모든 정보를 획득하는 능력을 지녔다고 여기기 때문에 좀처럼 정부에 저항하지 않는다.

단지, 중국 지도부의 유일한 우려는 잠재된 집단행동과 연관된 담론 형성이다. 집단행동 시 인터넷은 개인 감정과 집단 정체성을 동원할 수 있는 도구로 이용될 수 있기 때문이다. 또 인민 개개인이 중국 지도부를 탐탁지 않게 여길지라도, 지도부의 권력 그 자체를 위협하진 않는다. 대다수의 중국 네티즌은 정부 이데올로기를 준수하고 있으며 정치문제에 관심이 덜하기 때문이다. 그래서 중국인은 사이버 공간에서 개인적으로 자유롭지만, 집단으로 엮여 있다고 할 수 있다(Gerbaudo 2012; King et al. 2013, 339; Wallis 2011; Wu 2013).

그간 중국 인터넷 연구는 개인 컴퓨터 기반의 고정 혹은 변동

폭이 작은 아이피(IP: Internet Protocol)망을 기준으로 규명된 통제 방식이기 때문에, 현재의 유동(Floating) 아이피를 사용하는 모바일 인터넷에 적용하기엔 한계가 있다.

그렇다면 시진핑 지도부는 어떻게 모바일 인터넷 플랫폼(Platform)을 이용해, 통제에 대한 네티즌의 반감을 상쇄할 수 있었나? 동시기 급증한 모바일 인터넷은 어떻게 통제되고 있으며, 기존의 고정 인터넷과 어떤 차이가 있을까? 중국이 막강한 인터넷 통제 기술력을 보유하고 있음에도, 소프트웨어 기반의 모바일 플랫폼에 역량을 강화하고 있는 동인은 무엇인가?

상기 문제의식을 기반으로 이 연구는 인터넷 통제와 회피라는 이분법적 관계를 벗어나, 시진핑 시기 폭발적으로 성장한 모바일 인터넷을 중심으로 중국의 통제 패러다임이 어떻게 변화했고 얼마나 정교하게 구축됐는지 규명하겠다.

이 연구는 우선 2장에서 중국 인터넷 관련 연구를 검토했다. 그다음 3장에서 중국 정부가 인터넷 보급 초기부터 현재까지 어떻게 인터넷을 통제하고 있는지, 방화장성(防火長城, Great Firewall)을 분석해 통제 구조를 파악했다. 이어 4장은 중국 인터넷 통제의 기술적 취약성을 구조적으로 분석해, 웨이보, 웨이신을 이용한 모바일 플랫폼에 초점을 둔 통제 전략을 규명했다. 이를 바탕으로 5장은 시진핑 시기 인터넷 통제의 변화와 특징을 분석했다. 이어서 결론을 도출했다.

II 선행연구 검토

그간 중국의 인터넷 통제 연구는 고정 인터넷을 중심으로 통제하려는 정부와 가상공간의 공적 담론을 확대하려는 네티즌의 대립을 강조해 왔다(Edmond 2013; Herold 2011; Mackinnon 2012; Yang 2009; Xiao 2011b).

실제 정치 참여의 도구적 관점에서 중국 인터넷을 분석했을 때, 2012년을 기점으로 개인 컴퓨터에서 모바일 인터넷으로의 중국인의 이용 양상 변화는 인터넷 통제 패러다임의 전환을 초래했다(Clayton et al. 2006, 20-35; Goldsmith et al. 2008; Mulvenon 2008, 115-120; Roberts et al. 2009, 1-95; Hicham et al. 2014, 215-220; 謝漢川, 方譽荃 2015, 84-92). 하지만 기존 연구는 고정 인터넷과 구분해 모바일 인터넷의 특징을 부각하기보다 인터넷 본연의 정보 확장성과 정치 참여에 방점을 두고 있다. 또 모바일 인터넷망의 발달로 개인 컴퓨터에서 모바일 기기로 인터넷 패러다임이 전환됐음에도, 변화된 인터넷망의 차이와 구조를 분석해 중국인의 정치 참여 연관성을 규명하기보다 웨이보, 웨이신 같은 어플리케이션의 특징만 분석하고 있다(Fu et al. 2013, 42-50; King et al. 2013, 326-343).

이런 관점에서 선행연구는 1) 인터넷을 이용한 온라인 공간에서의 정치 담론 형성과 참여, 2) 모바일 인터넷 어플리케이션을 통한 대중 동원과 정치 참여의 확장, 3) 모바일 인터넷을 이용한 정치 참여 한계로 집약된다.

우선 샤오(Xiao)는 공산당 일당 지배에 대항해, 중국인이 인터넷을 이용해 정치적 담론을 형성하고 인민을 동원할 수 있는 정치적 영향력을 규명했다. 그는 인터넷을 통한 온라인 저항은 공산당 권위주의에 순응하던 인민의 이데올로기를 약화해, 사회와 정치 변혁의 촉매제가 될 것이라 주장한다(Xiao 2011a, 47-61). 이를테면, 리우징팡(Liu Jingfang 2011, 137-166)은 베이징의 환경 관련 비정부기구(Non Governmental Organization) 조사를 바탕으로, 19곳의 환경단체 중 18곳이 인터넷을 이용한 집단행동으로 정책 변화를 이끌었음을 입증했다. 이들은 인터넷을 사회 변화와 동원의 기회로 이용했다.

동일 선상에서 리우쥔(Liu Jun 2013, 995-1018)은 휴대폰 대중시위(Mobile Phone-Assisted Popular Protest)에 초점을 둬, 휴대폰이 도시와 농촌의 자발적 인민 동원에 긍정적 역할을 한다고 주장한다. 그는 중국인이 어떻게 휴대폰을 이용해 정보 흐름, 법 지배, 사회정의에 투쟁하며 그들의 정치 영역을 확장했는지 규명했다. 중국인은 온라인 활동을 통해 제한된 정치 행위 영역을 확장할 수 있었으며, 저항자는 정보 접근의 한계를 극복해 효율적으로 목표를 달성했다. 이 과정을 통해 중국인은 시민의식과 개인 정체성을 형성하고 전통적 공적 영역을 불안정하게 만들어 그들의 목표를 달성할 수 있었다. 또 그는 대중 동원 과정에서 휴대폰이 인민 간 상호 연대감을 형성하고 강화해, 정보 전달의 기능을 넘어서 시위 촉진제 역할을 한다고 보았다(Liu Jun 2014, 503-520).

모바일 인터넷과 정치 참여에 대해, 청(Cheng et al. 2015, 1096-1116)은 모바일 장치가 접근성, 정보 교환, 사회적 상호작용에 대한 만족도를 높여 중국인의 정치 참여를 높였다는 사실을 규명했다. 그는 모바일 장치를 이용한 인민의 사고와 소셜 네트워크 사용이 이들의 정치 참여에 긍정적 연관이 있음을 입증했다. 그 결과 모바일 인터넷이 대중과 시민사회를 연계하는 핵심 역할을 할 수 있다고 보았다.

한편, 라우치플라이쉬와 쎄퍼(Rauchfleisch & Schäfer 2015, 139-155)에 따르면, 중국인이 웨이보상의 공적 영역 구축을 통해 정부 검열을 우회할 수 있다고 주장한다. 웨이보 이용자는 콘텐츠가 검열되더라도 새로운 공간을 재구축해 삭제된 콘텐츠에 접속할 수 있다. 또 데루카(DeLuca et al. 2016, 321-339)는 모바일 인터넷 시대에 접어들어 저항 수단으로써 인터넷 본연의 역할이 소셜 미디어로 전이됐다고 주장한다. 웨이보, 웨이신을 이용해 환경 저항을 해온 저항자는 정부 통제 구조를 넘어서 그들의 요구를 관철해왔다.

하지만 모바일 인터넷을 이용한 정치 참여에 대한 부정적 시각도 존재한다. 네머와 쎄크르데키스(Nemer & Tsikerdekis 2017, 1539-1550)에 따르면, 모바일 인터넷이 시민의 정치 참여를 촉진할 잠재력이 있고 긍정적 영향을 미칠 수 있지만, 디지털 불평등에 직면한 이들은 정보 혜택을 박탈당할 뿐 아니라 시민의 권리마저 행사하지 못한다며 정보 격차를 지적했다. 나폴리와 오바(Napoli & Obar 2014, 323-334) 역시 모바일 인터넷은 개인 컴퓨터를 통한 접속보다 낮은 수준의 기능과 콘텐츠 가용성을 제공할 뿐이라며 부정적 견해를 피력했다. 그들은 모바일 인터넷이 인터넷에 접속하지 않았던 이들의 온라인 참여를 촉진해 정보 격차를 좁힐 수 있지만, 제한된 온라인 참여, 콘텐츠 생성, 정보 검색의 한계로 인해 질적인 정보 획득을 저해한다고 보았다.

III 중국의 인터넷 통제 메커니즘

중국의 인터넷 통제에 대해 왕(Wang)과 마크(Mark)는 그 자체가 거대한 인터넷 생태계(Ecosystem)의 일부로서 이용자와 함께 발전해왔다고 주장한다. 인터넷 검열은 인터넷 이용자의 행위에 영향을 미칠 수 있으며, 이들은 검열을 피하고자 통제 메커니즘에 저항해왔다. 또 인터넷 검열은 노골적이며 미묘한 방법으로 이용자의 자각에 영향을 미칠 수 있어, 네티즌이 통제에 익숙해져 이것을 보편적 현상으로 인지하기 시작할 때 검열에 순응한다고 보았다(Wang & Mark 2015, 20). 그래서 검열에 길든 대다수 중국 네티즌은 정부의 인터넷 통제 정책에 별다른 저항을 표출하지 않는다(Fallows 2008; Guo 2007). 하지만 정부가 인터넷 이용을 제한한다는 사실을 인지했을 때 이들은 검열을 거부한다.

중국의 인터넷 통제는 인터넷의 성장만큼 광범위하게 발전해왔으며 정책적, 사회규범적, 기술적 메커니즘으로 집약된다. 우선 정책적 통제는 제도적으로 인터넷 이용을 제한하는 방법이다. 그리고 사회규범적 통제는 금지된 정보 유출 방지를 위해, 강한 사회적 압력을 이용자에게 부여해 공유된 인식을 형성하는 방법이다. 마지막으로 기술 통제는 아이피 차단, 콘텐츠 검열, 키워드 필터링(Filtering) 등으로 이용자의 온라인 접근뿐 아니라 정보 교환과 배포를 제한한다(Roberts et al. 2009, 9-20).

이런 배경에서 중국의 인터넷 통제는 주로 기술적 통제에 방점을 두고 규명돼 왔으며, 다음과 같은 방법으로 집약된다.

첫째, 중국 지도부는 1998년부터 인터넷 네트워크 통제를 목적으로 진둔공청(金盾工程)을 시작했다(Goldsmith et al. 2008, 90-91). 이 프로젝트의 일환으로 중국 정부는 강력한 검열 서버(Server)인 방화장성을 구축해 민감한 국내외 사이트를 차단해 오고 있다. 방화장성은 하드웨어와 소프트웨어를 모두 통제할 수 있지만, 주로 하드웨어 통제 서버로 알려져 있다. 방화장성을 통한 인터넷 통제는 다음과 같이 진행된다.

중국인이 인터넷을 이용하려면 우선 인터넷 서비스 사업자(ISP: Internet Service Provider)로부터 아이피를 부여받아야 한다. 그다음 이용자는 영문 인터넷 주소를 입력한다. 이어서 디엔에스(Domain Name System) 서버는 네트워크에서 영문 도메인 이름을 아이피 주소로 해석한다.[2] 여기서 인터넷 이용자가 디엔에스 주소를 입력 후 해당 아이피로 연결되는데, 방화장성은 이들의 디엔에스 접근을 차단하고 아이피 주소 검색을 막아 특정 웹사이트의 접속을 제한한다.

구체적인 구조는 아래 〈그림 1〉과 같다. 이용자가 유알엘

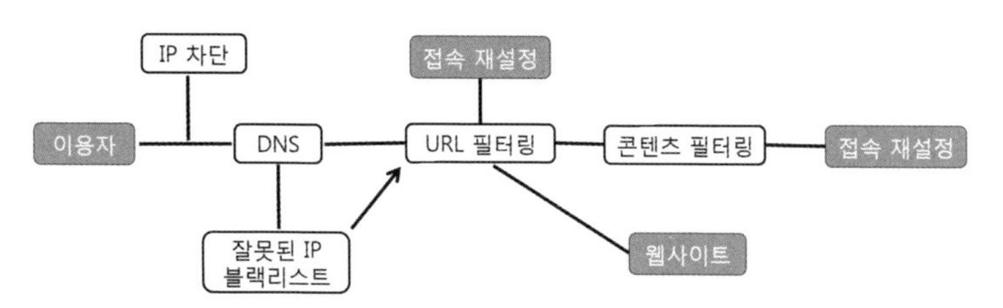

그림 1. 방화장성 구조

출처: thenextweb.com/asia/2010/01/05/route-gfw-flow-chart (검색일: 2017.1.14) 재구성.

2 아이피는 도메인 이름과 달리 숫자로 구성돼 있으며 인터넷상 컴퓨터 간 데이터를 주고받을 때 사용되는 프로토콜(Protocol)로 일종의 통신 규약이다.

(URL: Uniform Resource Locator) 접속을 시도하면, 디엔에스 서버는 이용자의 아이피가 차단돼 있거나 블랙리스트(Blacklist)에 있는지 확인한다. 이때 디엔에스 서버에서 차단돼 있거나 블랙리스트에 있는 사용자의 아이피는 차단된다. 만약 무결한 사용자가 금지된 사이트 접속을 시도하면 패킷 폐기(Packet Dropping)가 진행된다. 이것은 특정 아이피 주소의 모든 통신을 폐기시키며 콘텐츠 접속을 막는다. 이 방식은 저비용이라 운용하기 쉽지만, 금지할 최신 아이피 주소를 지속해서 확충해야 하며 과도한 아이피 차단으로 이어져 인터넷 발전을 저해한다는 결점이 있다.

이어서 디엔에스 변조(Poisoning)가 진행된다. 디엔에스 서버가 문자화된 호스트(Host) 웹 주소를 숫자의 아이피 주소로 변환하려 할 때, 무응답 혹은 부정확한 메시지를 표출한다. 이것은 이메일을 통제할 수 없으며, 모든 웹사이트가 차단돼 있을 때 올바르게 작동되기 어렵다(Clayton et al. 2006, 20-35). 또 디엔에스 서버가 실제 아이피 전송 전, 방화장성은 잘못된 아이피를 전송하거나 웹사이트 접속 불가 메시지를 전송해 이용자의 접속을 막는다(thenextweb.com/asia/2010/01/05/route-gfw-flow-chart, 검색일: 2017.1.1). 가령, 중국에서 금지된 『뉴욕타임즈(*New York Times*)』에 접속하려면, 디엔에스를 통해 'www.nytimes.com'가 아이피 주소 '151.101.65.164'로 변환돼야 하는데 중국은 상기 아이피 주소를 미리 금지된 항목으로 분류해 접속을 제한하는 원리다. 설사 아이피가 변동되더라도 위 〈그림 1〉의 유알엘 필터링, 웹페이지 콘텐츠 필터링으로 이어진다. 여기서 정상 아이피라면 웹사이트로 연결되고, 아니면 접속이 재설정(Reset)된다.

둘째, 방화장성은 〈그림 1〉의 콘텐츠 필터링 단계에서 미리 입력해 놓은 민감한 키워드를 자동으로 분류해 차단한다(Mulvenon 2008, 115). 일단 검열자가 부적합하다고 판단되는 네티즌의 견해가 웹에 게시되면 삭제된다. 또 금지어가 포함된 텍스트가 있을 때 이용자의 웹 포스팅을 멈추게 한다. 이 방식은 소프트웨어를 통한 자동 키워드 차단과 수작업을 동시에 수행한다. 실제 자동 검열은 네티즌의 지능적인 문구를 피할 수 없으므로, 검열자가 직접 읽고 판단하는 수동 검열로 자동 검열의 결점을 보완한다.

그럼에도 네티즌은 상기 검열 방식보다 한 수 앞선 우회 방법을 고안해 당국의 감시를 회피한다. 이들은 키워드 차단을 회피하기 위해 유추, 은유, 풍자의 방식을 사용한다. 특히 금지된 단어는 동형이의 혹은 동음이의 한자로 대체해 당국의 검열을 우회할 수 있다. 가령, 자유(自由)를 표현하고 싶을 때 형태가 비슷하고 민감한 내용이 없는 목전(目田)을 사용한다. 또 조화(和諧 hexie)를 사용하고자 할 때 성조는 다르지만, 동음 허셰(hexie)와 같은 민물게(河蟹 hexie)로 표기한다(King et al. 2013, 328).

인터넷 검열을 피하기 위한 또 다른 방법은 대체 용어를 만드는 것이다. 차별화된 용어는 검열 회피가 용이하고 게시물 보존율이 높기 때문이다. 이 방법은 웨이보에서 주로 사용된다. 가령, 전 충칭시 당서기 보시라이(薄熙來)는 중국의 서쪽을 평정했다는 의미의 핑시왕(平西王)으로 쓰인다. 또 인권변호사 천광청(陳光誠)은 병음 이니셜을 이용해 CGC로, 시진핑은 왕세자를 의미하는 추쥔(儲君)으로, 저속한 욕과 동음이의어인 차오(肏)는 차오(草)로 쓰인다(Fu et al. 2013, 45-46).

셋째, 검열 당국의 요청으로 인터넷 서비스 제공자가 자체 인력을 동원해 정보를 삭제하는 방법이다(Hachigian 2001, 124). 이에 대응해 중국 네티즌은 그들의 견해를 더 표현하기 위해 검열된 포스트에서 암호화된 포스트로 공공 영역을 전환하기도 한다(Chen et al. 2013, 89-100).

사실 중국 정부는 오래전부터 정부 차원의 인터넷 규제 한계를 인지해 인터넷 콘텐츠 공급자(ICP: Internet Contents Provider)에게 검열 책임을 전가했다. 중국 정부는 이들이 정부 검열 기준을 준수하지 않을 시 벌금 부과 혹은 폐쇄 조치한다. 이 규정은 2000년 9월 25일 국무원(國務院)이 공포했으며 사전 허가를 받아야 하는 상업 서비스와 기록보관방식(Record Filing System)을 따라야 하는 비영리 서비스로 나뉜다(Hong 2010, 27-28).

넷째로 인터넷 실명제의 시행이다. 중국 정부는 2012년 3월 16일 인터넷 실명제를 전면 시행했으며, 승인 절차는 다음과 같다. 우선 인터넷 회사는 정부 인증을 거쳐 휴대폰 번호 같은 식별 번호를 이용자에게 배포한다. 식별 번호 인증 후, 이용자는 실명 혹은 별명을 선택해 자신의 견해를 온라인상에 표출할 수 있다. 여기서 미등록된 이용자는 게시물을 볼 수 있지만, 자신의 견해를 온라인에 게시할 수 없다(Fu et al. 2013, 43).

IV 중국의 모바일 인터넷 통제 메커니즘

1. 모바일 인터넷 구동 메커니즘과 통제의 한계

중국은 모바일 기기 보급으로 말미암아 인터넷 접근이 제한된 지역까지 이용자를 확대할 수 있었으며, 이것은 곧 전자 상거래와 융합돼 새로운 비즈니스 모델 창출은 물론 정체된 인터넷 발전의 새로운 동력이 됐다(Yuan et al. 2016, 247). 또 모바일 인터넷의 편의성은 중국인의 사회적이고 활동적인 성향에 맞물려, 온라인 정보를 열성적으로 생산·소비하는 결과를 가져왔다(Yang 2009). 아래 〈그림 2〉를 보면, 2007년 모바일 인터넷 이용자는 5천 40만 명(24%)에 불과했지만, 2015년에는 6억 2천만 명(90.1%)에 달해 큰 폭으로 상승한 것을 알 수 있다. 이 시기부터 보급되기 시작한 스마트폰은 인터넷 이용을 확대하는 최적의 도구가 된 셈이다.

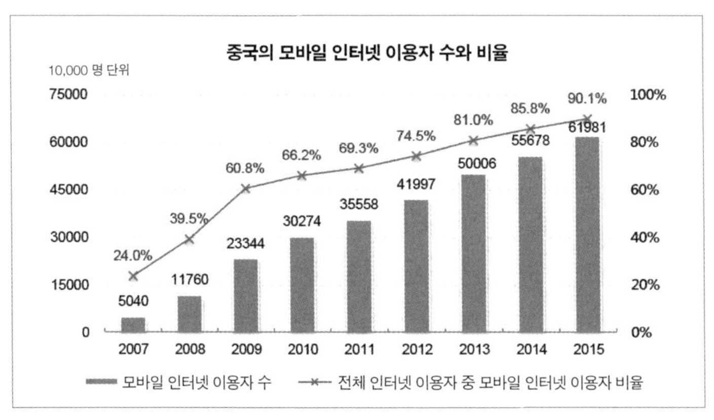

그림 2. 모바일 인터넷 이용자 수와 비율

출처: CNNIC(China Internet Network Information Center) 2016, 48.

그렇다면 중국 정부는 이처럼 폭발적으로 증가한 모바일 인터넷을 어떻게 통제할 수 있을까? 이 장에서는 중국 모바일 인터넷의 구동 원리와 통제 방식을 이해하기 위해, 중국의 3G, 4G망이 어떤 방식으로 운용되는지 알아보겠다. 이어서 현재의 모바일 플랫폼과 인터넷 통제 사이에 어떤 유용성이 있는지 규명하겠다.

중국은 2016년 말 기준 13억 2천만 명의 휴대폰 가입자 중 7억 3천만 명의 4G 이용자가 있으며, 나머지 6억 명은 2G 혹은 3G 단말기로 인터넷망에 접속한다(Mobile world live Nov. 30, 2016; Xinhua Sep. 6, 2017; Xinhua Sep. 8, 2017). 중국의 4G망은 3G망을 기반으로 확장됐으며, 4G 휴대폰을 소지하더라도 전용 기지국이 설치되지 않은 음역 지역은 3G로 전환된다. 휴대폰이 4G 주파수를 탐지하지 못하면, 3G 주파수로 자동 연결되며 3G와 4G 사이를 오가는 로밍(Roaming)이 발생하기 때문이다. 이런 사실을 바탕으로 3G와 4G망의 인터넷 접속 구조를 알아보겠다.

우선 이용자가 소지한 4G 휴대폰은 인접한 전용 기지국에 접속된다. 아래 〈그림 3〉을 보면, 4G에 접속된 휴대폰은 이용자 주변의 기지국 중 가장 가깝고 송수신 상태가 양호한 기지국을 선택하는데, 서빙 게이트웨이(Serving Gateway)가 이 역할을 수행한다. 서빙 게이트웨이는 이용자가 이동 중일 때 기지국 변경을 결정하는 역할을 한다. 즉 기존 기지국의 인터넷 접속을 해지하고 다시 새로운 기지국에 접속하는 핸드오버(Handover)가 진행된다. 핸드오버는 밀림의 원숭이가 넝쿨을 이어 잡고 숲속을 이동하듯 기지국들이 휴대폰과 통신해 무선 인터넷이 끊어지지 않도록 최적의 주파수를 탐색하는 과정이다. 여기서 서빙 게이트웨이는 기지국을 지정하는(Anchoring) 역할을 한다(Bhalero 2010, 1-6; Hicham et al. 2014, 215-220).

그다음 휴대폰은 패킷 데이터 네트워크 게이트웨이(Packet Data Network Gateway)에 접속된다. 이것의 주요 역할은 아이피 주소 할당이다. 또 앞서 서빙 게이트웨이가 접속 기지국을 선택하듯 이동 중인 휴대폰의 기지국 변경을 도와준다. 이어서 이용자의 인터넷 접속 시간, 데이터 사용량 등의 접속 이력(Accounting Data)을 관리한다.

상기 단계를 거친 뒤 휴대폰은 인터넷에 접속된다. 여기서 무선 방식은 휴대폰에서 기지국 사이며, 서빙 게이트웨이에서 인터넷망까지는 대부분 유선망이다. 휴대폰 이용자가 이동 중이어서 기지국이 전환되더라도 서빙게이트웨이는 경계 지점까지 접속

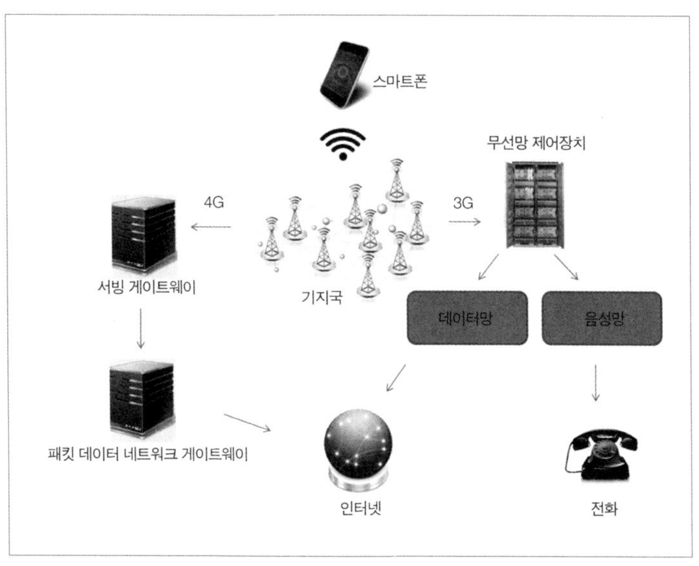

그림 3. 모바일 인터넷 접속 구조

이 유지된다. 또 아이피를 할당하는 패킷 데이터 네트워크 게이트웨이는 이용자가 접속을 끊고 재접속하지 않는 한 지속해서 접속 상태를 유지한다(謝漢川, 方譽荃 2015, 84-92; www.tutorialspoint.com/lte/lte_network_architecture.htm, 검색일: 2017.1.1).

한편, 3G 인터넷은 상기 4G와 달리 항시 인터넷에 접속돼 있지 않다. 4G는 음성통화 기반의 회선이 인터넷 데이터망으로 통합돼 인터넷 기반의 통화(VOIP: Voice over Internet Protocol)가 가능하지만, 3G는 음성망(Circuit Switched Core Network)과 데이터망(Packet Switched Core Network)이 분기돼 있다. 그래서 3G망은 인터넷 접속 요청 시에만 연결되며 이때 인터넷과 음성을 관리하는 무선망 제어장치(Radio Network Controller)를 통해 인터넷에 접속된다(Kumar & Suman 2013, 1-8; UMTS System Architecture and Protocol Architecture, www.tu-ilmenau.de/fileadmin/public/iks/files/lehre/UMTS/04_UMTS-architecture-ws12.pdf, 검색일: 2017.1.1; Xiao et al. 2005, 809; Yu 2011, 1082-1088).

위 〈그림 3〉에서 알 수 있듯이, 데이터망은 패킷 교환 지원 노드(Serving General Packet Radio Service Support Node)와 패킷 관문 지원 노드(Gateway General Packet Radio Service Support Node)로 구성됐는데, 이 두 곳을 통해 인터넷에 연결된다. 패킷 교환 지원 노드는 기지국에서 전달받은 데이터를 패킷 관문 지원 노드에 전달하며 사용자 인증, 접속정보, 과금 정보를 저장한다. 이어서 패킷 관문 지원 노드가 외부 패킷 데이터망과 기간망(Backbone Network) 사이의 접속을 담당해 이용자가 핸드오버하거나 로밍할 때 인터넷 접속을 유지하게 한다. 또 데이터망은 아이피 할당과 이용자 접속 정보를 알 수 있다. 일단 휴대폰이 이 과정을 통해 아이피를 할당 받으며 이동 중일지라도 기지국은 고정 아이피가 유지된다(Xiao et al. 2005, 809).

그렇다면 모바일 인터넷 통제의 기술적 한계는 무엇일까? 또 고정 인터넷 통제 방식과 어떤 차이가 있을까?

일단 휴대폰이 4G 기지국을 통해 인터넷망에 접속되면 패킷 데이터 게이트웨이를 통해 아이피가 부여돼, 이동 중일지라도 재접속되기 전까지 아이피 식별이 가능하다. 또 통신사는 패킷 데이터 네트워크 게이트웨이를 통해 이용자의 접속 정보와 유동량을 파악해 접속 해제 혹은 차단할 수 있다. 3G망 역시 무선데이터 회선(Packet Switched Core Network)을 통해 아이피가 할당돼 이용자 접속 정보를 알 수 있으며 인터넷 차단이 물리적으로 가능하다.

문제는 3G와 4G망 모두 휴대폰 재부팅 혹은 음영지역 이동 후 아이피를 재할당 받았을 때 아이피 변동 예측이 어려워 이용자 식별이 어렵다는 데 있다.[3] 고정 인터넷은 유동 아이피일지라도 아이피 변동 폭이 작아 접속 지점과 이용자 파악이 용이했지만, 모바일 기기는 아이피 변동 폭이 넓어 이용자 파악이 어렵기 때문이다. 이론상 3G망은 음성과 데이터망이 분리돼 있어 전화 이용이 가능한 상태로 인터넷 차단이 가능하다. 하지만 4G는 VOIP로 인터넷과 데이터망이 통합된 구조기 때문에 인터넷만 단독으로 차단하기 어렵다. 때문에 중국 정부는 물리적인 인터넷 네트워크 차단보다 인터넷망을 유지한 상태에서 키워드 통제에 그친다. 가령, 웹페이

3 2017년 8월 21일 상하이(上海)-난징(南京) 고속철도(高铁) 구간의 아이피 주소 변동 분석 결과, 음영지역 이동 후 아이피가 재설정된 것을 발견할 수 있었다.

지가 검열되면 다음과 같은 접속 문구가 뜬다.

"抱歉, 指定的主題不存在或已被刪除或正在被審核"

(죄송합니다. 지정된 주제는 존재하지 않거나 삭제 혹은 조사 중입니다)

하지만 공산당 내구성을 침해하는 심각한 정치적 문제에 직면했을 시 중국 정부는 인터넷 네트워크를 전면 차단한다. 2009년 중앙정부는 신장(新疆) 지역 폭동으로 200여 명이 사망한 사건에 대해 국외 위구르(維吾爾) 분리주의자에 의해 고무된 폭동이라 공포하며 신장 지역의 인터넷 접속을 전면 차단했다(Sullivan 2014, 28). 그러면 일반적 이슈에 대한 인터넷 차단은 어떻게 진행되는 것일까?

다음의 2012년 웨이보 통제 사례는 중국 정부가 물리적으로 인터넷망을 전면 차단하기보다 웨이보 이용자의 리포스팅만 제한한다는 사실을 보여준다. 181,000명의 팔로워(follower)가 있는 중국의 저명한 학자이자 블로거 H는 정기적으로 사회 이슈를 웨이보에 게시해왔다. 그는 2012년 5월 2일 베이징 미 대사관 망명을 시도한 인권 변호사 천광청 사건을 5월 2일 18시 46분 포스팅했다. 다음날 5월 3일 6시 1분 포스팅은 사라졌고 인터넷 접근 역시 거부됐다. 〈그림 4-a〉를 보면, 5월 2일 20시 7분에서 16분 사이 리포스팅이 급격히 감소한 시점이 원 게시글이 검열된 시간대임을 알 수 있다. 초기 게시글은 90분 내에 6,193명의 블로거에 의해 6,800번 재게시됐다. 또 〈그림 4-b〉를 보면, 다수 팔로워를 보유한 소수

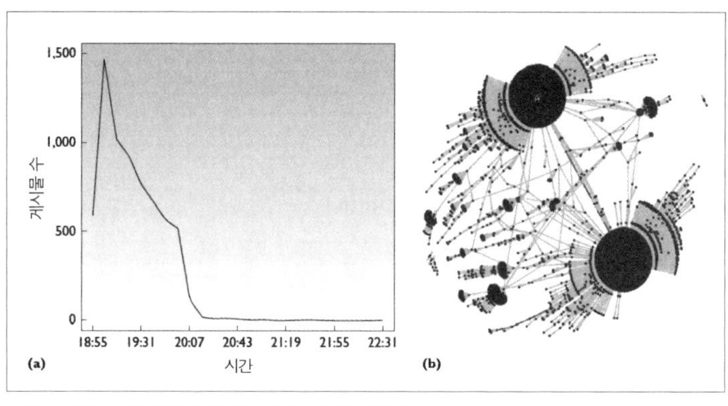

그림 4. 웨이보 게시물의 확산과 검열, 그리고 분포

출처: Fu et al. 2013, 44.

의 웨이보 이용자가 인터넷 공간을 공유해 이슈가 배포됐음을 알 수 있다(Fu et al. 2013, 44-45). 이것은 인터넷 검열자가 게시물의 유해함을 인지하더라도, 모바일망은 기존의 지역 기반의 아이피 인터넷망과 달리 확산 경로 추적이 어려워 즉각적인 통제가 어렵다는 사실을 보여준다. 또 다수의 웨이보 이용자가 아닌 파급력 있는 소수의 이용자가 정보 전달자 역할을 하고 있음을 알 수 있다.

이처럼 중국 지도부는 모바일 인터넷을 전면 차단하기보다 소프트웨어적 제어에 집중했으며, 친인민적인 모바일 플랫폼을 대안으로 제시했다. 이미 한차례 인터넷으로 경제발전을 체감한 중국 지도부는 모바일로 전환된 인터넷 환경에서 역시 경제발전 촉진을 원했고, 전면적 인터넷 통제가 경제발전을 저해한다는 사실을 인지하고 있었다. 그래서 중국 정부는 통제가 용이한 플랫폼 개발을 인터넷 사업자에게 장려해, 정보 흐름을 막지 않으면서 통제할 수 있는 메커니즘 구축을 시도하고 있다.

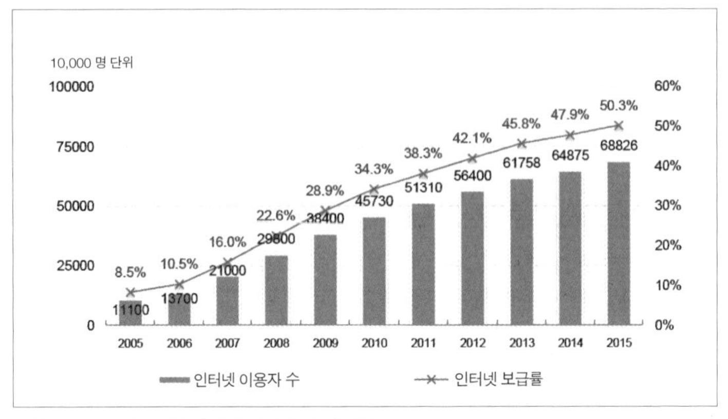

그림 5. 2015년 12월 인터넷 이용자와 보급률

출처: CNNIC. 2016, 45.

2. 모바일 인터넷 플랫폼 구축과 통제 유용성

〈그림 5〉를 보면, 2015년 12월 기준 중국은 6억 8천8백 만의 인터넷 이용자가 있으며 인터넷 보급률은 50.3%에 달한다(CNNIC 2016, 45).

특히 2006년부터 중국의 인터넷 보급률이 상승세를 유지했지만, 2012년에 접어들어 증가폭이 둔화되기 시작했다. 이런 사실은 중국인의 인터넷 이용 패턴이 변화했음을 의미하며, 그 중대한 변화는 중국인이 소셜미디어(Social Media) 어플리케이션을 광범위하게 수용했다는 점이다. 그 결과 2012년 중엽 네티즌 두 명 중 한 명이 웨이보 이용자가 되었다. 웨이보 플랫폼은 이메일과 온라인 포스팅과 같은 전통적인 기능이 삭제돼 관리가 용이하다(CNNIC 2012). 대신 웨이보는 메시지와 타 이용자의 포스트(Post)에 코멘트 게시 기능을 추가했다. 이 기능은 게시판과 블로그(Blog)의 특

성이 융합됐기 때문에 급속도로 대중화될 수 있었다(MacKinnon 2008).[4]

그러면 중국의 모바일 인터넷은 어떻게 통제되는 것일까?

우선 중국 정부는 미국의 수호전사(Guardian Warriors)로 불리며 압도적으로 중국 내수를 점유하고 있는 시스코(Cisco), 아이비엠(IBM), 구글(Google), 퀄컴(Qualcomm), 인텔(Intel), 애플(Apple), 오라클(Oracle), 마이크로소프트(Microsoft)를 자체 기술로 대체하고 있다. 그래서 중국은 화웨이(華爲) 라우터, ZTE(中興通訊股份有限公司), 샤오미(小米) 휴대폰을 이용해 성공적으로 국내외 하드웨어 시장에 침투하고 있다(Harold et al. 2016, 29). 중국 정부의 이런 시도는 넓은 의미에서 외부 세력의 간섭을 최대한 배제하며 자체 기술력을 이용해 사이버 공간을 장악하려는 의도로 볼 수 있다. 이를 뒷받침하듯, 국외에 판매된 중국 휴대폰에는 백도어(Back Door) 프로그램이 설치돼, 중국 정부가 휴대폰 소유자의 개인 정보를 수합할 수 있다(Apuzzo & Schmidt 2016).

기실 중국은 미국이 인터넷을 이용한 헤게모니로 공산당을 위협한다고 여겨, 미국의 영향력을 우회하거나 통제가 용이한 자국의 기술력으로 인터넷 네트워크 구축을 꾀하고 있다. 실제 미 정보기관 출신 스노든(Snowden)은 중국 통신 정보가 오가며 아시아 태평양 지역을 연결하는 홍콩의 팩넷(Pacnet)이 미국의 해킹 대상이었음 공개했다(South China Morning Post June 22, 2013). 그래서 중국 지도부는 미국 기반의 인터넷 서버를 피하고자 아시아에서

4 미국의 트위터를 본떠 만든 웨이보는 140자로 글자 수가 제한돼 있지만, 한자 140자로 중편 소설 정도의 표현이 가능하다(Ambrozy 2011, 241).

유럽으로 바로 연결되는 광섬유망을 개설했다. 유사하게 중국 네트워크망 역시 타국의 간섭과 자국 기술 확산을 위해 국내 제품으로 대체하고 있다(Harold et al. 2016, 29).

둘째로 중국 정부는 애플 스토어(Apple Store)와 구글 플레이어(Google Player)의 접근을 막아 트위터(Twitter), 페이스북(Facebook), 유튜브(Youtube) 등의 국외 어플의 접근을 제한했다. 설사 모바일 브라우저를 통해 접속하더라도, 고정 인터넷 통제와 같은 메커니즘으로 차단된다. 이런 단일 정보망은 모바일 콘텐츠 차단과 정교한 필터링 시스템 구축을 용이하게 했다.

셋째로 중국 정부는 인민이 원하는 정보를 중국 내부에서 모두 얻을 수 있는 정보망을 조성해, 네티즌이 인터넷 검열을 자연스럽게 수용하게 했다(Chen et al. 2013, 89-100). 중국 정부는 자국 사이트 이용을 유도해, 페이스북 대신 런런(人人)을 권유하고 트위터와 유튜브는 각각 웨이보와 유쿠(優酷)로 대체했다. 실제 중국 인터넷 회사는 영화, 드라마, 음악 등 저작권이 필요한 국외 정보조차도 무료로 제공하고 있어, 인민은 중국 내에서 모든 것을 향유할 수 있다. 특히 중국의 트위터 격인 웨이보는 신분 등록 후 이용할 수 있음에도, 중국 정부의 지원에 힘입어 인민 속으로 급속히 전파됐다(Yang 2015, 3).

넷째로 중국 정부가 인터넷 회사에 콘텐츠 검열을 준수하게 하는 방법이다. 인터넷 회사는 정부 허가 조건을 준수하기 위해 이용자를 모니터링하며 자체 검열을 수행해야 한다. 가령, 신화사는 웨이보 이용자를 감시하기 위해 검열부서를 세웠으며, 이용자가 부정확한 정보를 배포하면 5분 내에 게시물 삭제를 요청한다(Fu et al. 2013, 43). 이들은 웨이보에만 수천 명의 검열자를 고용했고, 민감한 단어를 모니터할 정교한 소프트웨어를 사용한다. 이처럼 중국 인터넷 회사들은 정부 규제를 피하고 모바일 인터넷 사업 발전을 위해 엄격한 자가 검열을 수행하고 있다.

V 시진핑 시기 인터넷 통제의 변화와 특징

1. 인터넷 통제 규정 강화

중국은 개인 혹은 기업보다 정부 주도로 인터넷 정책을 구축해왔기 때문에 급증하는 인터넷 이용자의 요구보다 정부 정책에 방점을 두고 통신 인프라를 발전해 왔다(Feng 2015, 183). 그 결과 오직 13.3%의 인터넷 운영자의 견해만이 중국 인터넷 정책에 영향을 미칠 뿐이다(CNNIC 2016, 39-40).

아래 〈그림 6〉을 보면 모바일 인터넷을 주도하는 통신사의 직간접적 지배구조를 알 수 있다. 중국 당-국가(Party-State) 제도의 특성상 통신사는 공식적으로 국무원 산하 기관에 예속되지만, 실질적으로 공산당의 지배를 받는다. 중국 통신사는 기본적으로 국유기업 형태로 존재하기에 정보통신을 담당하는 공업화신식화부(工業和信息化部), 국유기업을 관리하는 국유자산관리감독위원회(國有資產監督管理委員會)의 직접적인 규제를 받는다. 비공식적으로는 공산당 조직부(組織部), 중앙선전부(中央宣傳部), 국가발전개혁위원회(國家發展和改革委員會), 증권감독관리위원회(證券監督管理委員會)

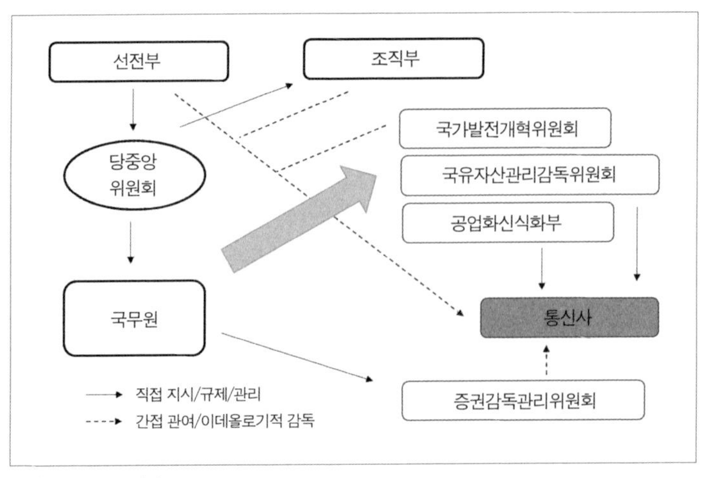

그림 6. 통신사 지배 구조
출처: Xia 2012, 509-510 재구성.

의 지배를 받는다. 특히 당내 조직은 물론 국유기업의 인사를 담당하는 조직부와 공산당의 사상을 감시하는 선전부가 통신사에 막강한 영향력을 행사할 수 있다. 이들은 노멘클라투라(Nomenklatura)를 형성해 비공식적으로 국가기관과 통신사에 침투해 국유기업 인사권을 장악하고 있다. 이런 지배구조가 통신사부터 사이버 공간을 임대하는 인터넷 회사까지 위계적으로 연계돼 있기 때문에, 통신사는 정부의 요구에 순응할 수밖에 없다.

하지만 중국은 상기 이중 감독 체제에도 급증하는 인터넷 인구와 변화하는 통신 환경에 대응하기에 역부족이다. 2009년 중국에 모바일 플랫폼이 구축된 이래 웨이보는 중국인을 위한 정보전달의 주요 원천이 됐다(Chen 2015, 289). 그 파급력을 우려한 왕천(王晨) 중앙 선전부 부부장(副部長)은 2011년 웨이보를 점령하라고 밝혔지만(Jiang & Schlæger 2014), 중국 지도부는 인터넷 회사에 자가 검열만을 장려했을 뿐 제도적 장치를 마련하지 않았다. 당시 중국 정부는 소수의 온라인 공급자에게만 중국의 소셜미디어를 개방했기에 인터넷 규정만으로 원활한 인터넷 콘텐츠 통제가 가능하다고 판단했다.

본격적인 중국 모바일 인터넷 통제는 2013년 시진핑 지도부에 접어들어 모바일 인터넷 이용자의 급속한 증가와 더불어 강화되기 시작했다. 중국 정부는 2013년 여름부터 웨이보를 압박해 네티즌의 견해를 얽어매기 시작했으며, 2014년 11월엔 29개의 주요 인터넷 회사에 온라인 댓글 관리 강화 서약을 받았다. 또 2014년 12월 시진핑은 사개전면(四個全面) 중 전면적인 의법치국(全面依法治國)을(陳寶生 2016; 霍小光, 華春雨 2014), 사이버 공간까지 확장해 인터넷 통제에 대한 법적 토대를 마련했다.[5] 시진핑 시기 인터넷 장악을 향한 핵심 조치는 다음과 같다.

우선 2014년 2월 27일 중앙인터넷안전·정보화영도소조(中央網絡安全和信息化領導小組)가 설립됐다. 국가 인터넷 안전과 정보화 법치를 주창하며 설립된 이 기구는 경제, 정치, 문화, 사회, 군사 등 각 영역의 인터넷 안전과 정보화 문제에 대한 거시적인 계획과 중대 정책을 제정할 수 있다. 시진핑이 조장이며, 리커창(李克強), 류윈산(劉雲山)이 부조장을 맡았다(江蔚 2014年 2月 27日). 앞서 2011년 5월 4일 인터넷 감독을 목적으로 국가인터넷정보판공실(國家互聯網信息辦公室)이 국무원의 비준을 거쳐 설립됐지만, 상기 당

5 사개전면(四個全面)은 ① 전면적 샤오캉 사회(全面建成小康社會) 건설, ② 전면적 개혁 심화(全面深化改革), ③ 전면적인 의법치국(全面依法治國), ④ 전면적이고 엄중한 당정비(全面從嚴治黨)다.

중앙 조직보다 권한이 약하며 빠르게 변화하는 모바일 인터넷 환경에 제도적 대응이 느렸다.

이어서 2016년 11월 7일, 중국 전국인민대표회의 상무위원회는 사이버보안법(網絡安全法)을 통과시켰다. 이 법안은 다음의 내용을 골자로 한다.

첫째, 중국 내 메시지 서비스를 제공하는 인터넷 기업은 반드시 이용자의 개인정보를 확보하고, 이용자는 실명을 사용해야 한다. 둘째, 국외 기업들은 데이터 저장 서버를 반드시 중국 내에 보유해야 한다. 이를 반영하듯, 애플은 법안 공포 8개월 만인 2017년 7월 12일 첫 데이터 센터 건립을 위해 구이저우성(貴州省)에 10억 달러 투자를 결정했다. 이 센터가 완공되면 중국에서 업로드한 모든 자료는 현지에 저장되며 미국으로 옮기는 것은 금지된다. 셋째, 중국 정부는 이용자의 실시간 메시지 내용을 검열할 수 있다(www.npc.gov.cn/npc/xinwen/2016-11/07/content_2001605.htm, 검색일: 2017.2.24; Abkowitz & Dou 12 July, 2017). 마지막으로 2017년 1월 22일 중국 공업화신식화부는 정부승인을 받지 않은 가상 사설망(Virtual Private Network) 이용은 불법이라 규정하고 2018년 3월 31일까지 단속하기로 했다. 그간 중국 정부는 구글, 유튜브, 트위터, 페이스북을 포함해 전 세계 상위 1,000개 웹사이트 중 135개를 차단했지만, 중국 네티즌은 방화장성을 우회할 수 있는 가상망에 의존해 당국이 차단한 사이트를 이용할 수 있었다(Ye Jan. 23, 2017; Solon Jan. 23, 2017; Global Times July 9, 2017).

2. 일원화된 모바일 인터넷 통제 플랫폼의 등장

그렇다면 시진핑 지도부 출범 후 중국 정부가 모바일 기반의 인터넷 어플리케이션을 발전·장려하는 동인은 무엇일까? 그간 중국의 정부기구와 공식 미디어는 온라인 공간을 활발히 점유하기 위해 그들의 존재와 활동을 사이버 공간에 부각해 왔다. 이를테면, 『인민일보(人民日報)』는 종이신문과 달리 웨이보에 실시간으로 비공식적인 레토릭(Rhetoric)을 표출해 오고 있다. 시진핑 시기의 이런 변화는 강압적 통제보다 선전과 이데올로기적 지배 방법의 증가로 이어졌으며, 과거 인터넷 통제와 네티즌의 저항이라는 이분법 사고를 벗어나 친인민적 성향을 띠었다(Yang 2015, 4-5). 이런 상황에서 2009년에 출현한 웨이보는 지방정부와 인민이 소통할 수 있는 중요 통로가 됐다(Jiang & Schlæger 2014, 190). 중국인은 웨이보를 통해 많은 지방 부패 스캔들과 시위를 노출해, 중국 지도부를 긴장하게 했지만(Yang 2012, 285-302), 한편으로 웨이보 플랫폼은 초기 광범위한 웹 기반의 인터넷보다 통제가 용이했다. 중국 정부 입장에서 정보 채널이 웨이보로 일원화돼 여론 조작이 용이하고 관리 범주와 책임 역시 좁혀졌기 때문이다.

이런 장점 때문에 정부 기구와 관료는 네티즌과 직접적인 소통을 명목으로 광범한 웹사이트를 만들고 있으며, 이를 통해 간접적으로 네티즌을 감시할 수 있다. 2011년 12월 기준 신랑(新浪網), 텅쉰(騰訊網), 런민(人民網), 신화(新華網)의 주요 웨이보 중 50,561개가 정부 계정임이 입증됐으며, 이 중 32,358개는 당조직과 연관돼 있다(國家行政學院電子政務研究中心 2012, 6).

지방정부로는 윈난성(雲南省) 정부가 2009년 11월 첫 웨이보를 개설한 이래, 2009-2012년 사이 웨이보를 채택한 정부기구는 급격히 증가했다. 또 2011년 4월 중앙기구로는 외교부가 처음으로 웨이보 계정을 등록했다. 국가행정학원전자정무연구센터(國家行政學院電子政務研究中心)에 따르면, 2012년 기준 정부 산하의 웨이보는 176,800개에 달한다(Jiang & Schlæger 2014, 192).

기실 중국 정부는 1999년 1월 22일부터 공식적인 온라인 정부를 개설했으며, 2005년 말에는 중앙정부기구의 96%, 지방정부의 81.3%가 웹사이트를 설립했다. 하지만 일관된 계획과 기구 간 상호 연계 없이 무분별하게 웹사이트가 설립됐기에 이용률은 10%에도 못 미쳤다. 오히려 부실한 전자정부는 네티즌이 웨이보와 같은 플랫폼에 눈을 돌리게 해, 시민 주축의 정보 채널 확산을 초래했다(Hong 2010, 19).

현재 중앙정부는 지방정부와 당간부에게 웨이보를 점령하고 온라인으로 블로거들과 상호 교류할 것을 권장한다. 지방정부 웨이보는 다른 지휘권하에 운용되며 각각의 규정과 책임 역시 다르다. 웨이보 시행 세칙은 개인과 지방정부가 맡기 때문에, 지방 웨이보는 획일화된 중앙 지령을 따르기보다 지방의 상황에 따라 다양한 활동을 전개할 수 있다. 예산 역시 전자정부 포탈, 공안, 환경 등 다양한 부서로 편성된다(Jiang & Schlæger 2014, 194).

비록 정부 웨이보가 단시간에 지방의 조직 변화를 이끌지 못했지만, 사회 관리와 정치적 정당성을 높이기 위한 보조기구(Beta-Institutions) 역할을 충실히 해왔다. 이런 면에서 중국 정부는 사회 긴장과 충돌 관리를 목적으로 웨이보를 이용한 정교한 전자정부를 구축했으며, 다방면의 공공 안전과 사회 관리 기능을 수행하고 있다. 특히 정부 웨이보 1/3 이상의 계정이 공안기관에 의해 운영된다. 또 베이징(北京)과 같은 성급 정부는 '베이징 선포(北京發布)'라는 공식 웨이보를 개설해 정책결정을 목적으로 정보 수집을 해왔다. 이것은 사회 정보 수집, 이용자와의 교감, 긍정적인 뉴스 전파, 사회 안정 유지의 역할을 한다(Jiang & Schlæger 2014, 190-195). 거시적으로 관제 웨이보는 집단시위와 사회운동을 줄이는 역할을 하기 때문이다.

이런 파급력을 가진 웨이보와 웨이신은 사이버 공간에서 개인과 집단 참여가 가능해 중국 정부의 새로운 통제 대상이 됐다(Lindtner 2014, 147). 때문에 웨이보와 웨이신은 첫 플랫폼 구상부터 시스템과 콘텐츠 관리에 방점을 두고 설계됐다. 이를 반영하듯, 2017년 1월 9일 웨이신은 애플 스토어나 구글 플레이어 같은 어플마켓을 통하지 않고 자체적으로 어플을 다운받고 구동할 수 있는 기능을 구축했다. 샤오청쉬(小程序)라 불리는 이 기능은 별도의 쇼핑, 은행, 영화 예매 어플리케이션을 설치할 필요 없이 웨이신 하나로 모든 것을 이용할 수 있다(Economist 2016; Jing Jan. 9, 2017). 이렇게 텅쉰은 7.68억 명의 웨이신 이용자의 휴대폰 어플리케이션을 일원화함으로써 자가 검열은 물론 스마트폰 본연의 기능을 통제할 수 있게 됐다.

VI 맺음말

이 연구는 2012년 말 시진핑 지도부 출범과 맞물려 폭발적으로 증가한 모바일 인터넷 통제에 초점을 두고 진행됐다. 그간 중국은 강력한 인터넷 통제 서버인 방화장성을 기반으로 물리적 차단과 콘텐츠 필터링, 사이버 공안을 동원한 수동 검열, 인터넷 회사의 자발적 검열로 인터넷을 통제해 왔다. 하지만 기존의 통제 시스템은 모바일로 변화하는 인터넷 환경 대응이 어려우며, 설사 중국 정부가 더 강력한 통제 시스템 구축할지라도, 인터넷 경제 활동 침체라는 맹점이 발생한다. 중국 인터넷은 경제발전을 최우선 목표로 선보급 후통제 시스템으로 발전해 왔기에, 네티즌을 옭아매려는 정부와 이것을 회피하려는 네티즌과 갈등은 필연적으로 드러날 수밖에 없었다.

이런 취약한 상황에서 2012년부터 급속히 발전하기 시작한 모바일 인터넷은 중국 지도부에 새로운 국면을 맞이하게 했다. 인터넷 발전을 저해하지 않으면서 친인민적인 통제 메커니즘을 구축할 기회가 도래한 것이다. 바로 모바일 인터넷 플랫폼을 이용해 통제 시스템을 재구축하는 방안이다.

초기 중국의 인터넷은 통제보다 발전에 초점을 두고 인터넷 회선과 웹페이지가 구축됐으며 하드웨어와 소프트웨어 방식으로 복합 통제를 시행해 왔다. 또 고정 인터넷은 일정 구역 내의 아이피로 할당되기에 인터넷 이용자 색출이 용이했지만, 3G와 4G망으로 구축된 모바일 인터넷망은 아이피 재설정 폭이 넓어 이용자 파악이 어렵다는 맹점이 있다. 때문에 중국 정부는 막강한 자본력과 인터넷 기술력을 보유하고 있음에도, 소프트웨어 통제 방식에 초점을 두고 모바일 플랫폼 역량을 강화해 왔다. 그 결과 웨이보와 웨이신은 첫 플랫폼 구상부터 시스템과 콘텐츠 관리에 방점을 두고 설계됐다. 중국의 인터넷 회사들은 인터넷 도입 초기부터 정부의 자가 검열 압력을 받아 왔으며, 현재는 모바일 어플리케이션을 통해 정부 방침에 순응하고 있다.

이런 상황에서 중국 정부는 웨이보 전자정부를 개설해 자유롭게 인민과 소통할 수 있는 통로를 만들었으며, 웨이보로 정보 채널을 일원화해 여론 조작을 용이하게 했다. 또 관제 웨이보는 사회관리 기능을 수행해, 집단시위 발생을 줄여 사회 안정에 기여하고 있다.

무엇보다도, 중국 정부는 인터넷 자체를 거대한 가상 내부망으로 만들어, 인민이 외부세계와 연계할 수 있는 정보 경로를 차단했다. 대안으로 중국 인터넷 회사들은 페이스북, 유튜브, 트위터의 대체재를 만들어 인민이 원하는 정보를 중국 내부에서 모두 얻을 수 있게 해, 이들이 국외 사이트에 접속해 정보를 검색하고 획득할 동기를 잃게 했다. 인터넷 이용자 역시 정부 검열을 인지하더라도, 방대한 정보를 향유하고 제한된 인터넷 공간에 동참하기 위해 스스로를 인터넷 내부망에 가뒀다. 그 결과 시진핑 지도부는 중국 인터넷망에 '있어야 할 것은 다 있다(應有盡有)'는 인식을 인민에게 각인시켜 통제에 대한 네티즌의 반감을 상쇄할 수 있었다.

결과적으로 데스크톱, 노트북에서 스마트폰으로 급속히 전환된 모바일 인터넷 인구는 중국 지도부에게 새로운 인터넷 통제 패러다임 구축을 유도한 셈이다. 그래서 시진핑 지도부는 기존의 물리적 통제를 지양하고, 중국만의 특수한 모바일 인터넷 공간을 조성해, 인터넷 발전 저해와 사회 질서를 파괴하는 정보 안건의 유입을 효율적으로 제한하고 있다. 이 전략은 2017년 가을 시진핑 2기 지도부 출범 후에도, 안드로이드(Android)와 아이폰(Iphone) 운영체제 기반의 모바일 플랫폼 단일화에 초점을 두고 확대·강화될 전망이다.

참고문헌

Abkowitz, Alyssa & Eva Dou. 2017. "Apple to Build China Data Center to Meet New Cybersecurity Law." *The Wall Street Journal* (July 12).

Ambrozy, Lee. 2011. *Ai Weiwei's blog: Writings, interviews and digital rants, 2006–2009*. Cambridge, MA: MIT Press.

Apuzzo, Matt & Michael S. Schmidt. 2016. "2016 Secret Back Door in Some U.S. Phones Sent Data to China, Analysts Say." *New York Times* (Nov. 15).

Bhalero, Renuka. 2010. "3G to 4G core network migration." *Radisys White Paper*, 1-6.

Chase, Michael, Mulvenon, James C. 2002. *You've got dissent!: Chinese dissident use of the Internet and Beijing's counter-strategies*. Santa Monica, CA : RAND.

Chen, Le, Chi Zhang & Christo Wilson. 2013. "Tweeting under pressure: analyzing trending topics and evolving word choice on sina weibo." *In Proceedings of the first ACM conference on Online social networks*, 89-100.

Chen, Sally Xiaojin. 2015. "Collective action in digital China: a case study of the 2013 southern weekly incident." Guobin Yang eds. *China's contested internet (Governance in Asia)*, 283-304. NIAS Press, Copenhagen.

Cheng, Yang, Jingwen Liang, & Louis Leung. 2015. "Social network service use on mobile devices: An examination of gratifications, civic attitudes and civic engagement in China." *New media & Society* Vol. 17, Issue 7, 1096-1116.

Clayton, Richard, Steven J. Murdoch & Robert N. M. Watson. 2006. "Ignoring the great firewall of china." In *Privacy Enhancing Technologies*. Springer Berlin, 20-35.

CNNIC. 2012. "The 30th Statistical Report on Internet Development in China."

____. 2016. "The 37th Statistical Report on Internet Development in China."

DeLuca, Kevin Michael, Elizabeth Brunner & Ye Sun. 2016. "Constructing Public Space| Weibo, WeChat, and the Transformative Events of Environmental Activism in China." *International Journal of Communication* Vol. 10, 321–339.

Economist. 2016. "WeChat's world." (Aug 6).

Edmond, Chris. 2013. "Information manipulation, coordination, and regime change." *The Review of Economic Studies* Vol. 80, No. 4, 1422-1458.

Fallows, Deborah. 2008. *Most Chinese Say They Approve of Government Internet Control*. Pew Internet & American Life Project, Washington, DC.

Feng, Guangchao Charles. 2015. "Determinants of Internet diffusion: A focus on

China." *Technological Forecasting and Social Change Volume 100*, 176-185.

Feng, Guangchao Charles & Steve Zhongshi Guo. 2013. "Tracing the route of China's Internet censorship: An empirical study." *Telematics and Informatics* Vol. 30, Issue 4, 335-345.

Fu, King-wa, Chung-hong Chan & Michael Chau. 2013. "Assessing censorship on microblogs in China: Discriminatory keyword analysis and the real-name registration policy." *IEEE Internet Computing* Vol. 17, Issue 3, 42-50.

Gerbaudo, Paolo. 2012. *Tweets and the Streets: Social Media and Contemporary Activism*. Pluto Press.

Global Times. 2017. "Cyber regulators deny rumors they approved VPN service" (9 July).

Goldsmith, Jack & Tim Wu. 2008. *Who Controls the Internet?: Illusions of Borderless World*. Oxford University Press.

Guo, Liang. 2007. *Surveying Internet Usage and Impact in Seven Chinese Cities*. Center for Research on Social Development, Chinese Academy of Social Sciences, Beijing.

Hachigian, Nina. 2001. "China's cyber-strategy." *Foreign Affairs* 80, Issue 2.

____. 2002. "The internet and power in one-party East Asian states." *The Washington Quarterly* Vol. 25, Issue. 3, 41-58.

Harold, Scott Warren, Libicki Martin C. & Astrid Stuth Cevallos. 2016. *Getting to Yes with China in Cyberspace*. Rand Corporation.

Harwit, Eric & Clark, Duncan. 2001. "Shaping the Internet in China: evolution of political control over network infrastructure and content." *Asian Survey* Vol. 41, No 3, 377-408.

Herold, David Kurt. 2011. "Human Flesh Search Engine: Carnivalesque Riots as Components of a Chinese a Chines Democracy." David Kurt Herold & Peter Marolt eds. *Online society in China: Creating, celebrating, and instrumentalising the online carnival*, 127-145. Taylor & Francis.

Hicham, Magri, Noreddine Abghour, & Mohammed Ouzzif. 2014. "4G System: Network Architecture and Performance."*International Journal of Innovative Research in Advanced Engineering* Vol. 2, Issue 4, 215-220.

Hong, Xue. 2010. *Cyber Law in china*. Kluwer Law International.

Jiang, Min & Jesper Schlæger. 2014. "How Weibo Is Changing Local Governance in China." *Diplomat* (August 6).

Jing, Meng. 2017. "Tencent begins in-app feature for 800 million users, extending WeChat's usefulness." *South China Morning Post* (January 9).

King, Gary, Jennifer Pan, and Margaret E. Roberts. 2013. "How censorship in China allows government criticism but silences collective expression."

American Political Science Review Vol. 107, Issue 2, 326-343.
Kumar, Arun & Renu Suman. 2013. "Comparision of 3g Wireless Networks and 4g Wireless Networks." *International Journal of Electronics & Communication Engineering* Vol. 6, No. 1, 1-8.
Lai, Linda SL & Wai-Ming To. 2012. "Internet diffusion in China: economic and social implications." *IT Professional* Vol. 14, Issue 6, 16-21.
Lindtner, Silvia. 2014. "Hackerspaces and the Internet of Things in China: How makers are reinventing industrial production, innovation, and the self." *China Information* Vol. 28, Issue 2, 145-167.
Liu, Jingfang. 2011. "Picturing a green virtual public space for social change: A study of Internet activism and Web-based environmental collective actions in China." *Chinese Journal of Communication* Vol. 4, Issue 2, 137-166.
Liu, Jun. 2013. "Mobile communication, popular protests and citizenship in China." *Modern Asian Studies* Vol. 47, Issue 3, 995-1018.
____. 2014. "Communicating beyond Information? Mobile Phones and Mobilization to Offline Protests in China." *Television & New Media* Vol. 16, Issue 6, 503-520.
Liu, Yong & Hongxiu Li. 2010. "Mobile internet diffusion in China: an empirical study." *Industrial Management & Data Systems* Vol. 110, No. 3, 309-324.
Loo, Becky PY. 2004. "Telecommunications reforms in China: towards an analytical framework." *Telecommunications Policy* Vol. 28, Issue 9, 697-714.
MacKinnon, Rebecca. 2008. "Flatter world and thicker walls? Blogs, censorship and civic discourse in China." *Public Choice* Vol. 134, Issue. 1, 31-46.
____. 2011. "China's networked authoritarianism." *Journal of Democracy* Vol. 22, No. 2, 32-46.
____. 2012. *Consent of the Networked: The Worldwide Struggle For Internet Freedom*. New York: Basic Books.
Mobile world live. 2016. "China's 4G user base surpasses 700M" (Nov. 30).
Morozov, Evgeny. 2011. "Whither Internet Control?." *Journal of Democracy* Vol. 22, No. 2, 62-74.
Mulvenon, James. 2008. "Golden Shields and Panopticons: Beijing's Evoling Inernet Control Policies." *Georgetown Journal of International Affairs* Vol. 9, Issue. 2, 115-120.
Napoli, Philip M. & Jonathan A. Obar. 2014. "The emerging mobile internet underclass: A critique of mobile internet access." *Information Society* Vol. 30, Issue 5, 323-34.
Nemer, David & Michail Tsikerdekis. 2017. "Political engagement and ICTs: Internet use in marginalized communities." *Journal of the Association for*

Information Science & Technology Vol. 68, Issue 6, 1539-1550.
Olesen, Thomas. 2005. "Transnational Publics: New Spaces of Social Movement Activism and the Problem of Global Long-Sightedness." *Current Sociology* Vol. 53, Issue 3, 419-440.
Qiang, Xiao. 2011. "The battle for the Chinese Internet." *Journal of Democracy* Vol. 22, No 2, 47-61.
Rauchfleisch, Adrian & Mike S. Schäfer. 2015. "Multiple public spheres of Weibo: A typology of forms and potentials of online public spheres in China." *Information, Communication & Society* Vol. 18, No. 2, 139-155.
Roberts, Hal, Ethan Zuckerman & John Palfrey. 2009. "2007 Circumvention Landscape Report: Methods, Uses, and Tools." *The Berkman Center for Internet & Society*, 1-95.
Solon, Olivia. 2017. "China cracks down on VPNs, making it harder to circumvent Great Firewall." *Guardian* (January 23).
Sullivan, Jonathan. 2014. "China's Weibo: Is faster different?" *New Media & Society* Vol. 16, Issue 1, 24-37.
Taubman, Geoffry. 1998. "A not-so world wide web: the Internet, China, and the challenges to nondemocratic rule." *Political Communication* Vol. 15, Issue 2, 255-272.
Wallis, Cara. 2011. "New media practices in China: Youth patterns, processes, and politics." *International Journal of Communication* Vol. 5, 406-436.
Wang, Dakuo & Gloria Mark. 2015. "Internet censorship in China: Examining user awareness and attitudes." *ACM Transactions on Computer-Human Interaction* Vol. 22, Issue 6, 1-22.
Wilson, Ernest J. 2004. *The information revolution and developing countries.* MIT Press.
Wong, Edward. 2016. "China's Internet Speed Ranks 91st in the World." *New York Times* (June 3).
Wu, Angela Xiao. 2013. "Ideological polarization over a China-as-superpower mindset: An exploratory charting of belief systems among Chinese Internet users, 2008-2011." *International Journal of Communication* Vol. 8, 2243-2272.
Xia, Jun. 2012. "Competition and regulation in China's 3G/4G mobile communications industry - Institutions, governance, and telecom SOEs." *Telecommunications Policy* Vol. 36, Issue 7, 503 –521.
Xiao, Yang, Kin K. Leung, Yi Pan, Xiaojiang Du. 2005. "Architecture, mobility management, and quality of service for integrated 3G and WLAN networks." *Wireless Communications and Mobile Computing* Vol. 5, Issue 7, 805-823.

Xiao, Qiang. 2011a. "The battle for the Chinese Internet." *Journal of Democracy* Vol. 22, No 2, 47-61.
____. 2011b. "The Rise of Online Public Opinion and Its Political Impact." Susan Shirk eds. *In Changing Media, Changing China*, 202-143. New York: Oxford University Press.
Xinhua. 2017. "China's scientific innovation gains momentum in 2016" (Jan. 8).
____. 2017. "China's 4G users exceed 700 mln: ministry" (Jan. 6).
Yuan, Ye, Haigang Sheng, Haohao Shi. 2016. "Research on Mobile Internet User Behavior Preference Based on Support Vector Machine." *International Journal of Smart Home* Vol. 10, No. 6, 247-260.
Yang, Guobin. 2009. *The Power of the Internet in China: Citizen Activism Online.* New York: Columbia University Press.
____. 2012. *Social Dynamics in the Evolution of China's Internet Content Control Regime.* Routledge Handbook of Media Law.
____. 2015. *China's Contested Internet.* NIAS Press.
Ye, Josh. 2017. "China tightens Great Firewall by declaring unauthorised VPN services illegal." *South China Morning Post* (January 23).
Yu, Jiang. 2011. "From 3G to 4G: technology evolution and path dynamics in China's mobile telecommunication sector." *Technology Analysis & Strategic Management* Vol. 23, Issue 10, 1079-1093.

thenextweb.com/asia/2010/01/05/route-gfw-flow-chart (검색일: 2017년 1월 14일).
www.tutorialspoint.com/lte/lte_network_architecture.htm (검색일: 2017년 1월 1일).
www.internetlivestats.com/internet-users/china (검색일: 2017년 2월 14일).

國家行政學院電子政務研究中心. 2011. "2011年中國政務微博客評估報告."
謝漢川, 方譽荃. 2015. "多模多頻4G LTE實驗網布建與測試技術之探討." 電腦與通訊 161期, 84-92.
陳寶生. 2016. "推動"四個全面"戰略布局落地生根." 『人民日報』 (9月 5日).
霍小光, 華春雨. 2014. "習總書記首談"四個全面"意味著什麼." 『新華網』 (12月 16日).
中華人民共和國網絡安全法. www.npc.gov.cn/npc/xinwen/2016-11/07/content_2001605.htm (검색일: 2017년 2월 24일).

필자 소개

김진용 Kim, Jinyong

경남대학교 정치외교학과, 조교수(Assistant Professor, Kyungnam University Dep. of Political Science and Int'l Relations)
고려대학교 정치외교학과 비교정치전공, 박사

논저 "시진핑 시기 중국의 부패 통제 메커니즘: 공산당 권력 강화와 의법치국(依法治國) 사이의 딜레마", "우산 혁명은 왜 지속되지 못했는가?: 홍콩 집단시위 발발과 파급력, 그리고 한계", "시진핑 시기 중국의 모바일 인터넷 발전과 통제"

이메일 conan@uok.ac.kr

제6장

중국의 자원무기화
— 희토류 패권의 취약성

Weaponization and Vulnerability in China's Rare Earths Hegemony

박선령 | University of British Columbia 정치학 박사과정

본 논문은 희토류(Rare Earths)라는 전략자원에서 중국이 지니고 있는 패권의 이면을 분석한다. 각종 첨단산업에 필수불가결한 원료로 사용되는 희토류는 대체가 불가능하기 때문에 전략 자원으로 분류된다. 이러한 희토류 시장에서 중국은 전 세계 수요의 90% 이상을 공급하는 희토류 패권국으로 자리 잡고 있다. 한편 2010년 중일 영토분쟁 당시 중국이 취한 대일 희토류 금수조치와, 같은 해 시행된 희토류 수출쿼터 삭감은 국제사회의 희토류 자원안보를 심각하게 위협하는 사건이었다. 특히 중국이 희토류 공급독점적 지위를 무기처럼 활용하였다는 점에서 중국의 대표적인 '자원무기화'의 사례로 꼽히기도 한다. 하지만 본 논문은 중국 희토류 패권의 이면에 집중하여, 그 공급독점적 지위가 지속적이고도 일방적으로 타국의 희토류 자원안보를 위협하는 것은 아님을 보이고자 한다. 즉, 높은 상호무역의존도와 중국 희토류 산업 내부의 문제점으로 인해, 중국의 희토류 패권 이면에도 취약한 면모가 있음을 주장한다. 이는 역설적으로 중국의 희토류 공급독점적 지위도 수입국과의 무역 의존도에서 자유로울 수 없음을 의미하며, 주어진 전략자원을 효과적으로 통제하지 못할 경우 중국의 자원안보도 저해될 수 있음을 시사한다.

This chapter analyzes the hypocricy of China's hegemony over Rare Earths. As one of the strategic minerals, Rare Earths are irreplaceable and indispensable materials used in a wide range of industries. China enjoys its hegemony by producing more than 90 percent of the world's demands. Given that China's monopoly in the Rare Earths production, the international community has continuously worried about the possibility that China may weaponize its Rare Earths hegemony at any time. During the 2010 Sino-Japanese territorial disputes over the Senkaku-Diaoyu Island, the concerns of the international community were validated. China imposed an embargo on its Rare Earths exports to Japan, and Japan had no choice but to release the Chinese captain in question. In addition, China's decision to slash its Rare Earths export quotas intensified international concerns, which led to the international Rare Earths prices skyrocketing by 16 times. These two cases demonstrate China's Rare Earths hegemony and the vulnerability of the international society.

However, this shows that China also reveals its vulnerability in Rare Earths. The majority of existing studies tend to focus on one-time threatening cases and fail to analyze whether China's hegemony has continued to threaten other countries' resource security in Rare Earths. To address this gap in research, I investigate two cases. The first reveals that Japanese consequential responses after the embargo also damaged Chinese Rare Earths industry. The second evidences how the chronic smuggling and fragmented industrial structure in Chinese Rare Earths industry have almost nullified the slashed export restrictions. While I do not deny existing arguments on China's Rare Earths hegemony, I argue that "exclusively producing a resource" does not necessarily translate into having leverage over the resource security of others.

KEYWORDS 희토류 Rare Earths, 자원무기화 Resource Weaponization, 중일 영토분쟁 Sino-Japanese territorial disputes, 희토류 금수조치 Embargo on Rare Earths, 희토류 수출제한조치 Export restrictions on Rare Earths

I 서론

자원무기화(Resource Weaponization) 정책은 자원민족주의(resource nationalism)에서 파생된 개념이다. 자원민족주의란 일국의 자원개발 및 자원정책을 집행함에 있어 국가의 개입 확대를 의미하며, 대외관계에서 국가이익을 위해 자원을 정치적 무기(resource weapon)로 활용하는 정책을 의미한다(Click and Weiner 2010, 784). 즉, 다양한 정치적, 경제적, 외교적 목적을 달성하기 위해 천연자원의 소유, 개발, 생산, 유통, 그리고 수출입에 관련된 소득창출 흐름에 정부가 인위적으로 개입하는 것을 말한다(임수호 2011, 2).

자원정책을 집행함에 있어 국가의 개입 확대를 '민족주의'라고 부르는 이유는, 그 형태가 주로 외자기업의 경제활동을 제한하거나, 혹은 외자기업에게 불리한 조건으로 진행되기 때문이다(임수호 2011, 2). 구체적으로 자원개발 및 2차 공정 과정에서 고도의 기술력을 지닌 외자기업을 배제하고 국영기업을 선택한다거나, 자원수출을 제한하여 자국(국영)기업에게 유무형의 혜택을 준다거나, 혹은 외자기업과의 자원개발 계약조건을 자원보유국 정부 및 국영기업에게 유리하게끔 일방적으로 변경하는 행위 등이 포함된다(정우진 2007, 41; 이원근 2014, 227; Bremmer and Johnston 2009).

통상적으로 자원민족주의는 석유 및 광물자원을 대상으로 한다(임수호 2011; Bremmer and Johnston 2009). 가장 대표적인 자원민족주의의 사례로는 1970년대 초 중동전쟁 때 발생한 오일쇼크와 2000년대 중남미 국가들의 일방적인 국유화정책을 들 수 있다.

한편 중국이나 인도 등 신흥국이 주도하는 공세적 해외 석유자원 투자정책을 소비국 자원민족주의(consumer resource nationalism)로 규정하는 경우도 있으나. 이는 주로 석유 자원에 한정된 연구이다(Ward 2009). 본 논문에서 지칭하는 자원민족주의 및 자원무기화 정책은 생산국 자원민족주의(producer resource nationalism)에 국한된다.

자원무기화 정책이 국가의 개입확대, 그리고 자원을 정치적 수단으로 활용하는 것을 지칭한다고 할 때, 본 논문에서 다루는 중국의 희토류 금수조치와 수출제한조치 역시 대표적인 자원무기화 정책의 사례로 볼 수 있다(김동환·오병석 2010; 김동환 2011; 김부용·오종혁 2011).[1] 첫째, 2010년 중일 영토분쟁 당시 중국의 대일 희토류 금수조치는 실로 효과적인 수단이었다. 중국 정부의 요청과 항의에도 움직이지 않던 일본 정부가 중국의 희토류 금수조치 이후 분쟁의 쟁점이었던 중국인 선장을 즉각 석방한 것이다. 이처럼 희토류라는 전략자원을 수단으로 삼아 일본의 행동 변화를 이끌어낸 사례는, 그 동안 국제사회가 막연하게 의구심을 품었던 중국의 '자원무기화'에 대한 우려가 현실로 나타난 사건이었다.

한편, 같은 해 중국은 희토류 수출제한조치를 강화하였다. 수출제한조치에는 크게 수출쿼터와 수출관세가 포함된다. 전자는 수

1 김동환·오병석(2010)과 김동환(2011)은 중국의 희토류 정책이 전통적인 자원민족주의와는 다른 양상을 지닌다고 보고 있다. 이를 중국식 자원민족주의로 명명하고 있는데, 전통적인 자원민족주의가 민족주의 이념에 입각한 반면 중국은 철저히 실용적인 관점에서 희토류 자원을 무기화한다는 것이 핵심 주장이다. 본 논문에서는 이러한 구분이 크게 중요하지 않을 것으로 판단되는바, 중국이 희토류를 다른 정치적, 경제적 목적을 위해 '수단'으로 사용한 부분 그 자체에 집중하고자 한다.

출량에 직접적인 상한선을 부과하여 수출물량을 제한하는 것이고, 후자는 수출가격 상승을 유도하여 수출량을 간접적으로 제한하는 것이다. 문제가 되었던 부분은 희토류 수출쿼터였다.[2] 연간 5만 톤 가량의 희토류 수출쿼터를 유지하던 중국은 2010년부터 수출쿼터를 연 3만 톤 수준으로 유지하겠다고 발표하였다. 전년 대비 약 40% 감소된 수출쿼터로 인해 국제 희토류 가격은 최대 16배까지 상승하였다. 이는 앞선 금수조치와 달리 특정 국가를 대상으로 한 것이 아니라, 희토류 수급을 중국에 의존하고 있던 거의 모든 국가의 희토류 자원안보를 직접적으로 위협한다는 점에서 국제사회의 이목을 집중시킨 사건이었다. 특히 미국, 유럽연합, 일본은 이를 심각한 위협으로 받아들였고, 나아가 2012년 중국의 광물자원(희토류, 몰리브덴, 텅스텐) 수출제한조치를 세계무역기구(WTO) 분쟁해결기구(DSB: Dispute Settlement Body)에 정식 제소하기에 이르렀다.

국제사회의 우려는 단순히 희토류 수출제한조치에만 국한된 것이 아니다. 희토류가 지닌 전략적 중요성과 그러한 희토류산업에서 중국이 갖는 지위가 순수공급독점에 가깝다는 점을 고려하면, 중국의 희토류 정책을 분석하는 의의가 더욱 커질 것이다.

먼저, 희토류(Rare Earths)는 전략적으로 매우 중요한 광물자원이다. 화학적 정의에 따르면 희토류는 원소 주기율표에서 원소번호 57번부터 71번을 포함하는 란탄 계열(Lanthanoids) 원소

2 2010년 이후 수출관세도 상당히 상승하여 최대 관세율이 25%에 달하였다. 하지만 수출량 제한에 미치는 효과는 수출쿼터 삭감이 더 컸기 때문에 본 논문에서는 수출쿼터 삭감조치를 위주로 검토하겠다.

15가지, 그리고 스칸듐(Scandium) 및 이트륨(Yttrium)을 합친 17개의 원소 집단을 일컫는다(Hurst 2010). 희토류는 다시 경희토류(LREEs: Light Rare Earth Elements)와 중희토류(HREEs: Heavy Rare Earth Elements)로 구분된다.[3] 경희토류는 중희토류에 비해 부존량이 10배 가까이 많고 채굴이 비교적 쉽기 때문에, 보통 중희토류의 가격이 훨씬 더 높다(김동환 2011; 김부용·오종혁 2011; UNCTAD 2014).[4] 희토류의 쓰임새는 휴대폰, 컴퓨터, 각종 전자기기와 영구자석, 배터리, 에너지 산업, 그리고 미사일이나 레이더 시스템에 이르기까지 매우 광범위하다(Humphries 2013). 비록 소량만 사용되지만 그 화학적 성질이 독특하여 대체물질이 없다는 점, 재활용 비율이 현저히 낮다는 점, 각종 첨단산업에서 필수 불가결하게 사용된다는 점 때문에 '산업의 비타민'이라고도 불린다(김동환 2011). 또한 각종 고부가가치 산업은 물론이고 군사 및 신재생에너지 산업에서도 필수적으로 사용되어 일국의 경제발전 및 군사안보에도 영향을 미치기 때문에 희토류는 '필수 원자재(critical raw materials)' 혹은 '전략자원(strategic minerals)'으로 분류된다(UNCTAD 2014).

3 경희토류(LREEs)에는 스칸듐(Scandium), 란타늄(Lanthanum), 세륨(Cerium), 프라세우디뮴(Praseodymium), 네오디뮴(Neodymium), 프로메튬(Promethium), 사마륨(Samarium), 유로피움(Europium), 가도리늄(Gadolinium)으로 총 9개 원소가 포함된다. 중희토류(HREEs)는 나머지 8개 원소를 지칭하며, 이트륨(Yttrium), 테르븀(Terbium), 디프로슘(Dysprosium), 홀뮴(Holmium), 이르븀(Erbium), 툴륨(Thulium), 이터븀(Ytterbium), 루테튬(Lutetium)이 포함된다.

4 미국, 호주, 캐나다와는 달리 중국에는 경희토류와 중희토류 모두 풍부하게 매장되어 있다.

둘째, 이처럼 전략적으로 중요한 희토류산업에서 중국은 순수 공급독점 국가라 할 수 있을 만큼 독보적인 매장량과 공급량을 자랑한다. 2010년 기준 전 세계 희토류 매장량은 1억 1,138만 톤에 달하며 그 중 중국의 확인매장량은 5,500만 톤으로 전체 매장량의 48.3%를 차지한다(Tse 2011).[5] 그 뒤를 이어 독립국가연합(CIS)이 1,900만 톤으로 16.7%, 미국(1,300만 톤, 11.4%), 인도(310만 톤, 2.7%) 그리고 호주(160만 톤, 1.4%) 순으로 매장량을 보유하고 있다.

생산량 측면에서 중국의 희토류 패권은 더욱 확연히 드러난다.[6] 중국은 1992년 처음으로 최대 희토류 공급국가가 되었고, 이후 그 비중을 늘려 2008년 기준 세계 수요의 97%, 2015년 기준 세계 수요의 90%가량을 공급하고 있다. 1980년대 후반까지 최대 희토류 생산국이었던 미국의 마운틴패스(Mountain Pass) 광산은 2002년 생산을 중단하였다(김부용·오종혁 2011; Hurst 2010). 이에 미국은 자국 희토류 소비의 92%를 중국에 의존하고 있다. 1980년대 중반까지 세계 2위의 희토류 생산국이었던 호주도 1995년 희토류 생산을 중단하였다(김동환·오병석 2010; 김동환 2011).[7] 한편, 일부 희토류 부존 국가들과 달리 중국은 중희토류와 경희토류 모두

5 중국 정부는 자국의 매장량을 보수적으로 집계하는 경향이 있다. 중국 정부의 2012년 정책 백서에 따르면 중국의 희토류 매장량은 전 세계 매장량의 약 30%에 준하는 것으로 나타났다.

6 본 논문에서 사용하는 '희토류 패권'이라는 용어는 중국의 희토류 공급독점적 지위로 정의하겠다.

7 생산 중단의 이유로는 희토류 채굴 및 제련 과정에서 발생하는 환경오염 문제를 들 수 있다. 동시에 1990년대 중반부터 중국이 값싼 인건비를 토대로 저가의 희토류를 대량 공급하는 바람에, 미국, 호주, 캐나다와 같은 주요 희토류 생산 국가들이 경쟁력을 상실하여 생산을 중단하였다(김동환 2011; Morrison et al. 2012; Wubbeke 2013).

풍부하게 보유하고 있다. 특히, 초정밀 유도 미사일과 같은 첨단무기와 영구자석, 신재생에너지 산업 전반에 사용되는 중희토류 중, 테르븀(Tb)과 디스프로슘(Dy)은 중국이 99%가량 생산한다(김동환·오병석 2010). 따라서 중국은 희토류 매장량뿐 아니라, 생산량(2015년 기준 105,000톤), 생산품의 다양성(경희토류와 중희토류 모두 생산), 수출량(2015년 기준 34,800톤) 그리고 소비량(2015년 기준 98,000톤)에서도 모두 1위를 기록하고 있기에 그 영향력은 가히 패권에 준한다고 할 수 있다.

전 세계 희토류 자원안보에 경각심을 울린 중국의 대일 희토류 금수조치와 수출쿼터 삭감이 단행된 2010년은 국제사회의 대중 희토류 수입의존도가 정점에 달해 있던 시기였다. 2010년 중국의 희토류 생산량은 약 130,000톤으로 전 세계 희토류 생산량(133,600톤)의 98%에 가까운 수치였다(Tse 2011). 중일 영토분쟁에서 중국의 희토류 금수조치가 일본에게 결정적인 영향을 미칠 수 있었던 이유도, 2010년 당시 일본이 국내 희토류 수요의 85%를 중국산 희토류에 의존하고 있었기 때문이다.

이렇듯 국제사회의 희토류 수급은 중국에 달려 있다고 해도 과언이 아닌 상황에서 중국의 희토류 무기화는 일국의 자원안보뿐 아니라 군사, 경제안보에도 위협이 될 수 있다. 만약 중국이 또 다시 희토류 금수조치를 협상카드로 사용할 경우, 그 압박감에서 자유로울 수 있는 국가는 거의 없을 것이다. 때문에 국제사회는 중국의 희토류 무기화 가능성에 대해 항상 예의주시하는 모습이다. 실제로 2017년 2월 미국이 중국산 철강 제품에 고율의 관세를 부과하였을 때, 중국이 또 다시 희토류 수출 금지 조치를 취할 것이란

전망이 제기되기도 하였다.[8]

하지만 중국의 희토류 패권은 정말 위협적이기만 할까? 중국이 희토류를 유사시에 무기처럼 사용할 것이라는 우려는 중국이 희토류 공급을 독점하고 있다는 지위 그 자체에 토대를 두고 있다. 만약 공급독점적 지위가 곧 힘이라면, 중국은 왜 좀 더 자주 희토류를 수단으로 사용하지 않았을까? 기존의 자원민족주의 논의는 "공급독점적 지위" 자체를 힘으로 보는 경향이 있다. 하지만 이러한 관점은 그러한 지위가 국제무대에서 국력으로 전환되는 과정에 장애물이 있을 수 있음을 간과한다.

본 논문은 중국의 희토류 패권 이면에 집중하여, 그 공급독점적 지위가 항상 타국의 희토류 자원안보에 일관된 위협으로 작용하지는 않았음을 보이고자 한다. 이는 곧 중국의 희토류 패권에도 취약한 부분이 있음을 의미하며, 본 논문은 그 취약성의 근거를 중국의 희토류 상호무역의존도와 대내 희토류 산업의 문제점(밀수출 및 파편화된 산업 구조)에서 찾을 것이다

이를 위해 2장에서는 중국의 희토류 자원무기화 사례로 꼽히는 2010년 대일 희토류 금수조치와 희토류 수출쿼터 삭감 조치를 살펴보겠다. 3장에서는 이 두 사례 이면에 있는 중국 희토류 패권의 취약한 면모를 보이고자 한다. 구체적으로 2010년 이후 일본이 대중 희토류 수입 의존도를 줄인 결과 중국의 희토류 산업도 피해를 입은 점, 그리고 2012년 또 다른 중일 영토분쟁에서는 희토류

8 『비즈한국』, "차이나 프리즘, 트럼프노믹스 공세, 중국 희토류 수출 중단 카드 만지작" 2017.2.3. http://m.post.naver.com/viewer/postView.nhn?volumeNo=6351511&memberNo=30808112&vType=VERTICAL

금수조치가 고려되지 않았다는 점을 제시하겠다. 희토류 수출쿼터 삭감에 관해서는, 해당 조치가 실제로 수출을 '제한'하는 효과는 미미했으며 그 원인이 중국 내 만연한 밀수출과 파편화된 희토류 산업구조에 있음을 밝힐 것이다. 결론에서는 다음의 시사점을 도출하고자 한다. 중국이 공급독점적 지위를 가진 희토류에서조차 그 지위를 국력으로 전환하는 능력에 한계가 있다면, 그 지위가 국제사회의 희토류 자원안보를 지속적이고도 일방적으로 저해한다고 보기는 힘들 것이다. 동시에 이러한 한계는 중국 희토류 패권의 이면을 보여줄 뿐 아니라, 중국의 희토류 자원안보에도 취약한 부분이 있음을 시사한다.

II 중국의 희토류 자원무기화 사례

2010년 중국의 대일 희토류 금수조치와 수출쿼터 삭감은 중국 희토류 정책 연구의 물꼬를 튼 계기가 되었다. 대부분의 연구는 중일 영토분쟁에서 경제제재로서의 금수조치 효과, 중국의 희토류 수출 제한조치의 목적, 중국 희토류 정책의 변화, 그리고 WTO 무역 분쟁과 관련된 법리를 다루고 있다. 이러한 연구 대부분은 명시적 혹은 암묵적으로 자원민족주의의 시각을 수용하며, 희토류 금수조치와 수출쿼터 삭감을 자원무기화의 사례로 해석한다.

본 논문은 자원민족주의의 시각을 전면 부정하지는 않는다. 희토류 금수조치에서 알 수 있듯이 이는 단순히 전략자원인 희토류를 둘러싼 갈등이 아니라, 전략자원을 수단으로 사용하여 특정 정치적 목적을 달성한 경우이므로 일국의 자원안보뿐 아니라 전통적인 의미의 안보에도 위협이 될 수 있다. 수출제한조치 역시 마찬가지이다. 그럼에도 불구하고 대부분의 논의가 간과하는 부분이 있다. 바로 자원무기화 조치가 갖는 "효과의 영속성" 측면이다.

과연 중국의 희토류 금수조치와 수출쿼터 삭감은 중국의 희토류 패권이 "지속적이고도 일방적으로" 타국의 희토류 자원안보를 위협한다는 점을 입증하는 근거가 될 수 있을까? 2010년 일본 정부의 태도 변화를 한번에 이끌어낼 정도로 효과적인 수단이었던 중국의 희토류 금수조치는 왜 2012년 중일 영토분쟁에서는 사용되지 않았을까? 한편, 희토류 수출쿼터 삭감은 과연 '무기'라 할만큼 위협적인 수단이었을까? 중국 정부는 희토류 수출쿼터 삭감을 정당화하기 위해 "유한자원보존"이라는 명목을 내세웠다. 즉, 희토류도 유한자원이기에 중국의 소비량을 충족시키기 위해 수출량을 통제할 필요가 있다는 것이다. 이는 역설적으로 희토류 공급독점국가인 중국 역시 자원고갈 문제에서 자유로울 수 없음을 뜻한다. 하지만 흥미롭게도 중국은 2015년 1월과 5월 각각 수출쿼터와 수출관세를 철폐하였다. 왜 중국은 강력한 무기로 인식되던 수출제한조치라는 수단(leverage)을 스스로 내려놓은 것일까?[9]

상기 문제의식을 바탕으로 2장에서는 먼저 자원무기화의 사례였던 2010년 중국의 대일 희토류 금수조치와 희토류 수출제한

9 중국이 희토류 수출제한조치를 철폐한 사례는 본 논문의 주요 분석 범위가 아니다. 하지만 중국의 희토류 패권이 갖는 취약성을 설명함에 있어 중요한 부분이라 생각하여 간략하게 제시하고자 한다. 이에 관련된 분석은 필자의 학위논문(박선령 2016)에서 다루고 있다.

조치를 살펴보겠다. 그리고 이 두 사례가 어떻게 국제사회의 희토류 자원안보를 위협했는지, 국제사회는 이를 어느 정도로 심각한 위협으로 인식했는지를 제시하고자 한다.

1. 중국의 대일 희토류 금수조치: 2010년 중일 영토분쟁

1) 분쟁의 전개과정

2010년 중일 영토분쟁에서 양국이 첨예하게 대립하던 핵심 쟁점은 일본 정부가 체포한 중국인 선장의 석방 문제였다.[10] 1970년대부터 영유권 문제를 둘러싸고 중국과 일본이 대립각을 세우던 센카쿠/댜오위다오 열도 해역에서, 2010년 9월 7일 조업을 하던 중국 국적의 어선과 일본 순시선이 충돌하는 사건이 발생하였다(연합뉴스 2010.9.7). 일본 해상보안청 순시선 '요나쿠니호'와 '미즈키호'는 중국 어선 '민진위 5179호'에 대해 일본 영해 밖으로 즉시 퇴각할 것을 요구했으나 중국 선박은 이를 무시하였다. 일본 해상보안청이 수차례 정선을 명령하였으나 이를 무시하고 도주하던 중국 어선은 센카쿠/댜오위다오의 구바지마/황웨이위에서 북서쪽으로 12km 떨어진 해역에서 일본 순시선 요나쿠니호와 1차 충돌하였다. 이후 구바지마/황웨이위에서 15km 근방 해역에서 다른 순시선 미즈키호에 충돌한 후 운행을 멈추었다. 이에 일본은 자국의 영

10 상세한 분쟁 전개 과정에 대해서는 다음의 학위 논문을 참고하였다. 김경진. 2014. "중일 영유권 분쟁, 경제제재, 그리고 일본의 대응: 2010년 희토류 금수조치를 사례로." 고려대학교 석사학위 논문.

해 내에서 발생한 사건으로 판단하여 중국인 선장과 14명의 선원을 즉시 체포하였고, 선박은 억류하여 오키나와 이시가키지마에서 조사를 진행하였다.

일본은 중국 어선이 순시선에 의도적으로 충돌한 것으로 판단하여 중국에 강경한 태도로 일관한다. 이에 맞서 마자오쉬 중국 외교부 대변인은 일본 순시선의 행위를 "중국의 영토 주권과 중국 어민의 정당한 권리를 심각하게 침범한 것"이라며 강하게 비판하였다.[11] 또한 다이빙궈 중국 외교담당 국무위원은 9월 12일 니와 우이치로 주중 일본대사를 초치하며 "일본 정부가 현명한 판단을 내려 중국 어민과 선박을 즉각 송환할 것을 촉구한다"는 뜻을 전달하였다. 사건 직후인 9월 8일부터 9월 27일까지 약 19일 동안 중국 당국의 일본대사 초치는 6차례나 이행되었다.

중일 간 마찰이 더욱 격화된 것은 9월 19일 일본이 중국인 선장의 억류 기간을 10일 추가 연장하기로 결정하면서부터였다. 중국은 더욱 강경한 태도를 보이며 다양한 방식으로 압박을 가했다. 일본과의 석탄광산 공동 개발과 관련된 협상을 무기한 연기하였고(한국경제 2010.9.20), 동중국해 해역 내 중일이 대립하고 있던 가스전 중 하나인 시라카바/춘샤오 가스전에 굴착용 기기를 일방적으로 반입하였다(동아일보 2010.9.20). 중국의 대일본 압박은 민간 영역에까지 확산되었다. 9월 20일, 일본 대학생 1000여 명의 상하이 엑스포 방문 초청이 출발 하루 전 갑자기 연기되기도 하였다. 9월 21일, 원자바오 중국 총리는 억류된 중국인 선장의 무조건 석방을

11 http://www.fmprc.gov.cn/mfa_chn/wjdt_611265/fyrbt_611275/t765689.shtml

촉구하며, 만약 일본이 중국의 요구를 수용하지 않으면 추가 조치를 취할 것이라고 밝혔다(한국경제 2010.9.22). 한편 중국 국가여행국은 9월 23일, 자국 여행사에 일본관광 상품 판매를 자제할 것을 하달하였다.

결정적으로 상황이 변하기 시작한 것은 중국이 대일 희토류 금수조치를 단행한 시점과 맞물린다. 실제로 중국인 선장의 구류 연장이 결정되고 난 후부터 중국 정부가 대일 희토류 금수조치를 단행했다는 보도가 이어졌다(New York Times 2010.9.23). 일본의 대형 상사 소지쯔(Sojitz)의 관계자는 9월 21일부터 희토류 통관 절차가 중단되고 있음을 밝혔고, 다른 상사 관계자 역시 중국 당국이 직접 기업들에게 희토류 수출을 늦추거나 중단할 것을 촉구하였다고 밝혔다(Telegraph 2010.9.24). 희토류산업 관계자들에 의하면, 중국 세관은 희토류와 다른 원자재를 혼합한 반가공 합금의 수출을 제외하고 희토류 및 희토류 산화물 제품의 대일 수출을 금지한 것으로 보인다(김경진 2014).

중국 정부의 외교적 항의, 민간 및 기업을 대상으로 한 경제 제재 등에도 움직이지 않던 일본 정부는 중국의 대일 희토류 금수조치가 이행된 지 며칠 지나지 않아 중국인 선장을 무조건 석방하기에 이르렀다. 9월 24일 중국인 선장 석방 결정이 발표되었고, 센고구 요시토 관방장관은 그 이유를 "국민에 미칠 영향과 향후 중일 관계를 고려한 조치" 때문이라고 밝혔다(New York Times 2010.9.24). 이에 일본 내에서는 '굴욕 외교'라는 비판이 거세게 제기되었고 10월 2일에는 약 2670명의 시위자들이 운집하여 일본 정부의 영토분쟁에 대한 안이한 대처를 성토했다고 한다(김경진

2014). 한편, 중국인 선장을 석방하고도 중일 간 마찰은 한동안 이어졌다. 2011년 2월, 일본 해상보안청이 파손된 순시선 2척에 대한 손해배상을 중국 정부에 청구하였으나 받아들여지지 않는 등, 긴장관계가 지속되었다.

2) 중국의 '자원무기화'에 대한 국제사회의 우려

중국 정부는 희토류 금수조치 이행 여부에 대해 공식적으로는 부인하는 태도를 취했다. 2010년 10월 벨기에에서 개최된 비즈니스 정상회의(China-EU Business Summit)에서 원자바오 총리는 "중국은 희토류 금수조치를 실행한 바가 없으며 앞으로도 실행하지 않을 것이다…(중략)…희토류산업의 지속가능한 발전을 위해 관리와 통제를 할 필요성은 있지만 수출금지는 실행하지 않을 것이다. 중국은 희토류를 협상카드로 활용하고 있지 않다"는 입장을 밝혔다(Xinhua News Agency 2010.10.7). 또한 천룽카이 상무부 대변인은 영미권 언론에서 중국의 대일 희토류 금수조치가 보도된 것에 대해 "중국은 일본을 대상으로 희토류 수출금지조치를 취하고 있지 않다"며 반박하였다(Bloomberg News 2010.9.23).

하지만, 일본과 영미권의 자료에 따르면 사실상 희토류 금수조치가 취해졌다는 의견이 지배적이다. 일본측 세관자료에 따르면 2010년 9월과 10월 중국에서 공식적으로 수입되는 희토류량이 0에 가까운 것으로 나타났다. 일본 관료의 반응을 통해서도 사실상 희토류 금수조치가 있었음을 알 수 있다. 2010년 10월 5일, 일본 경제산업성은 중국의 일본행 희토류 수출 통관허가 거부, 화물

선적 거부 및 화물검사 강화 등의 조치가 취해졌다는 조사 결과를 발표하였다(김규판 2010). 또한 10월 24일, 도쿄에서 열린 에너지 보존 포럼에서 오하타 아키히로 일본 경제산업상은 장야오핑 중국 상무부 부부장을 만나 "희토류 대일 금수조치로 양국 경제가 타격을 받을 수 있다"며 희토류 수출정상화를 촉구하였다(연합뉴스 2010.10.24; 김경진 2014). 아사히신문은 중국의 희토류 금수조치는 일본의 첨단산업을 집중적으로 노린 형태이며, 영토분쟁이 경제 분야로까지 파급되어 일본 경제에 치명타를 입힐 것을 우려하였다(아사히신문 2010.9.24; 김경진 2014). 특히 희토류 원소 중 하나인 네오디뮴(Neodymium)은 전기차 및 각종 발전기 모터에 사용되는 영구자석(permanent magnet)의 핵심 원료였고, 하이브리드 자동차 모터에도 디스프로슘(Dysprosium)이 반드시 필요했기 때문에, 희토류 금수조치는 거의 모든 첨단산업에 악영향을 미치고 있었다. 게다가 수출 라이센스를 보유한 중국의 32개 희토류 수출기업이 모두 대일 금수조치 기간 동안 미국이나 호주 등지로의 희토류 수출량을 늘리지 않았기 때문에, 간접적인 경로를 통해 일본이 희토류 물량을 확보하는 것도 어려웠다고 한다(New York Times 2010.11.19; 김경진 2014).

중국의 대일 희토류 금수조치는 2달가량 지속되다가 2010년 11월부터 서서히 완화되었다. 중국 현지에 사무소를 두고 희토류를 수입하는 일본 산업관계자에 따르면 중국 세관이 희토류 수출을 위한 서류 작성을 재개하거나, 부두의 노동자들이 일본행 희토류 컨테이너를 싣는 모습이 목격되었다고 한다(New York Times 2010.11.19; 김경진 2014). 하지만 수출량이 금수조치 이전의 수준으로 바로 회복된 것은 아닌 것으로 추정된다(New York Times 2010.11.19).

한편, 중국 정부는 공식적으로 대일 희토류 금수조치 이행 여부를 부인하였으나, 중국 내부에서는 자국 선장이 석방된 것을 두고 전략자원을 활용한 경제제재가 중요한 역할을 한 것으로 평가하기도 하였다(김동환 2011; 김경진 2014).[12] 반면, 일본의 패배감은 상당하여 이를 '일본의 굴욕'으로 인식하는 여론이 대다수였으며, 영미권 언론 역시 이를 '굴욕적인 후퇴(humiliating retreat)'로 표현하는 경우가 대부분이었다(New York Times 2010.11.19).

보다 주목할 점은, 희토류 금수조치 이후 중국의 '자원무기화'에 대한 국제사회의 경각심이 매우 고조되었다는 것이다. 또한 이전에는 희토류의 화학적, 지질학적 성질에 대한 연구가 대부분이었다면, 금수조치 이후 자원민족주의의 관점으로 중국의 희토류 정책을 분석하는 연구가 급증하였다.[13] 이러한 관점에 따르면 중국의 희토류 금수조치는 1973년 OPEC 국가들의 석유 금수조치에 비견할 만큼 위협적인 것이다. 폴 크루그만(Paul Krugman)은 *New York Times* 기고문을 통해 중국의 희토류 금수조치 및 수

12 중국인 선장 석방은 원자바오 총리 리더십의 성공 사례로까지 해석되기도 한다. 또한 역내 패권경쟁관계에 있는 중국과 일본의 영토분쟁에서 중국이 일종의 '승리'를 거둠으로써 중국 국민의 민족주의를 자극한 사례로 풀이된다. 게다가 미국의 동맹인 일본과의 분쟁에서 일본의 '항복'을 받아냈다는 점이 이러한 민족주의 정서를 더욱 고취시킨 것으로 나타났다.

13 이러한 관점은 다음의 연구에서 잘 나타난다. 김동환·오병석(2010); 이종민(2010); Hurst(2010); United States Government Accountability Office (2010); 김동환(2011); 김부용·오종혁(2011); 하도형(2013); Morrison and Tang(2012); Humphries(2013, 2015).

출제한조치를 두고 "일그러진 경제 대국의 면모(rogue economic superpower)"라고 일갈한 바 있다(New York Times 2010.10.17). 그에 따르면 대부분 패권국들이 유사시 경제력을 무기 삼아 분쟁을 강압적으로 해결하는 것을 꺼리는 반면, 중국은 '사소한' 분쟁에서조차 전략자원을 무기화하는 데에 거리낌이 없었다. 세계경제의 대중국 상호의존도가 높은 상황에서, 중국이 민족주의적 감정으로 전략자원을 휘두르는 것을 보았기 때문에, 이는 국제사회의 심각한 위협으로 다가온다는 것이다.

한편, 중국의 자원무기화에 대한 국제사회의 우려를 더욱 고조시킨 것은 희토류 금수조치와 유사한 시기에 시행된 희토류 수출쿼터 삭감조치였다. 그 결과 일부 희토류 원소 가격이 최대 16배까지 치솟는 등, 국제사회의 희토류 자원안보에 직격탄을 입히는 사건이 발생하였다.

2. 중국의 희토류 수출제한조치: 수출쿼터 삭감과 치솟는 국제 희토류 가격

본 논문에서 다루는 수출제한조치의 정의는 WTO 협정문이 제시하는 분류를 바탕으로 한다. 1994년도 관세 및 무역에 관한 일반협정(GATT) 11조 '수량제한의 일반적 철폐(General Elimination of Quantitative Restrictions)' 1항에 따르면, 좁은 의미의 수출제한조치가 명시되어 있다. 즉, 타국의 영토로 향하는 상품의 수출을 '양적'으로 제한하는 협의의 수출제한조치는 수출쿼터, 수출허가제도, 그리고 그 밖의 조치를 포함한다."[14] WTO 협정문에서는 양적으로 제한하는 형태로 수출제한조치를 규정하고 있으나, 광의의 수출제한조치는 수출관세와 같은 가격조치도 포함한다. 중국의 희토류 수출제한조치는 양적 조치인 수출쿼터와 함께 가격조치인 수출관세가 결합된 형태이다. 한편, 수출관세에 비해 수출쿼터는 직접적으로 수출량을 제한하여 수입국의 희토류 자원안보에 즉각적인 위협이 되므로, 본 절에서는 중국의 희토류 수출쿼터 정책과 그 결과에 대해 주로 논할 것이다.

2010년 7월, 중국 상무부는 2010년 하반기 희토류 수출쿼터를 전년 수출쿼터인 50,145톤에서 40% 삭감된 30,259톤으로 발표하였다. 중국 정부는 1998년부터 수출쿼터조치를 시행해오고 있었으며, 그 규모는 매년 5만 – 6만 톤에 가까웠다(표 1). 2010년 3만 톤으로 삭감된 수출쿼터는 2015년 철폐되기 전까지 매년 비슷한 수준을 유지하였다.

2010년 절반 가까이 삭감된 중국의 희토류 수출쿼터는 국제 희토류 시장에 큰 파장을 일으켰다. 주요 희토류 원소가격 추이를 살펴보면, 2010년 희토류 수출쿼터 삭감 이후, 2009년 가격 대비

14 1994 GATT 제 11조 1항은 다음과 같다. "다른 체약당사자 영토의 상품 수입에 대하여, 또는 다른 체약당사자 영토로 향하는 상품의 수출 또는 수출을 위한 판매에 대하여, 쿼터, 수입, 수출 허가 또는 그 밖의 조치 중 어느 것을 통하여 시행되는지를 불문하고, 관세, 조세 또는 그 밖의 과징금 이외의 어떠한 금지 또는 제한도 체약당사자에 의하여 설정되거나 유지되어서는 아니 된다(No prohibitions or restrictions other than duties, taxes or other charges, whether made effective through quotas, import or export licenses or other measures, shall be instituted or maintained by any contracting party on the importation of any product of the territory of any other contracting party or on the exportation or sale for export of any product destined for the territory of any other contracting party)."

표 1. 중국의 희토류 생산량 및 수출쿼터 추이(2000-2015)

연도	수출쿼터(단위: 톤)	생산량(단위: 톤)
2000	47,000	73,000
2001	45,000	81,000
2002	NA	88,000
2003	40,000	92,000
2004	65,609	98,000
2005	65,580	119,000
2006	61,560	133,000
2007	60,173	120,000
2008	49,990	125,000
2009	50,145	129,000
2010	30,259	130,000
2011	30,246	105,000
2012	30,996	100,000
2013	31,000	94,000
2014	30,610	95,000
2015	0(철폐)	105,000

출처: 저자가 다음의 출처에서 자료 수집, 재구성함. USGS *Minerals Yearbook*(2000-2012); *Chinese Rare Earth Industry*(2016).
주: NA로 표기된 2002년은 발표된 수출쿼터 자료가 없음.
중국의 수출쿼터는 2015년 1월 1일부로 철폐되었음.

란타늄 16배, 프라세오디뮴 약 6배, 그리고 사마륨은 18배까지 가격이 치솟았음을 알 수 있다. 또한 UNCTAD의 2014년 보고서에 따르면, 주요 희토류 수입국가인 일본, 미국, 유럽연합의 단위당 희토류 수입가격이 2010년과 2011년 사이 크게 급등한 것을 볼 수 있다(UNCTAD 2014). 2010년 일본, 유럽연합, 미국으로 수출된 중국산 희토류 가격은 2009년 대비 평균 1.9배, 1.6배 그리고 1.3배 상승하였다. 가격상승 폭은 2011년 더욱 벌어졌는데, 중국산 희토류 수입가격은 일본 4.4배, 유럽연합 3.6배, 미국 5.2배의 상승폭을 기록하였다.

각종 첨단산업뿐 아니라 무기제조에도 쓰이는 희토류의 가격이 천정부지로 솟아오르자 미국, 일본, 유럽연합 등은 중국의 수출제한조치를 공개적으로 비난하는 한편, 대책 마련에 나섰다. 미국처럼 희토류 매장량을 보유하고 있는 국가는 희토류 생산을 재개하는 계획을 발표하였고, 일본과 같이 수입의존도가 높은 국가는 수입원을 다변화하거나 희토류를 사용하지 않는 모터를 개발하는 등으로 대응하였다(김부용·오종혁 2011).[15] 또한 2012년 미국, 일본, 유럽연합은 중국이 희토류를 포함한 광물자원(텅스텐, 몰리브덴) 수출을 심각하게 제한하고 있다며 WTO 분쟁해결기구에 제소하면서, 양상은 무역분쟁의 국면으로 접어들었다.[16]

15 희토류 생산 재개에는 수 년이 걸릴 것으로 예상되므로 이들의 생산재개가 당장 희토류 시장에 영향을 미치지는 않을 것이다. 하지만 지난 20여 년간 중단했던 생산을 재개할 만큼, 중국의 희토류 수출쿼터 삭감과 그에 따른 가격 급등을 '위협'으로 인식한다는 증거로 볼 수 있겠다.

16 중국의 희토류 수출제한조치에 대한 연구는 이 시기 이후 급증하였다. 대부분은 수출제한조치의 목적에 초점을 두고 있는데, 이는 크게 4가지로 분류할 수 있다. 다음의 분류는 필자의 학위논문에서 가져온 것이다(박선령 2016). 첫째, 희토류 채굴 및 제련 과정에서 발생하는 환경오염 문제를 완화시키기 위함이다(Hurst 2010; Tse 2011; State Council 2012; Wubbeke 2013; He 2014; WTO 2014). 이는 2012년 WTO DSB에 중국이 제소되었을 때, 희토류 수출제한조치를 정당화하는 사유로 중국 정부가 제시한 목적이기도 하다. 결과적으로 중국 정부의 주장은 받아들여지지 않았고 2014년 8월 항소심에서 패소하게 된다.
둘째, 희토류 공급 독점이라는 지위를 활용하여 유사시 정치적 수단(political leverage)으로 활용하려는 목적을 들 수 있다(김동환·오병석 2010; 김동환 2011; Moran and Russell 2008; Hurst 2010; New York Times 2010.10.17; U.S.

대체적으로 기존 연구, 미국과 일본 그리고 유럽연합의 언론 보도 등을 따르면, 중국의 희토류 금수조치와 수출쿼터 삭감은 명백히 중국의 희토류 패권이 국제사회에 위협이 된 사례라 할 수 있겠다. 하지만 중국의 희토류 패권이 "지속적으로, 또 일방적으로" 타국의 희토류 자원안보에 위협이 되었는지 여부에 대해, 본 논문은 다소 상이한 입장을 갖고 있다. 이는 3장에서 논의하겠다.

III 중국 희토류 패권의 취약성

본 논문은 중국의 희토류 공급 독점적 지위, 금수조치와 수출쿼터 삭감이 국제사회에 위협적이라는 기존 연구의 관점을 부인하지 않는다. 다만, 기존 연구는 패권에 가까운 중국의 희토류 공급 독점

Government Accountability Office 2010; Ruttinger et al. 2010; Morrison et al. 2012; Massari et al. 2013; Ting et al. 2013; Wubbeke 2013; Beidermann 2014; UNCTAD 2014; An 2015; Argus Media 2015; Mancheri 2015). 이는 자원민족주의의 일환으로 중국의 희토류 정책을 바라보는 관점과 일부 유사하다. 셋째, 수출제한조치를 유지함으로써 국제 희토류 시장에서 중국이 원하는 수준의 가격결정력을 행사하기 위함이다(김동환 2011; Charlier and Gillou 2014). 넷째, 급증하는 중국 국내 희토류 소비를 충족시키고, 희토류 매장량이 지나치게 해외로 유출되는 것을 방지하여 미래의 희토류 수요를 확보하기 위함이다(State Council 2003, 2011, 2012; 오종혁·김부용 2011; Tse 2012; Wubbeke 2013; He 2014; UNCTAD 2014; Pothen et al. 2015). 이는 중국 정부 문서 및 정책 백서에서 가장 많이 볼 수 있는 표현이기도 하다.
한편, 수출제한조치의 효과에 관해서는 대부분 이를 국제 희토류 시장의 가격을 심각하게 왜곡하는 것으로 인식하고 있다(UNCTAD 2014; WTO 2014). 게다가 무역 분쟁과 관련한 연구에서는 중국의 희토류 수출제한조치가 WTO 법리뿐 아니라 자유무역 질서를 훼손하는 것으로 평가한다(최판규 2011; 오종혁·김부용 2011; 류예리 2012, 2016; 김종훈 2015).

적 지위 그 자체에만 집중한다는 점을 지적하려 한다. 희토류 생산의 90%를 담당한다는 지위 자체도 힘이 될 수 있겠지만, 이러한 관점은 주어진 자원을 국력으로 전환하는 과정에서 장애물이 있을 수 있음을 간과한다. 3장에서는 중국의 희토류 패권 이면에 있는 취약성의 근거를 중일 상호 무역의존도와 중국 국내 희토류산업 내부의 문제점에서 찾고 있다. 첫째, 2010년 희토류 금수조치 이후 일본의 수입원 다변화 조치로 인해, 중국 희토류 수출량이 감소하고 수출가격이 하락한 사례를 제시하겠다. 이와 관련하여, 2012년 다시 불거진 중일 영토분쟁에서 중국이 희토류 금수조치를 원용하기 어려웠던 정황을 논할 것이다. 둘째, 희토류 수출제한조치와 관련해서는 중국 내부의 희토류 밀수출, 분산된 산업구조로 인하여 해당 조치가 실제로 수출을 "제한"하는 효과가 미미했음을 보일 것이다. 이를 토대로, 자원을 많이 생산하는 것과 이를 수단으로 전환하는 과정에 괴리가 있을 수 있다는 함의를 도출하고, 국제사회가 우려하는 중국의 "자원무기화" 현상이 그렇게 쉽게 발생하지는 않으리라는 전망을 제시하고자 한다.

1. 중일 상호 무역 의존도

1) 2010년 희토류 금수조치 이후 일본의 대응: 낮아진 대중국 수입의존도

2010년 중국이 대일 희토류 금수조치를 취할 당시, 일본은 전체 희토류 수입량 28,000톤 중 23,000톤(83%)을 중국의 공급에 의존하고 있었다(김부용·오종혁 2011).[17] 이러한 수치는 2000년대 내내 비슷한 수준으로 유지되었다. 2003년 중국산 희토류는 일본의 전체 희토류 수입량 중 88%를 차지하였고, 2007년에는 90%를 차지하는 등 거의 전량을 공급한다고 해도 과언이 아니었다.

이런 상황에서 중국의 희토류 금수조치는 일본의 각종 첨단산업을 일시에 마비시킬 만큼 위력이 강한 것이었다. 일본은 1980년대부터 희토류의 중요성을 인식하고 국가 차원에서 희토류 자원을 비축하는 등 대비책을 마련해두었지만, 통상 60일 소비량 규모를 목표로 비축해두었기 때문에 금수조치가 장기화될 경우 일본 기업의 생존을 위협할 수도 있었다(김규판 2010; 김부용·오종혁 2011).[18] 한편, 2010년 11월부터 중국의 대일 희토류 금수조치가 서서히 풀리기 시작하였으나, 전년 대비 40%가량 삭감된 희토류 수출쿼터 조치로 인해 일본의 주요 희토류 수입가격은 여전히 고공행진을 계속하였다. 중국 정부가 2011년도 희토류 수출 쿼터 역시 3만 톤 선을 유지할 계획을 발표함에 따라 일본은 1만 톤 정도의 공급 부족을 예측하기도 하였다(김규판 2010). 이에 일본 정부로서는 대비책을 마련하는 것이 급선무였다.

일본 정부는 희토류의 안정적 공급을 위해 해외 수입처 다변화, 재활용 비율 높이기, 대체재 개발, 비축량 증설이라는 4대 방향으로 희토류 확보전략을 수립한다(김규판 2010). 먼저, 희토류 수

17 이는 전 세계 희토류 수요의 약 20%, 미국과 유럽연합의 2배에 달한다(김규판 2010).

18 일본은 1983년 〈국가 희소금속 비축제도 총 계획〉을 발표하고 60일 소비량 규모를 목표로 희토류를 비축해두었다. 그 중 국가는 42일, 민간은 18일 분량을 비축한다(김부용·오종혁 2011).

입원을 다변화하기 위해 중국 외의 희토류 보유국가와 경제협력을 도모하였다. 정부 차원에서 공적개발원조(ODA) 방식으로 몽고, 카자흐스탄, 인도, 베트남과 같은 희토류 보유 개도국과 개발 협력을 맺고 있으며, 미국, 캐나다와 같은 선진국의 해외 광산 확보를 위해 노력을 기울였다(김규판 2010; 김부용·오종혁 2011). 또한 해외 광산 채굴권을 확보하기 위해 카자흐스탄과 베트남 소재 광산개발 사업에 대한 출자를 확대하였다. 2010년 10월 2일, 간 나오토 일본 총리는 바트볼드 몽골 총리와의 회담에서 희토류 광산개발 협력계획에 합의하였으며, 마에하라 일본 외무장관은 재외공관을 통한 정부수집이나 ODA, 기술공여 등을 통해 일본기업의 희토류 원소 확보를 지원할 계획을 밝혔다(김규판 2010; 김부용·오종혁 2011). 또한 2012년 11월, 겐바 고이치로 일본 외무상은 일본 주재 인도 대사와 희토류 개발 및 수입에 관한 계약서를 체결하였고, 이로써 연간 4,000톤 이상의 희토류를 인도에서 수입할 수 있을 것으로 기대하였다. 한편 기업 차원에서는 광산 채굴권을 확보하는 데 주력하였다. 대표적으로 카자흐스탄과 체결한 희토류 원소 개발 프로젝트 양해각서에 기반하여, 스미모토 상사와 일본 금속광물자원기구(JOGMEC)는 카자흐스탄 우라늄 광산 개발과 우라늄 찌꺼기로부터 희토류 원소 회수 프로젝트를 추진하기로 하였다(김부용·오종혁 2011). 이러한 방식으로 2012년부터는 일본의 연간 수입량(2010년 기준 약 28,000톤)의 10%를 생산한다는 목표를 세웠다. 또한 스미모토 상사는 미국 캘리포니아 마운틴패스(Mountain Pass) 광산을 재개하는 데 1억 3000만 달러를 투자하고 희토류 광물 일부를 받기로 하였으며, 히타치금속은 미국의 몰리코프사(Molycopr)와 합작회사를 설립하여 네오디뮴(Neodymium) 자석을 생산하기로 합의하였다(김부용·오종혁 2011).

둘째, 폐금속자원을 재활용하여 희토류를 추출하는 기술개발에 박차를 가하여 해외 수입의존도를 낮추고자 하였다. 도요타자동차는 하이브리드카 부품의 리사이클 공정을 검토 중에 있으며, 히타치금속은 2013년부터 희토류 리사이클 사업을 본격화하였다(김규판 2010). 또한 중앙전기공업은 베트남에 희토류 재생공장을 건설하여 일본기업으로부터 구입한 폐금속을 처리하고 얻은 희토류 원소를 다시 일본기업에 판매할 계획을 밝혔다. 사실 리사이클 공정의 채산성 및 효용성에 대해서는 다소 회의적인 시각이 있지만, 희토류 가격이 다시 2010년처럼 급등할 경우에는 유용한 대비책이 될 수 있기 때문에, 각 기업들이 재활용 사업을 추진하고 있다(김부용·오종혁 2011).

보다 근본적으로 일본은 각종 제조공정에서 희토류 사용량을 줄일 수 있는 기술개발에 박차를 가하고 있다(Gholz 2014). 일본의 희토류산업은 주로 중국에서 희토류 원소를 수입, 가공 후 국내 제조업체들에게 공급하는 시스템이다(김규판 2010). 희토류의 17가지 원소는 대부분 대체 불가능하기 때문에, 아예 가공 후 제조공정 과정에서 필요한 희토류 투입량을 줄인다는 계획이다. 특히 2010년 희토류 금수조치 때 가장 많은 영향을 받은 디스프로슘과 관련하여 사용량 절감 기술 및 회수기술을 집중적으로 연구하고 있다(김부용·오종혁 2011).[19] 신에츠화학은 모터자석에 사용되는 디스프

19 디스프로슘은 영구자석을 만드는 데 필요한 네오디뮴의 취약한 내열성을 보완해주는 주요 원소 중 하나이다. 문제는 디스프로슘이 주로 중국에 매장되어 있다는

로슘을 60%가량 저감하는 기술을 개발, 2010년부터 상용화하여 하이브리드 자동차에도 일부 적용되고 있으며, 도요타자동차도 차량 모터에 들어가는 디스프로슘을 40% 절감하는 데 성공하였다(김부용·오종혁 2011). 파나소닉, 미쓰비시화학, 산업기술종합연구소는 공동으로 형광등에 사용되는 희토류 원소인 유로퓸과 테르븀 사용량을 20% 감소시키는 기술을 개발하였고 발광다이오드, 디스플레이 액정화면 등에도 적용하고 있다(김부용·오종혁 2011). 나아가 산업기술종합개발기구(NEDO)는 2010년 10월, 네오디뮴이나 디스프로슘을 사용하지 않는 하이브리드 자동차용 자석모터를 개발에 성공하였고 이를 조기 상용화하겠다고 밝혔다(김규판 2010).

각고의 노력 끝에, 2012년 일본의 대중국 희토류 수입의존도는 49.3%까지 낮아졌다(매일경제 2012.8.20). 『니혼게이자이신문』에 따르면 2012년 상반기 일본이 중국에서 수입한 희토류량은 약 3,000톤으로 전체 희토류 수입량의 49.3%에 달한다. 이처럼 일본의 희토류 수입량 가운데 중국의 비중이 50% 이하로 내려간 것은 2000년 이후 처음인 것으로 나타났다. 더욱이 호주, 베트남, 카자흐스탄, 인도 등지에서 희토류 개발권을 확보하려는 노력을 지속하고 있기에, 이들 4개국의 광산이 2013년부터 전면 가동되면 일본의 연간 수요 중 60−80%가량을 안정적으로 조달할 수 있을 것이라 전망하였다.

이렇듯 2010년 중국의 대일 희토류 금수조치 이후 약 2년 반 만에, 일본은 대중 수입의존도를 절반 가까이 줄이는 데에 성공하

점이다(김부용·오종혁 2011).

였다. 이는 단순히 희토류라는 전략자원이 지닌 수단으로서의 가치가 하락한 것 이상을 의미한다. 즉, 무역 상호의존도가 높은 상황에서는 전략자원에 대한 공급독점적 지위 그 자체가 항상 중국에게 유리하게 작용한다고 보기 어렵다. 오히려 상호의존도 수준이 높기 때문에, 희토류 수입국의 높은 구매력도 중국을 옭아매는 족쇄가 될 수 있는 것이다. 일본의 희토류 수입원 다변화는 중국 희토류 수출가격뿐 아니라 중국 희토류 기업의 이익률을 떨어뜨렸다. 2012년 중국의 대일 희토류 수출물량은 약 1만 톤으로 2009년의 1만 8000톤에 비해 약 절반 가까이 감소하였다. 2012년 10월 25일, 『니혼게이자이신문』의 보도에 따르면 중국 최대 희토류 생산업체인 바오터우(Baotou)가 10월 24일부터 한 달간 일부 공장의 가동을 중단했다고 알려졌다(니혼게이자이신문 2012.10.25). 이는 대일 수출이 급감하자 생산량이 감소하고 가격도 2011년 기준 최대치에서 30% 수준으로 하락하였기에, 추가 가격 하락을 막기 위한 미봉책이었던 것으로 보인다.[20] 설상가상으로 바오터우의 2012년 3-4분기 순이익은 전년 동기대비 약 90% 감소한 것으로 나타났다.[21] 한편, 일본의 대중 희토류 수요 감소는 중국 희토류 생산업체의 경영난으로 이어져 2012년 10월 기준 가공업체 4곳 중 1곳은 가동을 일시 중단한 상태이며, 2012년 상반기 희토류 수출량은 전년 동기간 대비 40% 줄어들어 10년 만에 최저 수준을 기록하였다. 이러한 결과를 토대로, 중국의 희토류 금수조치는 궁극적인

20 여기서 가격하락이란 2010년 금수조치 및 수출쿼터 삭감 결과 최대 16배까지 상승한 최고점을 기준으로 한 하락을 의미한다.

21 http://netster.co.kr/detail.php?number=114442&thread=12r02

'위협'이 되지 못했을 뿐 아니라 자승자박에 가까운 결과를 낳았다는 견해도 있다(Gholz 2014; Strauss 2014).

2) 2012년 중일 영토분쟁: 더 이상 효과적이지 않은 희토류 금수조치

일본의 수입 다변화에 따른 중국의 희토류 수출량 감소와 희토류 생산기업의 갑작스런 영업난은 그리 오래 지속되지 않았다. 2010년 약 4만 톤에 달하던 중국의 희토류 실수출량은 2012년 13,000톤까지 급감하였으나, 2013년에는 2만 2500톤, 2014년에는 2만 4000톤으로 회복되었다. 하지만 일본의 대중 희토류 수입의존도가 50% 가까이 낮아졌다는 사실은 2012년 또 다른 중일 영토분쟁이 발발하였을 때, 중국이 사용할 수 있는 카드의 범위를 제한시켰다.

2012년 9월 3일 2012년 9월 3일, 일본의 한 극우 정치인이 센카쿠 섬을 소유하고 있던 민간인으로부터 20억 5000만 엔에 섬을 구입할 계획을 발표하면서, 2012년 중일 영토분쟁이 촉발되었다.[22] 후진타오 중국 주석은 이를 일본 정부의 국유화 시도라고 판단하여 공식적으로 반대 입장을 제기한다. 이에 9월 11일, 일본 정부는 극우 세력이 섬을 구입하여 사유화하게 되면 중일 간 물리적 충돌로 이어질 것을 우려하여 센카쿠 열도를 국유화하겠다고 밝혔다.

22 2012년 영토분쟁의 전개 과정에 대해서는 다음의 자료를 요약하였다. 김윤희, "센카쿠 분쟁, 일본 기업은 어떻게 대처했나." Kotra 해외시장뉴스. 2017.4.10. https://news.kotra.or.kr/user/globalBbs/kotranews/6/globalBbsDataView.do?setIdx=322&dataIdx=158010

그 결과 중국 전역에서 반일 시위가 확산되었고, 9월 14일, 중국 외교부는 이러한 반일 시위에 대해 공감한다는 발표를 내보낸다.

격화된 반일 시위와 맞물리면서 사건은 일본 경제에 불리하게 작용하였다. 9월 15일부터 약 2주 동안 중국 50여 개 도시에서 반일 시위가 격화되었고, 산둥성과 칭다오 등지에서 일본계 기업이 습격을 당했다. 일본 기업, 상점을 대상으로 각종 폭력시위와 방화 피해가 불거졌으며 불매운동이 벌어졌다. 심지어 중국 국영기업은 일본에 주문했던 제조품 수령을 거부하였다. 파나소닉, 캐논, 미쓰비시 자동차, 혼다 등 중국 내 공장을 갖고 있던 일본 기업은 생산을 중단하고 임시 휴업을 하기에 이르렀으며, 2012년 9월 기준 일본의 중국 내 자동차 판매는 전년 동기대비 40%, 10월에는 70%까지 급감하였다. 특히 자동차업계가 큰 피해를 입었는데, 센카쿠 분쟁 이전 일본산 자동차의 중국 시장 점유율은 약 20%였으나, 분쟁 이후 7%까지 하락하였다. 마침 9월 18일 만주사변 81주년을 맞이하여 반일 감정은 더욱 고조되었고, 이는 일본산 자동차 불매운동뿐 아니라 일본 여행 취소로 이어졌다. 이후 약 3개월간 일본으로 향하는 항공권 5만 2000여 석이 취소되었다.

경제 분야에서의 갈등이 무력 분쟁으로 치달을 것처럼 긴장이 고조된 것은 중국 감시선이 9월 14일 일본의 센카쿠 영해에 진입하면서부터였다. 이후 9월 18일과 24일 두 차례에 걸쳐 중국 감시선이 일본 영해에 진입하였다. 또한 9월 23일, 중국은 일방적으로 일본에게 '중일국교정상화 40주년 기념식'을 무기한 연기할 것을 통보하였다. 27일에는 양제츠 중국 외교부장이 유엔 회담에서 "일본이 센카쿠 열도를 훔쳤다"는 발언을 하며 중일 영토분쟁을 국제무대에서 공식화하였다. 게다가 10월 1일부터 9일까지, 중국 감시선이 일본 센카쿠 접속수역에 9일 연속으로 진입하면서 금방이라도 해상 충돌이 일어날 것 같은 분위기가 조성되었다.

대치 국면이 장기화되자 2010년 영토분쟁에서처럼 중국이 희토류 금수조치 카드를 사용할 것이라는 전망이 팽배하였다. 하지만 2012년 분쟁에서 중국은 희토류 금수조치에 의존하지 않았다. Seaman(2012)은 이에 대해, 중국이 감당해야 할 리스크가 2010년에 비해 커진 반면 효용성이 줄어들었기 때문에 희토류 금수조치를 취하지 않았을 것이라 주장한다. 실제로 2010년과 비교하였을 때 상황은 몇 가지 측면에서 달라져 있었다.

먼저, 2010년 83%에 달했던 일본의 대중 희토류 수입의존도는 2012년 49%로 절반 가까이 떨어졌기 때문에, 중국의 희토류 금수조치는 큰 효용성을 발휘하지 못했을 것이다(Seaman 2012). 또한 중국이 희토류 금수조치를 취하더라도 수입원 다변화에 성공한 일본은 우회적으로 희토류를 공급받을 수 있는 채널을 확보하고 있었다. 일본의 투자참여로 희토류 채굴을 시작한 베트남의 경우 2009년 처음 희토류 원소를 일본에 수출하였다. 2012년 베트남에서 수입하는 희토류 물량은 크게 증가하여 일본 전체 희토류 수입량의 13%를 차지하였다(Seaman 2012). 마찬가지로 라오스도 일본의 투자자본 덕분에 2011년 처음으로 희토류 채굴에 성공하였고, 2012년 상반기 일본 희토류 수입량의 2%를 공급하였다. 일본의 희토류 수입원 중 2위를 차지하는 프랑스는 2010년 이후 일본 희토류 수입량에서 차지하는 비중이 50%가량 늘었다. 이렇듯 중국을 제외한 국가들의 희토류 수출량이 일본 희토류 수입수요에서 차지하는 비중이 늘어났기 때문에, 중국의 입지가 좁아졌다고 할 수 있다. 게다가 만약 중국이 희토류 금수조치를 취하더라도, 수입원이 다변화된 상황에서 제3국(베트남, 라오스, 프랑스 등)으로 수출된 희토류가 2차적으로 일본에 흘러들어갈 가능성이 높아졌기 때문에, 금수조치의 효용성은 2010년에 비해 떨어진다고 하겠다(Seaman 2012).

보다 중요하지만 상당수의 연구가 간과하고 있는 부분은 중국의 2010년 대일 희토류 금수조치가 중국 경제에도 부정적인 영향을 미쳤다는 점이다. 이는 앞 절에서 서술한 대로 일본의 대중 수입의존도가 줄어들면서 중국 내 희토류 생산 기업의 생산량 및 수출량이 줄어들고 나아가 가격 하락까지 이어지는 상황을 뜻한다. 게다가 중일 양국 경제의 높은 상호의존도를 고려하면, 희토류 금수조치는 비단 중국의 희토류산업뿐 아니라 중국 경제 전반에 악영향을 미칠 위험도 배제할 수 없다(Seaman 2012; Gholz 2014). 실제로 2010년 금수조치 당시 일본산 희토류 가공제품을 다시 수입해야 하는 중국 내 제조업체들은, 금수조치가 미칠 부정적인 영향에 대해 우려를 표하였다(New York Times 2010.11.19). 익명의 중국 희토류산업 관계자에 따르면, 당시 일부 희토류 생산업체들은 대일 금수조치가 시행되자 일본산 가공 희토류 제품 부족에 시달리게 되었고, 단기간이지만 적자에 시달리게 되었다고 한다(New York Times 2010.11.19; Seaman 2012). 일본이 가공한 희토류 혼합물(obscure rare earth compounds)을 사용하여 카메라 등의 공산품을 생산하는 업체가 그 예이다.

물론 2012년 영토분쟁에서 중국이 희토류 금수조치라는 카드를 꺼내들지 않았던 이유에는 다른 정치적, 경제적 요인도 있을 것이다.[23] 하지만 분명한 것은 희토류 금수조치라는 강경 카드로 일본 경제에 압박을 가할 수 있는 중국의 능력이 2010년에 비해 줄어들었다는 점이다. 더욱이 중국의 대일 무역의존도 역시 높다는 점을 고려하면, 희토류 금수조치는 오히려 중국 희토류산업에 부정적인 영향을 미칠 가능성이 있었다. 실제로 2012년 중국의 전체 희토류 수출량은 약 13,000톤으로 2010년의 40,000톤의 30%에 불과한 수준이었다. 동시에 2012년 3월 미국, 일본, 유럽연합이 중국의 희토류 수출제한조치를 이유로 WTO DSB에 제소한 상태에서, 희토류 금수조치를 다시 사용한다면 영토분쟁에서뿐 아니라 무역분쟁에서도 중국의 입지를 불리하게 만들 가능성이 컸다(Seaman 2012; Gholz 2014; Strauss 2014).

2. 수출을 '제한'하지 못한 수출제한조치

또 다른 자원무기화 정책의 한 사례인 수출제한조치는 1998년부터 중국이 시행해 온 조치이다. 보다 구체적으로 수출량을 직접적으로 제한하는 수출쿼터제는 1998년부터, 수출가격을 상승시켜 간접적으로 수출량을 제한하는 수출관세는 2006년부터 시행되었다. 본 논문에서는 직접적으로 수출량을 제한하는 수출쿼터제에 보다 집중할 것이며, 2010년 수출쿼터가 전년 대비 40%가량 삭감된 이후 연간 3만 톤으로 유지된 조치에 집중할 것이다. 수출쿼터 삭감

23 실제로 2010년 영토분쟁에서도 일본이 중국인 선장을 석방한 이유를 중국의 희토류 금수조치가 아니라 일본 민주당 내각의 정치적 판단에서 찾는 연구들도 있다.

은 대일 희토류 금수조치가 시행된 시점과 맞물리기 때문에, 국제사회의 우려를 증폭시키기에 충분했다. 또한 희토류 금수조치가 1회에 그친데다 일본만을 겨냥한 것이었다면 희토류 수출쿼터 삭감조치는 지속적으로 국제사회의 희토류 수급을 제한할 수 있는 조치였기 때문에 국제사회가 느낀 위협의 정도는 더 컸던 것으로 보인다. 하지만, 본 절에서는 중국의 희토류 수출제한조치가 실제로 중국의 희토류 수출을 제한하는 효과가 크지 않았으며, 그 이면에는 중국 희토류산업 내의 문제로 인해 중국 자신의 희토류 자원안보까지 위협받는 측면이 있음을 보이고자 한다.

1) 수출제한조치 무용론[24][25]

중국 희토류 수출제한조치의 여러 목적을 감안하면, 과연 동 조치가 그 목적을 효과적으로 달성했는지에 대한 의구심이 제기된다. 일부 연구는 중국의 희토류 수출제한조치의 목적이 "공급 독점적 지위를 바탕으로 국제 희토류 가격결정력을 행사하는 것"에 있다고 본다(Hurst 2010; Ruttinger et al. 2010; United States Government Accountability Office 2010; 김동환·오병석 2010; 김동환 2011; 김부용·오종혁 2011; Morrison et al. 2012; Wubbeke 2013).

24 이 부분은 다음의 논문에서 부분 차용하였다. 중국의 희토류 수출제한조치의 효과를 저해하는 원인으로 밀수출 문제를 제기하는 분석에 대해서는 Park and Jung(2015)을 참고하라.

25 거의 모든 기존 연구는 수출제한조치에 수출쿼터와 수출관세를 포함하여 서술하고 있다. 본 논문은 수출쿼터에 집중하고 있으나, 이 장에서 소개하는 일반적인 논의에 한해서는 기존 연구의 수출제한조치 정의를 따르고 있다.

그리고 2010년 희토류 수출쿼터 삭감 이후 급등한 국제가격은 이를 뒷받침하는 증거가 되었다. 이론적으로도 순수 공급독점자에 가까운 중국의 희토류 생산량, 수출량, 그리고 수출제한조치를 고려할 때 중국은 자신이 원하는 수준에서 국제 희토류 가격을 결정할 능력이 있는 셈이다.

하지만 통계 수치를 보면 중국이 원하는 수준의 가격결정력은 확보하지 못한 것으로 나타났으며 중국 정부 역시 이에 대해 끊임없이 우려를 표출하였다(State Council 2003, 2010, 2012; Tse 2012; Wubbeke 2013; Biedermann 2014; He 2014; CREI 2015, 2016). 국제 희토류 가격은 1990년대 중반부터 2000년대 중반까지 7달러/kg선에 머물렀다. 이는 심지어 1990년 국제 희토류 가격의 60%에 불과한 수준이었다(Biedermann 2014; Park and Jung 2015; 박선령 2016). 같은 기간 내 중국의 희토류 생산량은 2.5배 증가하였고(1995년 48,000톤, 2005년 119,000톤), 수출량이 1.7배 증가한 것을 고려하면(2000년 33,000톤, 2006년 56,000톤) 국제 가격결정력이 약하다고 봐도 무방하다.

한편 중국의 희토류 수출제한조치가 가장 큰 영향력을 발휘한 것은 단연코 2010년 희토류 수출쿼터 삭감조치였다. 그 결과 2011년 국제 희토류 가격은 원소 종류에 따라 최대 16배 가까이 치솟았다. 그러나 상승폭은 곧 잦아들었다. 희토류 원소 17개의 평균 가격은 희토류 수출쿼터 삭감의 여파로 2008년 1월 가격에 비해 2011년 6월 가격은 약 5배가량 상승하였다. 하지만, 2013년 수출쿼터도 약 3만 톤 선에서 결정된 반면, 그 해 국제가격은 수출쿼터 삭감 이전 가격의 약 1.5배에 불과한 것으로 보건데, 희토류 수출쿼터 삭감의 위력이 절대적이지만은 않았던 것으로 보인다.

한편 중국이 주장하는 수출제한조치의 목적 중 하나는 '유한자원 보호'이다. 전략적으로 중요한 광물자원을 공급독점하고 있음에도 불구하고, '받아야 할 가격'을 받지 못한 채 희토류를 팔고 있다는 중국 정부의 하소연 이면에는, 유한자원인 희토류의 고갈문제도 포함되어 있는 것이다(State Council 2010, 2012). 특히 2000년대 중반부터는 중국의 국내 희토류 소비량도 급증하였다. 이에 중국 정부는 현재의 국내 소비를 충족시키고 미래의 희토류 소비량을 확보하기 위해 희토류 고갈 속도를 조절할 필요성을 인식하였다(Tse 2006; 박선령 2016). 중국 국무원의 2012년 정책 백서에 따르면, 현재의 생산 및 수출 패턴이 유지될 경우 2020년경에는 중국조차 희토류를 수입해야 할 상황이 올지도 모른다는 우려가 드러난다(State Council 2012). 2005년 중국의 국내 희토류 소비는 약 52,000톤으로 2000년의 20,000톤에 비해 약 2.5배 상승하여, 같은 기간 중국의 희토류 자급자족률(국내소비/국내생산)은 26%에서 44%로 상승하였다(박선령 2016). 2007년 세계 희토류 소비는 중국의 국내 소비량(73,000톤)과 거의 비슷한 수준이었고, 2009년부터는 중국 국내 희토류 소비량이 중국을 제외한 나머지 국가들의 소비량을 합친 수준을 상회하기 시작했다. 이로써 2009년 이후, 중국은 희토류 공급 독점 국가이자 최대 소비국으로 자리매김하였고 2012년에는 중국의 희토류 자급자족률이 80%에 달하였다(박선령 2016).

이렇듯 중국의 국내 희토류 소비가 증가하는 상황을 고려할 때, WTO 항소심에서 중국 정부가 제기한 희토류 수출제한조치의 정당 사유인 '유한자원 보존'이라는 문제가 아주 근거 없는 주장은 아니라고 볼 수 있다(WTO 2014; 박선령 2016). 실제로 2000년대 중반에는 소수의 정부 관료만이 희토류 자원 고갈 속도를 조절할 필요가 있음을 역설하였으나, 2010년 이후 정부 문서에서는 이 문제가 집중 부각된 것을 알 수 있었다.

문제는 자원보존 혹은 수출제한을 위해 시행했을 수출제한조치의 효과는 유의미하지 않았다는 점이다. 수출제한조치를 시행하는 기간 동안 일관성 있게 중국이 원하는 수준의 가격결정력을 행사하지 못한 것은 물론이거니와, 실제로 수출량을 '제한'하는 효과를 발휘하지 못했다고 봐야 한다. 일견 수출쿼터와 실제로 수출된 양을 비교하면, 수출쿼터제도는 수출량을 효과적으로 통제하는 것처럼 보인다. 2000년부터 수출제한조치가 철폐된 2015년까지, 중국의 희토류 실수출량은 2003년과 2010년을 제외하고 모두 수출쿼터를 밑돌았기 때문이다(박선령 2016). 하지만 고질적인 밀수출 문제 때문에, 매년 수출쿼터를 훨씬 웃도는 희토류가 해외로 유출되고 있었다.

2) 근본적인 한계: 밀수출과 파편화된 중국 희토류 산업구조[26]

중국의 희토류 수출쿼터는 타국의 희토류 자원안보를 지속적이고도 일방적으로 위협하기에 충분하지 않았던 것으로 보인다. 수치상으로 2000년부터 2015년까지 2차례(2003년, 2010년)를 제외하

26 중국의 희토류 밀수출과 관련된 본 절의 내용은 Park and Jung(2015)의 논문에서 부분 차용하였다.

고 중국의 희토류 실수출량은 매년 수출쿼터를 넘지 않았다. 하지만, 밀수출량의 규모가 많게는 수출쿼터의 30%에 달한 것을 고려할 필요가 있다(그림 1)(박선령 2016).[27]

중국 정부가 공식적으로 밀수출 추정치를 발표한 것은 2006년부터이다. 이전에도 밀수출 및 불법채굴 문제가 만연하였던 것으로 알려졌으나 정부가 공식적으로 추정치를 발표한 것은 2000년대 중반부터였다. 이 시기는 중국의 희토류 국내 소비가 급증한 시점이므로, 이때부터 밀수출 문제의 심각성은 인지한 것으로 판단할 수 있다(박선령 2016). 특히 밀수출 규모가 가장 심각했던 2006년부터 2008년 사이, 중국의 희토류 밀수출량은 공식 수출 쿼터의 35%(2006년), 59%(2007년), 36%(2008년)에 달한 것으로 추산된다(Hurst 2010). 밀수출된 희토류를 주로 소비하는 국가로는 미국, 일본, 한국, 그리고 베트남 순으로 추정된다(김부용·오종혁 2010; Hurst 2010; Wubbeke 2013). 특히 접경 지역인 한국과 당시 대중 수입의존도가 85－90%에 달하던 일본으로 빠져나가는 밀수출량이 상당한 것으로 나타났으며, 2009년의 경우 밀수출된 희토

27 밀수출은 크게 두 가지 방식으로 진행된다. 첫째, 희토원광(Ores)이 육안으로 식별하기 어렵기 때문에, 품목을 변경하여 세관에 신고하는 방식이 있다. 둘째, 수출 쿼터 규제를 피하기 위해 희토류 합금형태로 수출하는 경우이다(김부용·오종혁 2011; 오종혁·김부용 2011). 특히, 수출 쿼터는 희토원광에 주로 부과되며 희토류를 가공하여 만든 상품에는 품목에 따라 쿼터가 달리 부과되다 보니, 쿼터제도에 포함되지 않은 제품들도 존재한다. 한편 어느 방식을 통하든 공통적으로 세관을 거쳐서 중국 국경을 빠져나가기 때문에, 중국 정부는 세관에 접수된 희토류 관련 수출량과 실제 쿼터를 부과 받고 생산 혹은 수출한 양을 비교하여 밀수출 규모를 추정할 수 있었던 것으로 판단된다. 중국 정부의 밀수출 추정치를 구할 수 없는 경우에는 주요 수입국(미국, 일본, 유럽연합)의 세관 자료를 바탕으로 추산하였다(박선령 2016).

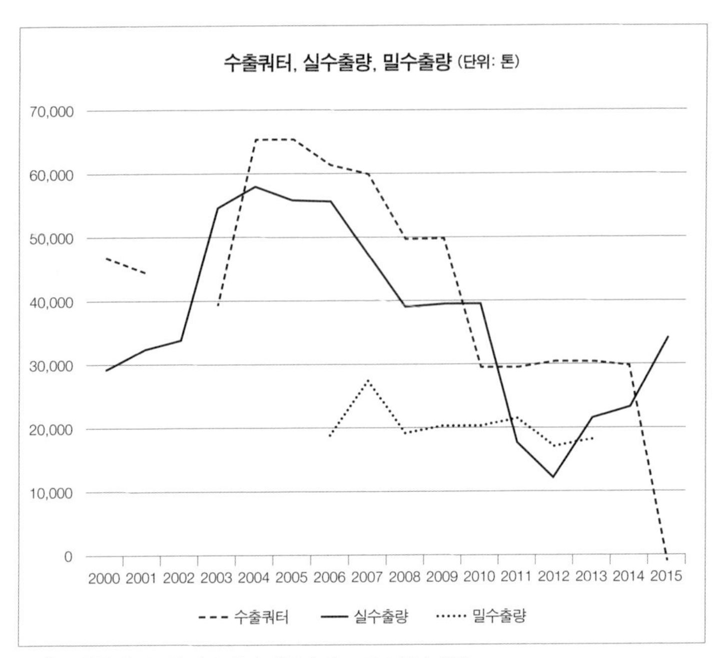

그림 1. 중국의 희토류 수출쿼터, 실수출량 그리고 밀수출량

출처: 저자가 다음의 출처에서 자료 수집 및 재구성. USGS Minerals Yearbook(2000-2012), CREI(2013-2016). 중국 정부 유관 자료들 State Council(2010, 2012), Ministry of Industry and Information Technology, Ministry of Land and Resources, Ministry of Commerce.

류의 80%가 한국과 일본에서 소비된 것으로 알려졌다(오종혁·김부용 2011; State Council 2012; Ting et al. 2013; Park and Jung 2015; 박선령 2016; CREI 2016).

밀수출 문제는 단순히 수출쿼터의 효과를 억제할 뿐만 아니라 중국의 희토류 자원안보까지 위협하는 사안이다.[28] 그 심각성을 인식한 중국 정부는 밀수출을 근절하기 위해 각종 규제를 강화하는

28 밀수출의 원인을 분석하는 것은 본 논문의 범위를 벗어나기에 여기서 다루지는 않겠다. 그 원인을 파편화된 중국 희토류산업 구조와 지방정부의 보호주의에서 찾는 분석은 Park and Jung(2015)의 논문을 참고하라.

한편, 2010년부터는 보다 근본적으로 희토류산업 구조조정을 단행하기도 하였다. 민간 영세기업이 난립하는 산업구조 때문에 밀수출이 근절되지 않는다고 판단한 정부는, 좀 더 쉽게 희토류산업을 통제할 수 있도록 대규모 국유기업 위주의 인수합병을 진행하였다(Park and Jung 2015; 박선령 2016).[29] Su Bo 공업신식화부 부장관의 "밀수출 문제가 근절되지 않으면 중국도 종래에는 희토류 확보에 어려움을 겪게 된다"는 발언은 중국이 이 문제를 심각하게 고려하고 있음을 보여준다(Reuters 2014.1.9; Park and Jung 2015). 중국의 희토류 밀수출 문제는 아무리 공급독점적 지위를 누리고 있다 하더라도 유한자원이 고갈에 한해서는 중국도 자유로울 수 없음을 시사하며, 동시에 중국의 희토류 자원안보를 위협하는 가장 큰 요인은 중국 내부에 있음을 의미한다.

이런 상황에서 17년 가까이 시행된 희토류 수출쿼터와 10년 이상 지속된 수출관세는 2015년 1월과 5월 각각 철폐된다. 선후관계로 보자면 2014년 8월 중국의 패소를 판정한 WTO 최종판결이 철폐의 원인으로 보이지만, 보다 근본적으로는 수출제한 효과가 미미했던 조치를 철폐한 것과 다름없다(박선령 2016). 물론 수출제한조치가 철폐되었다고 해서 중국의 희토류 패권이 사라지는 것은 아니다. 게다가 WTO 규범에 위배되는 대외정책으로서의 수출제한조치는 철폐되었지만, WTO의 범위를 벗어나는 대내정책을 들여다보면 수출제한조치를 대체할 조항들이 신설, 운영되고 있기 때문에,[30] 철폐를 마냥 반가워할 수도 없다. 다만 중국의 희토류 수

29 대규모 국유기업 위주로 희토류산업을 재편하는 정책 변화에 대해서는 Park and Jung(2017)을 참고하라.

출제한조치의 목적, 효과 그리고 철폐에 이르기까지 일련의 사건들이 보여주는 바는 비교적 명확하다. 즉, 희토류 수출제한조치는 수출을 '제한'하는 데에 효과적이지 않았다는 점이다.

대부분의 연구는 중국의 희토류 수출제한조치를 위협적으로 인식하는 데에 그친다. 하지만, 내면을 들여다보면 중국 희토류산업 내 만연한 밀수출은 수출제한조치의 효과를 억제할 뿐 아니라, 중국 자신의 희토류 자원안보도 낙관하기 힘들다는 것을 보여준다. 한정된 매장량 아래 중국의 희토류 소비는 꾸준히 증가할 것으로 예측되는바, 불법 경로를 통해 유출되는 희토류를 얼마나 잘 통제하느냐에 따라 중국의 희토류 자원안보의 향방이 결정된다고 해도 과언이 아니다.

3. 중국 희토류 패권의 이면

주지하였듯이, 중국의 희토류 금수조치와 수출쿼터 삭감은 그 효과 측면에서 중국의 희토류 패권을 보여주는 대표적인 사례이다. 전략자원을 독점하고 있다는 사실 때문에 중국의 희토류 금수조치와 수출제한조치는 유사시에 '무기'로 사용될 수 있을 만큼 효용성이 큰 수단으로 생각되었다.

하지만 희토류 금수조치 및 수출쿼터 삭감이 국제사회에 지속적으로 위협을 가한 것 같지는 않다. 오히려 공급독점 국가인 중국 역시 다른 국가의 전략적 대응으로부터 자유로울 수 없음을 알 수

30 자원세 신설, 환경규제 대폭 강화, 대규모 국유기업에 한하여 배타적인 생산쿼터 부여, 수출 라이센스 기준 강화 등이 이에 해당한다(박선령 2016).

있었다. 2010년 대일 희토류 금수조치가 단행된 이후 일본은 희토류 수입원을 다변화하여 대중 수입의존도를 50% 이하로 떨어뜨리면서, 중국은 오히려 일본이라는 거대 시장에서 지분율을 일부 상실하였다. 게다가 국제사회는 희토류 금수조치에 따른 일본의 '굴욕적인 후퇴(humiliating retreat)'을 목격하면서, 중국 희토류에 대한 의존도를 줄일 방안을 모색하였다. 결과적으로 중국은 세계 희토류 시장에서 독점력을 일부 상실한 셈이다.

2012년 중일 영토분쟁이 발발하였을 때, 중국이 희토류 금수조치를 취하지 않은 것은 '수단(leverage)'으로서의 희토류가 큰 효력을 발휘하지 못할 만큼 상황이 변한 것으로 해석할 수 있다. 2010년 이후, 일본의 대중 희토류 수입의존도가 줄어들면서 중국의 희토류 수출량이 감소하였고, 국제 희토류 가격도 일부 하락하였기 때문이다. 보다 거시적으로 보면, 일본은 중국의 3대 수출국이기 때문에 희토류 금수조치가 다른 산업 내에서 일본의 보복 무역조치를 불러일으킬 가능성도 배제할 수 없었다. 역설적이게도 일본의 대중 희토류 수입의존도는 줄어들었지만 양국 경제의 상호의존도는 여전히 높았기 때문에, 중일관계에서 중국이 갖는 취약성이 드러난 셈이었다.

중국의 희토류 수출제한조치는 더 흥미롭다. 수출쿼터 삭감을 통해 중국이 국제 가격결정권을 틀어쥘 수 있으리라 생각되었으나, 실제 2010년 수출쿼터가 삭감된 이후 급등했던 희토류 국제가격은 2013년에 이르러 2010년 수준으로 거의 하락하였다. 게다가 고질적인 밀수출 문제로 인해 정부가 공식적으로 허가하는 수출량의 30%가 불법경로를 통해 빠져나간 점을 볼 때, 중국 정부가 전략자원인 희토류를 효과적으로 통제하지 못했음을 알 수 있었다.

종합하자면, 위의 사례들은 희토류 패권을 향유하고 있다고 말해도 과언이 아닐 중국조차도 희토류 자원안보 위협에서 자유로울 수 없음을 시사한다. 비록 전략자원의 공급을 좌지우지할 수 있는 위치에 있다 해도, 다른 국가와의 상호의존도와 전략자원을 통제하는 능력에 따라 해당 자원을 유용한 수단으로 사용할 수 있는지 여부가 결정되기 때문이다. 중국 정부도 이를 잘 인식하고 있기 때문에 2010년 이후 정부의 희토류산업 통제력을 강화하는 방향으로 정책을 선회하였다. 따라서, 산업구조조정 정책의 성공 여부에 따라 희토류를 '수단(leverage)'으로 활용할 수 있는 중국의 능력이 결정되기에 그 귀추가 주목되는 바이다.

IV 결론 및 함의

일국의 경제성장을 유지하기 위해서는 안정적인 자원 수급이 필수적으로 요구된다. 따라서 대체재가 거의 없고 광범위하게 쓰이는 전략자원 희토류에 한해서는, 전 세계 공급의 90% 이상을 담당하는 중국이 명실상부한 패권을 지닌 것처럼 보인다. 하지만 중국의 희토류 공급독점적 지위는 국제사회의 희토류 자원안보에 정말 위협적이기만 할까?

본 논문은 중국의 대표적인 '자원무기화' 사례로 꼽히는 희토류 자원에 국한하여, 중국이 타국의 자원안보에 미치는 영향과 중국의 자원안보에 대해 논하였다. 기존 연구는 대부분 희토류의 최대 보유국이자 생산국이라는 중국의 지위에만 집중하여, 이를 곧 중국의 '위협'으로 인식하는 반면, 본 연구는 그 이면에 있는 중국의 취약성에 초점을 두었다. 물론 본 논문이 기존 연구의 시각을 전면 부정하는 것은 아니다. 유한자원의 경우 자원의 보유 혹은 생산을 독점하는 것이 곧 국력인 경우가 많이 때문에, 중국의 희토류 패권 자체를 부인하는 것은 불가능하다. 하지만 대표적인 '자원무기화'의 형태로 꼽히는 희토류 금수조치와 희토류 수출쿼터 삭감 이면에는, 공급독점 국가인 중국 자신의 희토류 자원안보도 위험해질 수 있는 요인이 있었다. 2010년 중일 영토분쟁에서 희토류 금수조치의 막강함을 입증하자마자, 국제사회의 희토류 수입원 다변화로 인해 중국의 희토류가 갖는 수단(leverage)으로서의 가치가 일부 하락하였다. 강화된 희토류 수출제한조치로 국제 희토류 시장을 좌지우지할 수 있을 것으로 기대되었으나, 국제 희토류 가격은 여전히 중국이 원하는 수준에서 결정되지 않았다. 오히려 밀수출문제로 인해 해외로 유출되는 희토류를 통제하지 못함에 따라, 중국의 향후 희토류 수요를 충족하는 일도 보장할 수 없게 되었다. 독보적인 매장량과 생산량을 자랑하는 희토류에서조차 중국은 주어진 전략자원을 국력으로 전환시키는 과정에서 어려움을 겪고 있는 것이다.

중국의 희토류 자원을 둘러싼 논의는 기타 광물자원에도 확장 적용할 수 있다. 중국은 석탄, 알루미늄, 철광석, 마그네슘, 텅스텐, 몰리브덴 등 각종 광물자원에서도 풍부한 매장량과 공급량을 자랑하는 동시에, 최대 소비국이기도 하다. 따라서 희토류에서처럼 중국의 공급과 소비가 다른 국가의 광물자원안보에 결정적인 영향을 미친다. 한편, 중국의 수출제한조치는 희토류에 국한되어 있지 않았다. 텅스텐, 몰리브덴 등에도 수출제한조치를 시행한 바 있으며 이는 희토류와 함께 2012년 WTO에 제소된 품목이기도 하다. 또한 2016년 미국 무역대표부(USTR)는 구리, 코발트를 포함한 9개 원자재에 중국이 부당하게 수출제한조치를 취하고 있다며 WTO에 제소하였다. 이는 국제사회가 최대 광물자원 공급국인 중국의 수출제한조치에 취약할 수밖에 없으며, 점차 무역분쟁으로 번지는 일이 빈번해지고 있음을 보여준다.

하지만 이러한 광물자원들 역시 희토류처럼 중국의 특정 지역에 국한되어 있기 때문에 비슷한 문제점을 지니고 있다. 즉, 영세기업이 난립하는 파편화된 산업구조, 불법채굴, 밀수출 등의 문제가 성행하는 것이다. 반면 희토류와 달리 이러한 광물자원 매장량에서 중국이 차지하는 비중은 기껏해야 60%에 불과하기 때문에, 보유한 광물자원을 효과적으로 관리하는 것은 더욱더 중요하다. 중국 정부가 수출제한조치를 정당화하는 이유도 희토류와 비슷하다. '환경보호' 및 '유한자원 보존'이 그것이다.

아직 법적 공방이 진행 중인 9개 원자재 수출제한조치 사건과 관련해서는, 희토류 사건에서처럼 중국의 수출제한조치가 WTO 규범에 위배된다는 판결이 나올 것으로 예측된다. '환경보호' 및 '유한자원 보존'은 WTO 법리하에서 엄격히 금지되는 수출제한조치를 정당화하기에 충분하지 않기 때문이다. 무역분쟁과 별개로 여기서 주목해야 할 부분은, 희토류에서 나타났듯이 각종 광물자원에서도 중국의 자원안보를 위협하는 요인이 내부에 있을 가능성이 크다는 점이다. 국제사회는 각종 자원을 독식하는 중국의 소비력과 수출제한조치를 위협으로 느끼지만, 정작 보유한 자원을 효과적으로 통제하지 못할 경우 중국의 자원안보가 제일 먼저 저해되는 상황을 맞이하게 된다. 이는 일견 막강하게만 보였던 중국의 공급 독점적 지위 이면에, 중국의 자원안보도 취약한 모습이 있음을 시사한다.

참고문헌

김경진. 2014. "중·일 영유권 분쟁, 경제제재, 그리고 일본의 대응: 2010년 희토류 금수조치를 사례로." 고려대학교 석사학위 논문.

김규판. 2010. "일본, 센카쿠분쟁을 계기로 희토류 확보에 고심." 『KIEP 지역경제포커스』 제4권 제39호.

김동환. 2011. 『희토류 자원전쟁』. 서울: 미래의 창.

김동환·오병석. 2010. "중국 자원민족주의 부상과 실태: 희토류(REEs)를 중심으로." 『한국과 국제정치』 제26권 제2호, 135-175.

김부용·오종혁. 2011. "중국의 희토류산업 규제 강화에 따른 영향과 시사점." 『KIEP 연구자료』 제11권 제23호.

김종훈. 2015. "중국의 희토류 수출규제 분쟁사례에 관한 연구." 『무역학회지』 제40권 제1호, 89-108.

류예리. 2012. "중국-원자재 사건(China-Raw Materials)과 희토류 수출제한 분쟁과의 연관성에 관한 연구." 『국제법학회논총』 제 57권 제2호, 113-143.

______. 2016. "중국 WTO 가입의정서에 관한 일고찰 – 수출제한 규정을 중심으로." 『국제경제법연구』 제14권 제2호, 41-66.

박선령. 2016. "중국정부의 전략자원 산업통제력 강화정책: 중국의 희토류 수출제한조치 철폐 사례 연구." 고려대학교 석사학위 논문.

오종혁·김부용. 2011. "중국 내 희토류산업 관리 강화와 향후 전망." 『KIEP 지역경제포커스』 제11권 제10호.

이원근. 2014. "자원 내셔널리즘의 정치경제적 함의에 관한 소고." 『대한정치학회보』 제22집 제4호, 227-245.

이종민. 2010. "희토류 공급 쥔 중국, 관련국과 갈등." 『*Chindia Journal*』(11월호), 9-11.

임수호. 2011. "자원민족주의와 석유안보." 『삼성경제연구소 Issue Paper』(7월호).

정우진. 2007. "최근 자원민족주의 현상의 배경과 특징." 『에너지포커스』 제4권 제1호, 40-47.

최판규. 2016. "첨단산업 부품소재인 희토류의 가격파동에 대해서." 『한국자기학회지』 제21권 제3호, 116-119.

하도형. 2013. "중-일 댜오위다오 분쟁양상의 변화와 요인에 관한 연구." 『민족연구』 제53권, 69-85.

신문기사 검색

『니혼게이자이신문』 2012.10.25.

『동아일보』 2010.9.20.

『매일경제』 2012.8.20.

『아사히신문』 2010.9.24.

『연합뉴스』 2010.9.7.
『연합뉴스』 2010.10.24.
『한국경제』 2010.9.20.
『한국경제』 2010.9.22.

인터넷 자료
비즈한국. 2017. "차이나 프리즘, 트럼프노믹스 공세, 중국 희토류 수출 중단 카드 만지작" http://m.post.naver.com/viewer/postView.nhn?volumeNo=6351511&memberNo=30808112&vType=VERTICAL (검색일: 2017년 7월 29일)

An, David L. 2015. "Critical Rare Earths, National Security, and U.S.-China Interaction." Ph.D. Diss., RAND National Defense Research Institute.
Argus Media. 2015. *Argus White Paper: Impact of Changes to Chinese Policy on the Rare Earth Market in 2015*. London: Argus House.
Biedermann, Reinhard Peter. 2014. "China's Rare Earth Sector — between Domestic Consolidation and Global Hegemony." *International Journal of Emerging Markets* 9, No. 2, 276-293.
Bremmer, Ian & Robert Johnston. 2009. "The Rise and Fall of Resource Nationalism." *Survival* 51, No. 2, 149-158.
Charlier, Christophe & Sarah Gillou. 2014. "Distortion Effects of Export Quota Policy: An Analysis of the China-Raw Material Disputes." China Economic Review 31, 320-338.
Click, R. W. & Weiner R. J. 2010. "Resource Nationalism Meets the Market: Political Risk and the Value of Petroleum Reserves." *Journal of International Business Studies* 41, No. 5, 783-803.
Gholz, Eugene. 2014. *Rare Earth Elements and National Security*. New York: Council on Foreign Relations.
He, Yujia. 2014. "Reregulation of China's Rare Earth Production and Export." *International Journal of Emerging Markets* 9, No. 2, 236-256.
Humphries, Marc. 2013. "Rare Earth Elements: The Global Supply Chain." *CRS Report for Congress*, 7-5700, R41347.
______. 2015. "China's Mineral Industry and U.S Access to Strategic and Critical Minerals: Issues for Congress." *CRS Report for Congress*, 7-5700, R43864.
Hurst, Cindy. 2010. *China's Rare Earth Elements Industry: What Can the West Learn?* Kansas: Institute for the Analysis of Global Security.
Lax, Howard L. 1983. *Political Risk in the International Oil and Gas Industry*. Boston: International Human Resources Development Corporation.
Mancheri, Nabeel A. 2015. "World Trade in Rare Earths, Chinese Export

Restrictions, and Implication." *Resource Policy* 46, No. 2, 262-271.

Massari, Stefani & Marcello Ruberti. 2013. "Rare Earth Elements as Critical Raw Materials: Focus on International Markets and Future Strategies." *Resource Policy* 38, 36-43.

Moran, Daniel & James A. Russell. 2008. *Energy Security and Global Politics: The Militarization of Resource Management*. London and New York: Routledge.

Morrison, Wayne M. & Rachel Tang. 2012. "China's Rare Earth Industry and Export Regime: Economic and Trade Implications for the United States." *CRS Report for Congress*, 7-5700, R42510.

Park, Sun Ryung & Joo-Youn Jung. 2017. "Centralization through Consolidation: Restructuring the Chinese Rare Earth Industry." *Peace Studies* 25, No. 1 (Spring), 117-154.

______. 2015. "Between the Local Governments and Producers: Why Rare Earth Smuggling Persists in China." *Journal of International Politics* 20, No. 2 (Winter), 101-131.

Pothen, Frank & Killian Fink. 2015. "A Political Economy of China's Export Restrictions on Rare Earth Elements." *Discussion Paper*, No. 15-025.

Ruttinger, Lukas & Moira Feil. 2010. "Sustainable Prevention of Resource Conflicts: New Risks from Raw Materials for the Future? Case Study and Scenarios for China and Rare Earths." *Adelphi*, Section Report 3.4, Research Project FKZ 370819 102.

Seaman, John. 2012. "Rare Earths and the East China Sea: Why Hasn't China Embargoed Shipments to Japan." *Ifri-CIGS Op-Ed Series*.

Ting, Ming Hwa & John Seaman. 2013. "Rare Earths: Future Elements of Conflict in Asia?" *Asian Studies Review* 37, No. 2.

United Nations Conference on Trade and Development (UNCTAD). 2014. *Commodities at a Glance: Special Issue on Rare Earths*. Geneva: UNCTAD.

Ward, H. 2009. "Resource Nationalism and Sustainable Development: A Primer and Key Issues." *IIED Working Paper*.

Wubbeke, Jost. 2013. "Rare Earth Elements in China: Policies and Narratives of Reinventing an Industry." *Resource Policy* 38, No. 3, 384-394.

정부 및 정부기관 문서(1차 자료)

China Rare Earth Information (CREI). 2015. "Review on 2014 China Rare Earth Policies." *China Rare Earth Information* 21, No. 5.

______. 2016. "Challenges and Opportunities Coexisting amid Industrial Transformation in China (Continued)." *China Rare Earth Information* 22, No. 2.

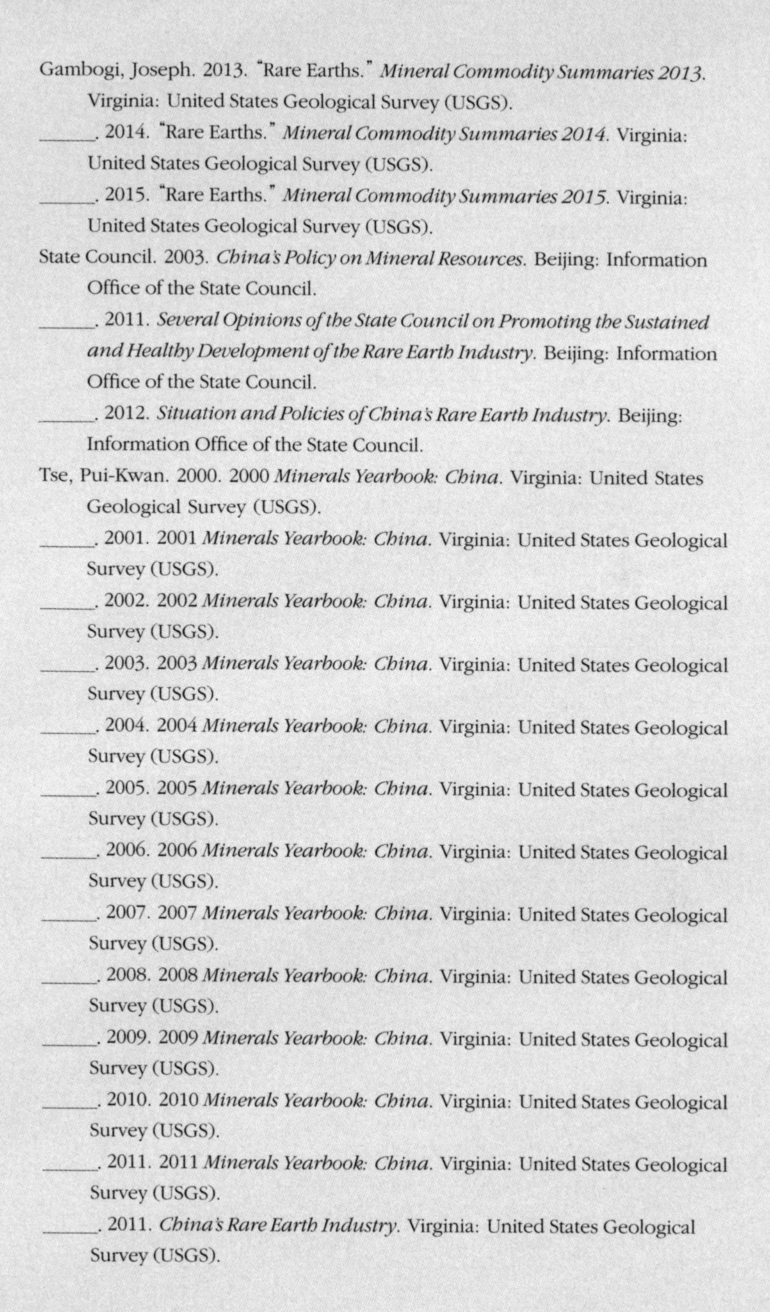

Gambogi, Joseph. 2013. "Rare Earths." *Mineral Commodity Summaries 2013*. Virginia: United States Geological Survey (USGS).

______. 2014. "Rare Earths." *Mineral Commodity Summaries 2014*. Virginia: United States Geological Survey (USGS).

______. 2015. "Rare Earths." *Mineral Commodity Summaries 2015*. Virginia: United States Geological Survey (USGS).

State Council. 2003. *China's Policy on Mineral Resources*. Beijing: Information Office of the State Council.

______. 2011. *Several Opinions of the State Council on Promoting the Sustained and Healthy Development of the Rare Earth Industry*. Beijing: Information Office of the State Council.

______. 2012. *Situation and Policies of China's Rare Earth Industry*. Beijing: Information Office of the State Council.

Tse, Pui-Kwan. 2000. 2000 *Minerals Yearbook: China*. Virginia: United States Geological Survey (USGS).

______. 2001. 2001 *Minerals Yearbook: China*. Virginia: United States Geological Survey (USGS).

______. 2002. 2002 *Minerals Yearbook: China*. Virginia: United States Geological Survey (USGS).

______. 2003. 2003 *Minerals Yearbook: China*. Virginia: United States Geological Survey (USGS).

______. 2004. 2004 *Minerals Yearbook: China*. Virginia: United States Geological Survey (USGS).

______. 2005. 2005 *Minerals Yearbook: China*. Virginia: United States Geological Survey (USGS).

______. 2006. 2006 *Minerals Yearbook: China*. Virginia: United States Geological Survey (USGS).

______. 2007. 2007 *Minerals Yearbook: China*. Virginia: United States Geological Survey (USGS).

______. 2008. 2008 *Minerals Yearbook: China*. Virginia: United States Geological Survey (USGS).

______. 2009. 2009 *Minerals Yearbook: China*. Virginia: United States Geological Survey (USGS).

______. 2010. 2010 *Minerals Yearbook: China*. Virginia: United States Geological Survey (USGS).

______. 2011. 2011 *Minerals Yearbook: China*. Virginia: United States Geological Survey (USGS).

______. 2011. *China's Rare Earth Industry*. Virginia: United States Geological Survey (USGS).

______. 2012. 2012 *Minerals Yearbook: China*. Virginia: United States Geological Survey (USGS).

United States Government Accountability Office. 2010. *United States Government Accountability Office Fiscal Year 2010 Performance Plan*.

WTO. 2014. *China-Measures Related to the Exportation of Rare Earths, Tungsten and Molybdenum*. Geneva: WTO.

신문기사

Bloomberg News 2010.9.23.

Bradsher, Keith. 2010. "China Restarts Rare Earth Shipments to Japan." *New York Times* 2010.11.19. http://www.nytimes.com/2010/11/20/business/global/20rare.html

Fackler, Martin & Ian Johnson. 2010. "Japan Retreats with Release of Chinese Boat Captain." *New York Times* 2010.9.24. http://www.nytimes.com/2010/09/25/world/asia/25chinajapan.html?pagewanted=all&module=Search&mabReward=relbias%3Aw

New York Times 2010.9.23.

New York Times 2010.10.17.

Telegraph 2010.9.24.

Xinhua News Agency 2010.10.7.

인터넷 자료

Strauss, Mark. 2014. "How China's "Rare Earth" Weapon Went from Boom to Bust." http://io9.gizmodo.com/how-chinas-rare-earth-weapon-went-from-boom-to-bust-1653638596 (검색일: 2017년 7월 29일)

필자 소개

박선령 Park, Sun Ryung

University of British Columbia, 정치학과 박사과정
고려대학교 정경대학 정치외교학과 졸업, 고려대학교 정치외교학과 비교정치전공 석사

논저 "Centralization through Consolidation: Restructuring the Chinese Rare Earth Industry."(공저), "Between the Local Governments and Producers: Why Rare Earth Smuggling Persists in China."(공저)

이메일 sunryungpark@gmail.com

1권 주권과 국제관계

국가 주권의 재성찰 · 전재성 | 탈냉전기 세계질서와 국가주권 · 김명섭 | 근대한국의 주권개념의 수용과 적용 · 정용화 | 현대한국과 국가주권 · 마상윤 | 근대 주권 개념의 발전과정 · 박상섭 | 주권과 국제관계이론 · 이혜정

2권 개념도입사

변화하는 세계와 개념사 · 하영선 | 근대 한국의 주권 개념 · 신욱희 | 근대 한국의 부국강병 개념 · 김영호 | 근대 한국의 세력 균형 개념 · 장인성 | 근대 한국의 민주주의 개념 · 김용직 | 근대 한국의 경제 개념 · 손열

3권 세계정치와 제국

왜 지금 제국인가 · 박지향 | 네그리와 하트의 제국론 · 안병진 | 미국헤게모니의 쇠퇴와 제국 · 백승욱 | 제국의 관점에서 바라본 미국의 군사안보 전략과 21세기 국제정치 · 이수형 | 정보화시대의 제국 · 김상배 | 제국에서 근대국가로 · 최갑수 | 로마 제국 · 김경현

4권 세계정치와 동아시아 공간

한국의 동아시아론과 동아시아 정체성 · 장인성 | 동북아 지역혁신체제 · 배영자 | 동아시아 냉전체제하 냉전국가의 탄생과 변형 · 남기정 | 동아시아 공간 인식에 있어 해양과 대륙 · 이철호 | 대동아공영권 구상에서의 '지역'과 '세계' · 임성모 | 청(淸)의 무(武)전통과 근대 동아시아 안보공간 · 강동국 | 동북아시아의 국가형성과 문화적 변수 · 홍성민

5권 세계정치와 동아시아 안보구상

탈냉전시대의 안보개념 확대 · 민병원 | 동아시아 인간안보와 글로벌 거버넌스 · 이신화 | 세계정치와 동북아 안보 · 박인휘 | 문화상대주의, 주권원칙과 북한 인권 · 김수암 | 안보 패러다임의 변화와 한미동맹 재조정 · 김영호

6권 자유무역협정의 정치경제

자유무역협정 · 윤영관 | 자유주의의 새로운 흐름 · 문돈 | 자유무역협정의 국내정치경제 · 김석우 | 한국의 FTA 추진의 국제정치경제 · 손열 | 한국의 FTA 정책과 이익집단 정치 · 최태욱 | 협상이론 측면에서 본 한국의 FTA 협상 분석 · 양기웅 | 한미 FTA의 정치경제 · 이근

7권 문화와 국제정치

국제관계를 문화로 본다 · 히라노 겐이치로 | 문화와 권력 · 최정운 | 소프트 파워의 세계정치 · 박의경 | 세계화와 문화 · 박길성 | 동아시아 지역주의와 문화 · 김봉진 | 민족주의와 문화 · 신범식 | 한류의 매력과 동아시아 문화네트워크 · 김상배

8권 이승만과 제1공화국

홍보, 선전, 독재자의 이미지관리 · 정용욱 | 현실주의 시각에서 본 이승만의 반공노선 · 홍용표 | 부산정치파동과 국가보안법파동에 대한 미국의 개입 비교 · 이철순 | 한국 정권교체의 국제정치 · 이완범 | 이승만 정부의 산업정책과 렌트추구 그리고 경제발전 · 김일영 | 한국전쟁 이후 이승만 정부의 경제부흥전략 · 박태균

9권 지식네트워크의 세계정치

지식네트워크의 세계정치 · 김상배 | 기술지식 네트워크의 세계정치 · 김웅희 | 지식과 지구 생산 네트워크 · 이승주 | 정책지식 네트워크의 세계정치 · 박인휘 | 정부 네트워크와 지식네트워크 · 조동준 | 글로벌 시민지식 네트워크 · 정연정 | 지구환경정치와 지식네트워크 · 신상범

10권 국제사회론과 동아시아

동아시아 국제사회론을 찾아서 · 장인성 | 영국학파의 국제사회론 · 마상윤 | 동아시아 국제이론의 모색 · 신욱희 | 구한말 한국 지식인의 '국제사회' 인식의 유형과 특성 · 김현철 | 한일회담시기 한일 양국의 국제사회 인식 · 남기정 | 동아시아의 경합하는 국제사회 구상 · 손열

11권 안보위협과 중소국의 선택

안보위협에 대처하는 중소국의 선택 · 조동준 | 멕시코의 자주외교정책 · 강경희 | 양차대전 시기 체코슬로바키아의 안보전략과 외교정책 · 김신규 | 핀란드의 편승적 중립정책 · 김진호 | 양극 세력 균형 체제(냉전)하에서 중소국의 외교적 선택 · 김철민 | 태국의 외교정책 · 이동윤

12권 동아시아 전통지역질서

동아시아 전통질서 연구의 현황과 과제 · 전재성 | 동아시아 국제관계와 화이유교규범의 변화 · 신봉수 | 원명교체, 명청교체와 한반도 · 한명기 | 홍대용 연행록의 대외관 · 김봉진 | 조선통신사의 역사적 상징성 검토 · 손승철 | 1884년 '의제 개혁'에 대한 정치적 독해 · 강상규

13권 탈사회주의 체제전환 20년

탈공산체제 이행과 민주주의 공고화 · 김연규 | 탈사회주의 체제전환의 정치경제와 비교정치 · 한병진 | 탈사회주의 권위주의 정권의 개혁저항 · 김태환 | 탈공산주의 체제전환기 국가와 시민사회 · 박수헌 | 탈사회주의 체제전환기 동유럽 선거민주주의와 정당정치 · 진승권 | 탈사회주의 시장경제 건설 · 김영진

14권 데탕트와 박정희

박정희 정부 시기 한국 주도의 동아시아 지역 집단 안전보장 체제 구상과 좌절 · 박태균 | 데탕트와 박정희의 전략적 대응 · 신욱희 | 미국의 대한정책 1974-1975 · 박원곤 | 데탕트의 위험과 기회 · 마상윤 | 박정희의 중화학공업과 방위산업 정책 · 류상영 | 일본 모델에서 한국적 혁신으로 · 니시노 준야

15권 글로벌 금융위기와 동아시아

글로벌 금융위기와 동아시아의 대응 · 이승주 | 글로벌 금융위기 이후 동아시아 금융통화협력 · 이왕휘 | 글로벌 금융위기와 동아시아 금융협력 · 이용욱 | 글로벌 금융위기와 동아시아 무역체제 · 문돈 | 동북아의 내수중시경제로의 전환 · 최태욱 | 글로벌 금융위기와 개발협력 · 강선주

16권 남북한 관계와 국제정치 이론

국제정치의 복합조직원리론으로 분석하는 남북 관계 · 전재성 | 남북 관계와 바라봄의 정치 · 정영철 |남북한 관계의 국제정치학 · 황지환 | 세력전이와 남북 관계의 변화에 대한 고찰 · 우승지 | 남북한 한반도 정치와 강대국 동맹정치 간의 연계성 분석 · 이수형 | 국내정치와 남북한 관계 · 임수호 | 분쟁 후 인간안보와 남북 관계 · 서보혁

17권 동아시아에서 정책의 이전과 확산

정책의 혁신과 확산, 그리고 변형·유은하 | 중국에서의 환경정책 도입 및 확산의 실패와 한계·조정원 |동아시아 이동통신 기술표준의 확산·김웅희 | 분권화 개혁론의 일본적 변용·이정환 | 지방자치시대의 정책혁신의 확산·김대진, 안빛 | 한국 복지국가 형성에서 정책이전의 역할·최영준, 곽숙영

18권 커뮤니케이션 세계정치

냉전과 인터넷 커뮤니케이션의 구조·최인호 | ICT 교역의 글로벌 거버넌스·강하연 | 전자정부와 정부개혁·정종필, 손붕 | 문화 간 커뮤니케이션과 세계정치·김범수 | 국제정치경제의 변화와 미디어 지구화론·문상현 | 중국과 한국의 사이버민족주의 비교연구 서언·서이종, 탕레이 | 커뮤니케이션, 초국가적 공론장, 그리고 초국가적 연대·신기영

19권 젠더와 세계정치

페미니즘 안보연구의 기원, 주장 그리고 분석·황영주 | 여성, 평화, 안보의 국제규범 형성과 확산·강윤희 | 국제 여성인권운동과 여성인권의 지역적 실천·허민숙 | 개발협력과 젠더·임은미 | 다문화주의와 여성·문경희 | 국제이주와 여성·이지영 | 베트남과 필리핀의 결혼이주 관련 정책 연구·위선주

20권 국제정치학 방법론의 다원성

이론, 방법 그리고 방법론·이왕휘 | 탈실증주의 국제정치학 인식론의 모색·전재성 | '국제안보연구' 방법론 고찰·박재적 | 외교정책 설명과 방법론·은용수 | 세력 균형에서 협조 체제로·안두환 | 구성주의 국제정치경제·이용욱

21권 동아시아의 보편성과 특수성

아시아 패러독스? · 정성철 | 동아시아 지역무역협정 체결의 발전과 특징 · 유웅조 | 글로벌 셰일혁명과 동아시아 에너지시장/지정학 변화 · 김연규 | 환경정책 통일화의 지역성: 동아시아를 중심으로 · 임시정 | 동아시아 인권의 보편성과 상대성 · 송영훈 | 동아시아 역내문제 해결방식의 특수성 · 조동준

22권 글로벌 냉전의 지역적 특성

유럽 냉전의 개요 · 이동기 | 글로벌 냉전과 동북아시아 · 마상윤 | 냉전의 동남아시아적 전개 · 조양현 | 중동 냉전의 역사와 지역적 특성 · 김강석 | 지역적 맥락에서의 아프리카 냉전 사례 · 변웅 | 라틴아메리카의 '뜨거운 냉전' · 박구병

23권 에너지 국제정치의 변환과 동북아시아

셰일혁명과 신국제 에너지 질서 · 김연규 | 중동 에너지 수출국들의 셰일혁명에 대한 대응 전략 · 이성규 · 윤익중 | 북미 셰일혁명과 동북아시아의 대응 · 이재승 | 중국의 에너지 전략과 국제정치 · 이태환 | 러시아의 에너지 동방정책과 동북아 국가들의 대응 · 신범식 | 동북아 에너지 안보의 지형 변화와 한국의 에너지 외교 · 김성진

24권 개발협력의 세계정치

글로벌 분배적 정의의 관점에서 본 해외원조의 윤리적 토대 · 박성우 | 국제개발협력의 기원과 구조적 변화 · 윤익중 | 국제개발협력 레짐 변천사 · 김지영 | 국제개발협력 거대담론으로부터의 탈출 · 김부열 | 일본 정부개발원조의 보편주의적 이상과 특수주의적 현실 · 이정환| 중국식 개발원조의 등장 · 여유경

25권 국제정치사상 다원적 접근과 보편적 교훈

플라톤의 〈국가〉에 나타난 국제정치사상 · 박성우 | 위기의 국제정치사상 · 김준석 | 스피노자에게 국제정치사상이 있을까? · 공진성 | 홉스를 넘어서 홉스로 · 안두환 | 영원한 평화와 국제법의 집행 · 송지우 | 국제정치이론으로서 헤겔의 인정이론 · 김동하

26권 복잡성과 복합성의 세계정치

체제, 관계, 복잡성/복합성, 삼각관계 · 신욱희 | 국제정치와 시스템이론 · 민병원 | 동북아의 불완전한 주권국가들과 복합적 무정부상태 · 전재성 | "상시적 망각"과 "적극적 기억"의 국제정치학 · 은용수 | 국제안보 개념의 21세기적 변용 · 조은정 | 신체 없는 종(種)의 등장과 국제정치학 · 도종윤 | 반공국가의 위기와 민족주의의 부상 · 김재영